Moewig

W0363322

Barbara
Christine de Coninck

Die geteilte Frau

Entdeckt und herausgegeben
von Gudula Lorez

Moewig

MOEWIG Band Nr. 2495
Verlag Arthur Moewig GmbH, Rastatt

Titel der französischen Originalausgabe: LA PAPTAGEE
Aus dem Französischen von Dorothea Muenk

Lizenzausgabe mit freundlicher Genehmigung
Umschlagentwurf und -gestaltung: Werbeagentur Zeuner, Ettlingen
Verkaufspreis inkl. gesetzl. Mehrwertsteuer
Auslieferung in Österreich:
Pressegroßvertrieb Salzburg, Niederalm 300, A-5081 Anif
Printed in Germany 1987
Druck und Bindung: Ebner Ulm
ISBN 3-8118-2495-3

Sie kam eines Abends, eine meiner Freundinnen aus Lyon brachte sie mit zu mir. »Das ist Mireille, sie muß ein paar Tage in Paris bleiben, kannst du sie unterbringen?« Ich wußte nichts über diese Frau, ich hatte sie noch nie gesehen. Als sie meine Schreibmaschine sah, sagte sie spontan: »Ich möchte ein Buch schreiben. Ich habe einiges zu sagen.«

Und Mireille begann zu sprechen. Mir gegenüber saß eine Frau und erzählte vom Kampf der Prostituierten, von der Hölle, die sie durchgemacht hatten. Die Kirche Saint-Nizier war gerade von der Polizei geräumt worden. Ich sah, wie entmutigt sie war, aber ich spürte auch ihren Willen, den Kampf wieder aufzunehmen.

Vom ersten Abend an hatte ich es abgelehnt, sie nach ihrer »gesellschaftlichen« Funktion zu beurteilen. »Prostituierte? Na und?« So ungefähr habe ich reagiert, als diese Frau, die von der Presse Barbara genannt wurde, so brüsk Farbe bekannte. Es war zu spüren, daß es für sie ein Sprung ins kalte Wasser war, und auch, daß sie mich provozieren wollte, weil ich ihr wie eine wohlbehütete Tochter aus gutem Hause vorkam. Aber es schien mir nicht der geeignete Moment, darauf einzugehen. Nach und nach sah ich zwei Welten sich abzeichnen: die von Mireille und die von Barbara. Hier war Mireille, die gern Kirschen ißt, lachend ein Bild an der Wand betrachtet und stöhnt, daß ihr die Füße weh tun. Morgen im Radio würde Barbara sprechen: eine Prostituierte, die über ihr Leben als Prostituierte berichtet, die Repressionen und Erniedrigungen, denen sie ausgesetzt ist. Immer wenn Mireille im Verlauf unserer Gespräche Bruchstücke aus Barbaras Leben preisgab, wurde ihr Gesicht hart und Gewalt brach aus ihr heraus. Zwei Frauen.

Monatelang haben wir miteinander gesprochen, Tonbandaufnahmen gemacht und manchmal geschrieben. Barbara notierte die wichtigen Ereignisse in einem kleinen Heft, ich stellte Fragen, sammelte andere Berichte und schrieb eine Chronologie des Aufstandes vom Juni 1975. Wir wurden Freundinnen, und stürzten uns bald in die Arbeit. Dieses Buch entstand aus dem Gespräch zweier Frauen, von denen eine die Prostitution kennengelernt hatte. Es will keine Antworten geben. Es verlängert nur den Appell der Frauen von Saint-Nizier, mit dem sie das Recht einklagten, Frauen zu sein, die Freiheit, Prostituierte zu sein, und die Freiheit, die Prostitution wieder zu verlassen, ohne dafür ihr Leben lang gebrandmarkt zu sein.

Christine de Coninck

Erster Teil

Eine Prostituierte

Ich liebe das Leben, den Regen, den Wind. Ich liebe Bach, Vivaldi.
Ich liebe Jean-Roger Caussimon, Brel, Brassens, Gréco.
Ich liebe auch Serge Lama, Françoise Hardy.
Ich liebe Kinder, meine Kinder.
In ihren Bewegungen entdecke ich das Leben.
Ich liebe mein Haus und koche gerne für meine Freunde.
Ich liebe es, einen ganzen Abend lang zu lesen.
Ich gehe gern ins Kino und ins Theater.
Ich liebe die Wärme meiner Freunde, ich mache gern Geschenke.
Ich liebe es, hübsch auszusehen und habe Spaß daran.
Ich liebe einen Mann.
Ich bin also eine Frau wie Sie?
Verzeihen Sie diese Beleidigung: ich bin nur eine Prostituierte.

Erstes Kapitel

Meine ersten Schritte auf dem Strich habe ich im Juni 1972 in Lyon gemacht. Zu dieser Zeit gab es noch die Stundenhotels. Kurze Zeit später flog die Affaire Tonnot auf: ein hoher Polizeikommissar wurde wegen Zuhälterei verklagt.

Mein Anfang in dieser Stadt war kein Vergnügen. Ich mußte schnell eine Unterkunft und einen Platz auf der Straße finden. Ich wußte, daß das nicht leicht sein würde – ich war Anfängerin und hatte weder Empfehlungen noch Beschützer.

Nachdem ich in verschiedenen Hotels vergeblich angefragt hatte, wurde ich schließlich als Ersatz angenommen. Sie überließen mir das Zimmer nur, weil eine Frau aus der Nachtschicht fehlte.

Seit 1946 und dem berühmten Marthe-Richard-Gesetz gibt es keine Bordelle mehr. Mme Richard gelang es in ihrem tugendhaften Eifer zwar, diese Gefängnisse für Frauen abzuschaffen, aber was mit den Prostituierten passieren sollte, die daraus entlassen wurden, das wurde nicht geregelt. Sie standen wieder ohne irgendwelche Arbeit auf der Straße und mußten zusehen, wie sie zurechtkamen. Die

Hotels, die Prostituierte aufnahmen, machten ihre eigenen Gesetze, deren einziges Prinzip hieß: Rentabilität.

Hotelbesitzer arbeiten nach denselben Methoden wie Fabrikbesitzer: es gibt drei Schichten, jede arbeitet acht Stunden hintereinander. Zu spät erscheinen oder einen Tag fehlen kommt nicht in Frage. Die Arbeitszeit wird eingehalten, sonst bekommt man eine Verwarnung und muß gehen, selbstverständlich nach Entrichtung einer Geldstrafe.

Die Hotelbesitzerin oder besser die Puffmutter brauchte unbedingt eine Neue, weil eine Frau krank war und ersetzt werden mußte. Ich sollte also noch am selben Abend anfangen. Ich stieß insgeheim einen Seufzer der Erleichterung aus: ich konnte nachts arbeiten. Ich weiß nicht, ob ich es tagsüber gewagt hätte, ich schämte mich zu sehr. Bevor es losging, mußte ich noch eine Art Einführungskurs über mich ergehen lassen. Die Chefin wußte, daß ich neu im Beruf war, und das war ihr nicht sonderlich angenehm, weil sie Angst hatte, ich würde nichts einbringen. Trotzdem erklärte sie mir die Regeln des Stundenhotels.

Dieses »Betriebsgesetz« muß die Prostituierte befolgen, wenn sie ihren Platz behalten will. Abgesehen von ein paar Einzelheiten, sind diese Regeln in allen Städten ungefähr gleich. Erstens: eine Prostituierte hat das Recht, ein Zimmer fünfzehn Minuten lang mit demselben Freier zu belegen; länger nicht, sonst muß sie ein zweites Mal bezahlen. Ich habe Puffmütter erlebt, die genau auf die Uhr sahen und keine Minute länger duldeten. Da die Freier sich im allgemeinen weigern, mehr zu bezahlen, muß die Frau dafür aufkommen.

Auf keinen Fall darf man sich die Zimmer komfortabel vorstellen. Tapeten, Bettüberzüge aus Satin, Badezimmer – das alles gibt es nur im Kino oder in den Lügenmärchen von Freiern. Die Zimmer sind winzig, das Bett bricht demnächst zusammen, die Tapeten sind vergilbt und uralt. Die Einrichtung spielt überhaupt keine Rolle; was zählt, ist der Profit.

Ein verpißter Bettüberzug, darüber zum Schutz ein Stück Stoff, ein altes Waschbecken und ein Bidet mit einem Rest Seife, ein Stuhl und ein leerer Schrank, den niemand benutzt: das ist die Welt der Prostituierten acht Stunden am Tag. Nicht zu vergessen der große Spiegel rund um das Bett, damit der Freier auch ja nichts verpaßt, wenn er die Nummer mit seiner sogenannten Männlichkeit abzieht.

Die Hotelbesitzer wissen genau, daß sich die Freier über tropfende Wasserhähne oder vergilbte Tapeten nicht beklagen. Sie kommen nicht wegen der Einrichtung, sie achten überhaupt nicht auf das Zimmer. Und die Prostituierten sind froh, wenn sie einen Arbeitsplatz haben. Im Hotel sind sie relativ geschützt, sie können um Hilfe rufen, wenn die Freier aggressiv werden und sie werden von den Bullen in Ruhe gelassen, es sei denn, es ist gerade Razzia. Was also wollen sie mehr?

Für fünfzehn Minuten Ausziehen, Geschlechtsakt, Waschen und wieder Anziehen ist der Preis relativ niedrig: 1972 mußte ein Freier dafür 45 Francs bezahlen, das Zimmer inbegriffen; die Prostituierte behielt 25 Francs dafür, daß sie ihm ihren Körper überließ und gab den Rest an die Puffmutter ab. Den Rock hochziehen, das eine Bein der Strumpfhose abstreifen und das andere nur nach unten rollen, damit keine Zeit verlorengeht – das sind die verbotenen Freuden der Prostitution! Zum selben Preis machen einige Frauen es mit dem Mund, nicht um dem Freier einen Gefallen zu tun, das kann man mir glauben, sondern um Zeit zu gewinnen. Für 50 Francs mehr hat der Mann das Recht auf »vollständige Entkleidung«, aber die Frau ist dabei selten völlig nackt: sie zieht nur ihren Pullover aus. Sie kann auch, aus »Geschäftsgründen«, so tun, als ob sie das Spiel mitmacht. Dann hat er seinen großen Sieg! Der Ärmste bildet sich ein, er hätte eine Heldentat vollbracht, nämlich eine Nutte befriedigt zu haben. Ein richtiger Mann ist er! Im Grunde genommen weiß er sehr gut, daß sie ihm nur etwas vormacht, aber er geht weg mit dem Gefühl, er hätte seine Männlichkeit unter Beweis gestellt. Er wiegt sich in dem Glauben, daß er stolz auf sich sein kann; und genau in diesem Moment wird er unangenehm: »Geh du zuerst runter, ich will nicht mit dir zusammen gesehen werden.« Jetzt schämt er sich wegen dieser Frau, die er vorhin noch zuckersüß angesäuselt hat. Er hat bezahlt, es ist vorbei.

Ich konnte es nie mit dem Mund machen und auch keine Befriedigung vortäuschen, die ich nicht empfand. Meine Gefühle schwankten gewöhnlich zwischen Gleichgültigkeit, Widerwillen und Verachtung gegenüber diesen Männchen, die bezahlen, damit wir die Beine breitmachen.

Im Zimmerpreis inbegriffen ist, um der lieben Hygiene willen, ein Handtuch. Handtuch ist allerdings viel gesagt für diesen Fetzen, der bis auf den letzten Faden durchgescheuert ist und nur noch Symbolcharakter hat. Die meisten Frauen bringen ihr eigenes Handtuch und desinfizierende Seife mit. In unserem Beruf leben wir nämlich in der ständigen Angst vor Geschlechtskrankheiten.

Kranksein bedeutet unter anderem, daß wir nicht arbeiten können, also kein Geld mehr. Zum Glück gibt es in den Krankenhäusern zweimal pro Woche kostenlose Reihenuntersuchungen auf Geschlechtskrankheiten! Die Frauen gehen alle regelmäßig dorthin. Manche Hotels verlangen von Frauen, die bei ihnen arbeiten, jede Woche ein Attest. Seit die Stundenhotels in Lyon geschlossen sind, hat sich diese Regelung auch auf der Straße durchgesetzt, die Frauen selbst sorgen dafür, daß sie eingehalten wird. Eine Frau, die sich angesteckt hat, kann am selben Abend die anderen anstecken, weil ein Freier oft nacheinander zu mehreren Prostituierten geht. Sie kommt auch erst dann wieder arbeiten, wenn sie vom Arzt für gesund erklärt worden ist. Deswegen werde ich so wütend, wenn die Leute uns die Schuld an der Verbreitung von Geschlechtskrankheiten geben.*

Wenn alle sogenannten ehrbaren Frauen genau so scharf aufpassen würden wie wir, wären die Geschlechtskrankheiten in Frankreich wahrscheinlich schon zurückgegangen, anstatt sich auszubreiten. Aber während für Prostituierte diese Krankheit eine Beeinträchtigung ihrer Arbeit ist, die sie so schnell wie möglich beseitigen wollen, fürchten sich die anderen Frauen davor oder schämen sich; sie vertuschen die Krankheit oder wollen sie einfach nicht wahrhaben. Es

* Nach der offiziellen Statistik, wie sie im *Journal médical* vom 18. Juni 1975 abgedruckt ist und von Simone Veil zitiert wird, sind Prostituierte nur in 15 Prozent aller in Frankreich erfaßten Fälle von Geschlechtskrankheiten beteiligt.

ist ja so praktisch, alles auf die Prostituierten zu schieben!

Nachdem ich also die Grundregeln gelernt hatte, die eine »gute Prostituierte« ausmachen, wagte ich mich auf die Straßen von Lyon.

Wie alle – ich meine alle, die unser Milieu nicht kennen – glaubte ich, ich müßte mir ein besonderes Verhalten zulegen, um auszusehen wie eine Prostituierte. Ich schminkte mich besonders auffällig und zog ein tief ausgeschnittenes Kleid an. Ich dachte, nur vulgäres Aussehen würde Freier anziehen. Ich änderte meine Meinung allerdings schnell. Eine Prostituierte verkleidet sich zwar, aber nur, um dahinter ihre wahre Persönlichkeit zu verbergen. In Lyon arbeiten die Mädchen meist in Jeans und Pulli; nur die Schminke, die Perücke und vor allem ihre Art zu sprechen machen sie unkenntlich.

Man muß auch nicht glauben, der Verdienst hängt von der Schönheit ab. Vielleicht träumen Männer von den Sexbomben in Zeitschriften und Pornoläden, aber wenn sie dann einer Frau aus Fleisch und Blut gegenüberstehen, werden sie klein und unsicher, und um einen hochzukriegen, brauchen sie das Gefühl der Überlegenheit. Ich kenne Frauen, die in ihrem Privatleben sehr kokett sind und die sich abschminkten und unscheinbare Kleider anzogen, bevor sie arbeiten gingen; sie hatten oft größeren Erfolg als ihre Kolleginnen.

Um sechs Uhr abends an einem Tag im Juni 1972 stellte ich mich also auf die Straße. Es war genauso schlimm wie das erste Mal, als ich für Geld mit einem Mann mitgegangen war. Ich erinnere mich genau an die kleine düstere

Straße; ich hielt den Kopf gesenkt und kam fast um vor Angst! Ich gab Passanten keine Antwort und wünschte mich ganz weit weg.

Um mir Mut zu machen, hatte ich ein bißchen getrunken. Ich merkte schnell, daß viele Prostituierte das so machten: Alkohol läßt alles erträglicher werden und die Härte des Strichs leichter ertragen.

Dann kam der erste Freier, er ist der Einzige, an den ich mich nach drei Jahren Prostitution genau erinnere: ein dunkelhaariger, sehr magerer Mann mit Schnurrbart. Er gab der Puffmutter das Geld, und ich mußte mit ihm die zwei Stockwerke zu meinem Zimmer hinaufsteigen. Ich habe so gezittert, daß ich nicht einmal an das Handtuch dachte. Ich hatte Glück an diesem Abend; der Mann verlangte nichts Besonderes, alles ging sehr schnell. Aber ich fühlte mich wie betäubt. Den nächsten Freier und alle anderen kann ich nicht beschreiben, ich habe sie aus meinem Gedächtnis gelöscht.

Gleich am ersten Abend machte ich die Bekanntschaft der Polizei. Neben mir hielt ein R 4. Vier Typen umringten mich. Ich hatte furchtbare Angst. Ich dachte, sie wären Zuhälter, diese gefährlichen Individuen, über die ich in Büchern und Zeitungen schon sehr viel gelesen hatte, von denen ich aber überhaupt nichts wußte. (Übrigens weiß ich immer noch nicht, wie ein richtiger Zuhälter aussieht, ich habe nie einen getroffen.)

Als ich begriff, daß es Zivile waren, war ich ganz erleichtert. Das war das erste Mal, daß ich so ein Gefühl gegenüber Bullen hatte. Ich bekam eine Vorladung für den nächsten Tag zum Bezirksrevier, damit sie eine Akte über mich anlegen konnten. Damals wußte ich nicht, daß solche Erfassung in einer Kartei illegal ist. Es heißt nämlich im Gesetz vom 13. April 1946, Art. 5: »Alle Dienstvorschriften, die eine Registrierung von Prostituierten in einer besonderen polizeilichen Kartei vorsehen, sowie die Auflage, sich regelmäßig beim Polizeirevier zu melden, sind außer Kraft gesetzt. Die bestehenden Akten und Karteien werden nach und nach gelöscht, sobald eine Gesundheitskartei angelegt ist.« Aber das wußte ich alles nicht. Also fand ich mich leicht beunruhigt am angegebenen Ort ein.

Man ließ mich eine knappe Stunde warten. Dann wurde ich verhört: »Name, Vorname, Deckname, Alter, Familienstand, Adresse. Seit wann gehst du der Prostitution nach? Warum? Zu wessen Gunsten?«

Meinen Namen habe ich zwar angegeben und auch einen Decknamen, den ersten, der mir in den Sinn kam: Barbara. Und der ist mir geblieben. Aber alles andere, die Kinder und meine Adresse, habe ich für mich behalten.

Während ich redete, mühte sich der diensthabende Bulle mit der Schreibmaschine ab. Ich war in der schwächeren Position, und das ließen sie mich spüren, indem sie mich duzten. Trotzdem amüsierte mich der Anblick dieses Mannes, der angespannt und verkrampft vor seiner Maschine saß, mühselig mit zwei Fingern auf meine Karteikarte einhackte und sich ständig vertippte. Das war die andere Seite eines Bullenlebens: immer konnte man sich vor verschreckten Prostituierten eben auch nicht in Pose setzen.

Als die Karteikarte ausgefüllt war, wurde ich photographiert. Diese Photographen sind echte Fachleute: es ist eine Tätigkeit mit Verantwortung. Schließlich ist nicht jeder hergelaufene Idiot dazu befähigt, die Visagen von Mördern und Nutten zu photographieren! Eine Aufnahme von vorn, eine von der Seite, darunter eine Nummer. Ich merkte, wie ich wegsackte.

Dann durfte ich mir noch Fingerabdrücke abnehmen lassen, und die machen so schöne schwarze Finger. Man gab mir freundlicherweise zum Abwischen einen Lappen, aber der war so schmutzig, daß er nicht zu gebrauchen war. Alles an diesem Ort stand vor Dreck, roch entsetzlich muffig und verbreitete Langeweile. Sogar die Uniformen der Beamten wirkten trübselig. Ich dachte mir: welch erhabener Beruf! Wenn die Bewerber für den Polizeidienst bei der Aufnahmeprüfung wüßten, wo sie später die meiste Zeit verbringen werden, würden sie schreiend das Weite suchen.

Ein seriös aussehender Herr fragte mich zum Schluß, ob ich ein »besonderes Kennzeichen« hätte. Mein Körper ist von Spuren übersät, falls er das wissen wollte: es sind Narben von Schlägen, die ich mein ganzes Leben bekommen habe, auch Schwangerschaftsstreifen. Aber das, wurde mir erklärt, zählte nicht.

Zutiefst verletzt und erniedrigt verließ ich das Revier. Fortan gehörte ich zum staatlich erfaßten Dirnenwesen. Alles war in Ordnung, in der Ordnung der Polizei und des Mißbrauchs von Macht. Diese Akte und diese Nummer, beide illegal seit 1946, drohten mich mein Leben lang zu verfolgen.

Jetzt war ich eine Nutte, eine richtige. Ich war Barbara. Ich hatte mir einen falschen Namen und die Verkleidung einer Professionellen zugelegt. Von nun an führte ich zwei

Leben: das auf dem Strich und mein Privatleben. Barbara, die Prostituierte, mußte ihren richtigen Namen geheimhalten: weder die Bullen, noch die anderen Frauen, noch die Freier durften ihn je erfahren. So lebte ich drei Jahre lang.

Der Deckname ist Teil dieser Riesenlüge, die unsere Arbeit darstellt: auf dem Strich ist alles Attrappe. Wir sind nur Abziehbilder von Frauen, Konsumgüter, nichts weiter. Was wir verkaufen, ist leerer Dunst, wir sind leerer Dunst. Niemand wird je auch nur ein Stückchen von uns erobern können. Wir zeigen eine Fassade, eine Verpackung, aber keinen Inhalt. Das Innenleben, unser kleines bißchen Intimität, gehört uns allein. Dafür gehört uns ein paar Stunden lang unser Körper nicht, wir verkaufen ihn, und deshalb verwandeln wir ihn fast wie in einer Travestie. Auf diese Weise können wir eher wieder zu uns kommen und sind nicht völlig kaputt, wenn wir nach Hause kommen.

Die Puffmutter hatte beschlossen, mich zu behalten. Sie stellte mir allerdings auch die Gretchenfrage: »Und ihr Mann?« Im allgemeinen muß man, um in so ein Hotel reinzukommen, von jemandem vermittelt werden, der dann Anspruch auf eine hohe Provision hat. Für mich hat sich das Problem, einen Beschützer zu finden, nie gestellt. Ich habe Männer nie genug geliebt, um mich ihnen auszuliefern. Ich habe also gesagt, mein »Mann« wäre irgendwo, »wo er nicht wegkommt.« Die Komödie der verheirateten Frau spielte ich dann weiter. Ich ging nie mit einem Mann aus, sondern lebte völlig zurückgezogen. Das war gut so, denn so konnte sich niemand in mein Leben einmischen und mich belästigen.

Ich hatte auch eine Bleibe gefunden, es war ein Zimmer in einem Hotel, in dem vor allem Prostituierte wohnten; es war eine Art Pension, man konnte dort auch essen, und sie war nicht so deprimierend.

Als ich den ersten Abend in mein Zimmer zurückkam, warf ich all das Geld, das ich verdient hatte, auf das Bett. Ja, ich war glücklich! Glücklich, weil ich Geld hatte, ich konnte die dringendsten Schulden und das Kostgeld für meine Kinder bezahlen. Genau das bedeutete für mich Sicherheit. Ich wollte nicht mehr darüber nachdenken, was ich tat: die ständige Angst vor dem leeren Portemonnaie jedenfalls bedrückte mich nicht mehr.

Trotzdem war ich nicht gerade fröhlich, als ich am nächsten Tag an meinen Platz auf der Straße zurückkehren mußte. Ich mußte all meinen Willen, noch etwas mehr Geld zu verdienen, aufbieten, um nicht klein beizugeben. Ich versuchte den Horror runterzuspielen, der auf mich zukam: meinen Körper zu verkaufen an Männer, die mich verachteten – an gesichtslose Männer. Ich versuchte, mir Mut zu machen, und betete mir vor: wenn wir für sie nur eine Möse sind, dann sind sie eben nur eine Brieftasche. Und ich fing wieder an zu arbeiten.

Für die Puffmutter war ich ein guter Fang. Eine neue Frau in der Stadt zieht immer mehr Kundschaft ins Hotel. Die Buschtrommeln der Freier funktionieren gut. Und einen Monat lang hat die »Neue« dann gut zu tun. Deswegen wechseln die Puffmütter gern alle zwei oder drei Monate ihre Mädchen: das garantiert höheren Profit.

All das ist nicht wegzudenken aus der Prostitution. Und dann wird noch behauptet, die Frauen täten das aus Neigung oder Vergnügen! Wer läßt sich wohl gern wie Vieh behandeln? Wer arbeitet gern am Fließband? Wer schämt sich gern seiner Lage? Wer läßt sich gern verachten? Wer mag schon gern alleinsein? Alleinsein, vor allem das: *Alleinsein.* Sicher, scheinbar sind wir es nicht: die anderen Frauen sind ja auch da. Und sie hüten zwar auch ihre Anonymität, aber für eine Neue sind sie auch hilfreich. Und vor allem eine kritische Instanz. Denn, ebenso wie die Puffmütter haben auch die Prostituierten ihre Reglements. In Lyon waren die Regeln sehr streng. Jede Prostituierte kümmert sich um sich selber, und kontrolliert selber ihren Platz und die abgesprochenen Preise. Und wehe eine verstößt gegen die Absprache! Sie bekommt eine anständige Tracht Prügel oder sie wird ganz verjagt aus dem Viertel und manchmal sogar aus der Stadt. Eine Frau, die neu anfängt, muß sich vorher genau erkundigen. Unlauteren Wettbewerb gibt es nicht.

Ich lernte also die Arbeitsregeln der Frauen in Lyon. Erstens: man läßt sich nie von einem Freier auf den Mund küssen; wenn es vorbei ist, erlaubt man ihm gerade noch einen Kuß auf die Wange, aber mehr nicht. Die normale Arbeit sieht so aus: Beine breit, liegend auf dem Bett, ohne Bewegungen. Für jedes Extra erhöht sich der Preis, und die Preise sind von den Frauen gemeinsam abgesprochen worden. Zum Beispiel kostete 1975 eine übliche Nummer 100 Francs, manchmal 80, aber das ist das Minimum. Nimmt eine Frau weniger, kriegt sie Ärger und wird zur Ordnung gerufen. Oben frei: 150 Francs. Ein Bein hoch: 20 Francs. Und so weiter, 20 Francs für jede Geste.

Analverkehr ist nicht erlaubt. Obwohl viele Freier davon träumen. Warum? Weil sie es nicht wagen, ihn von ihrer Frau zu verlangen. Hier zeigt sich ihre Vorstellung von Sexualität ganz deutlich: die Normalität ist phantasielos, der Rest ist Schweinerei und verboten. Die Prostituierte gehört zum schmutzigen Teil des weiblichen Geschlechts: deswegen muß sie versteckt bleiben und nachts arbeiten, wenn die braven Leute zu Hause sind.

Man könnte meinen, daß eine Prostituierte im Hotelzimmer ruhig die Vorschriften verletzen kann, weil es nicht auffällt. Aber in den ersten Tagen passen die anderen den Freier einer Neuen oft am Ausgang ab und fragen ihn aus, um sich zu überzeugen, daß die Neue wirklich »korrekt« arbeitet. Freier plaudern immer alles aus, sie beschönigen dabei auch viel, aber die Frauen können genau unterscheiden, was davon Prahlerei ist. Sie kriegen immer die Wahrheit heraus. Und wehe der »Schlampe«.

Preisbrecherei entgeht der Kontrolle ebensowenig. Sobald bekannt wird, daß eine es billiger macht, schickt man ihr Freier oder Freunde hin, damit die das nachprüfen. Wenn es stimmt, wird ihr sofort eine Lehre erteilt. Aber ich betone noch einmal: wir lassen niemanden sich in unsere Angelegenheiten einmischen. Bei einer Tracht Prügel gibt es weder Zeugen noch Schiedsrichter von außen. Eine Frau, die von einer anderen verprügelt worden ist, wird nie einen Mann holen, damit er sie rächt, schon gar nicht einen Bullen. Man kann nicht wirklich von einer Hierarchie auf dem Strich sprechen, aber die Frauen, die am besten Bescheid wissen, werden automatisch so etwas wie Beraterinnen, an die man sich in Konfliktfällen wendet. Was zählt, ist, sich

Respekt zu verschaffen und sich gegenseitig zu respektieren. Andernfalls würde unsere eigene Welt zwischen Bullen und Dieben zerrieben werden.

Damit will ich allerdings nicht sagen, daß wir ein ruhiges Leben führten. Selbst im Hotel waren wir brutalen Freiern, Verrückten oder miesen Betrügern ausgeliefert, die uns beklauen wollten oder drohten, uns zu verpfeifen, um den starken Mann zu markieren. Bestimmte »kleine Macker« haben tatsächlich versucht, die Frauen zu erpressen. Aber im allgemeinen haben sie schnell begriffen, daß sie da einen Fehler machten. Eine kräftige Frau – und kräftig muß eine Frau sein, um sich auf dem Strich behaupten zu können – steckt zwar manchmal Schläge ein, aber sie weiß sich auch zu verteidigen. Dieser Sorte von Typen gegenüber habe ich mich immer allein durchgesetzt. Ich habe mich nie bluffen lassen, nie Angst gezeigt; und wenn ich zu einer Verabredung ging, war ich bewaffnet. Eine Frau, die sich mit einem kühlen Kopf organisiert, ein ruhiges Leben führt und sich den Respekt der anderen Frauen zu verschaffen versteht – das fällt auf. Und am Ende läßt man sie in Ruhe. Mut ist nämlich durchaus nicht die starke Seite dieser mickrigen Typen, die uns erpressen wollen. Die wirklichen Gangster, die ohne Geiseln und ohne Mord eine Bank ausrauben können, würden nie eine Frau erpressen – es wäre unter ihrer Würde. Solche Erpressereien machen nur kleine Mieslinge.

Was die Freier angeht, die uns um unser Geld betrügen oder gewalttätig sind – wehe ihnen, wenn wir sie in die Finger bekommen. Da sind schon schlimme Sachen passiert, wenn eine Frau allein und ungeschützt war, aber sowie eine

Prostituierte in ihrer Straße angegriffen wird, sind in einer Minute alle Frauen aus dem Viertel zur Stelle. In so einem Moment sind Rivalität, Freundschaft oder Feindschaft vergessen. Bei einem Angriff von außen ist die Solidarität unter den Frauen stärker als alle Meinungsverschiedenheiten. Dann bricht unser ganzer Haß auf die »braven« Leute von der anderen Seite hervor, und der ist gnadenlos. Der Angreifer liegt blutend flach, bevor er überhaupt kapiert hat, was los ist. Im allgemeinen landet er im Krankenhaus, und niemand wird ihn bedauern. »Wenn es dir nicht paßt, dann geh' dich doch bei den Bullen beschweren.« Mit diesem Satz haben uns die Freier oft verhöhnt, wenn sie über uns herfielen. Sie wußten genau, daß wir es nicht tun würden, und für sie bedeutete das, daß wir der letzte Dreck sind, den niemand verteidigt.

Wenn einer, nachdem die Frauen ihn in der Mangel gehabt haben, sich noch auf den Beinen halten kann, soll er sich ruhig zum nächsten Revier schleppen und Anzeige erstatten. Wenn die Bullen dann kommen, ist das Viertel völlig ruhig, jede steht wieder an ihrem Platz, und kein Mensch hat irgendetwas gesehen oder gehört. Wir leisten uns sogar den Luxus, diesen Typen, den selbstverständlich keine von uns wiedererkennt, zu verspotten: »Na, mein Süßer, was ist denn mit dir passiert? Bist du vom Bürgersteig gefallen? Du solltest lieber nicht soviel trinken, das ist nicht gut für das Gleichgewicht. Bist du unters Auto gekommen? Es gibt aber doch wirklich Schweine, die halten noch nicht einmal an! Armer Alter, du mußt besser auf dich aufpassen.«

Die Bullen sind nicht doof, aber sie fragen nicht weiter: sie wissen, daß keine von uns reden wird. Wenn der Typ behauptet, eine Frau zu identifizieren, läßt sie sich ohne Widerspruch mitnehmen. Manchmal hatte sie selber gar nicht geschlagen, war bei der ganzen Aktion womöglich nicht einmal dabei gewesen. Aber sie wird kein Wort sagen. Sie würde nie eine andere Prostituierte denunzieren. Sie erstattet auch nie Anzeige gegen einen Freier, der sie bedroht hat. Die Bullen müssen aus solchen Sachen rausgehalten werden – sie mischen sich schon genug in unser Leben ein.

Wir haben auch zu tun mit ganz erbärmlichen Typen, die von den Bullen gedeckt werden, damit sie uns bespitzeln. Die kommen dann als angebliche Freier, wollen sich unterhalten, und wenn die Frauen schweigen, fangen sie plötzlich an zu drohen. Über diese Leute möchte ich lieber kein Wort verlieren, sie sind mir zutiefst zuwider.

Es heißt, Prostituierte haben kein Herz, führen immer nur Flüche im Mund und sind bösartig. Aber der Strich erlaubt keine Gefühle. Für Zärtlichkeit ist die Straße nicht der richtige Ort. Wir werden ständig beleidigt und angerempelt von Bullen, Freiern und Passanten, unsere Aggressivität ist unsere Verteidigung. Nur damit können wir bestehen angesichts all der Leute, die uns dauernd wiederholen, daß wir nichts sind.

»Prostitution ist ein notwendiges Übel.« Dieser Satz faßt die ganze Zwiespältigkeit unserer Situation zusammen. Die Leute sind dafür, daß es Nutten gibt, sie brauchen uns, aber in ihrem täglichen Leben wollen sie uns nicht haben. Wir führen ihnen ihren eigenen Schmutz, ihre traurige Lage, ihren ganzen sexuellen Ballast vor Augen. Und das können sie uns nicht verzeihen. Und dann, das

Versteckte, die dunklen Winkel – das macht geil. Wenn ich das schon höre: die Frau, das große Geheimnis! Man muß nicht lange suchen. Eine Frau, das ist Sünde, denn sie steht für Sex. Man muß sie sich nehmen können, wann immer man sie braucht, und sie dann schnell wieder aus dem Gedächtnis streichen.

»Zur Unzucht aufforderndes Verhalten«, so heißt der gesetzliche Vorwand, unter dem wir verhaftet und mit Bußgeld belegt werden. In den wenigsten Fällen geht diese »Anstiftung zur Unzucht« von uns aus. Es ist gar kein besonderes Verhalten nötig, um die Freier anzulocken. Es genügt, daß irgendeine Frau abends zu einer bestimmten Zeit auf der Straße ist, damit ein Mann ihr »unsittliche« Anträge macht. Jede Frau, die abends nach Hause geht, kann auf der Straße belästigt werden. Wer fordert eigentlich auf? Wir oder die Freier? Wer will eigentlich »was Besonderes«? Die Nutte oder der Mann? Selbstverständlich der Mann, aber dann verachtet er die Frau, die auf seine Vorschläge eingeht. Sie wagen nicht, sich selbst ins Gesicht zu sehen, deshalb wälzen sie die Fehler auf andere ab.

Körperliche Liebe ist etwas Wunderschönes – die Männer haben eine Schweinerei daraus gemacht. Sie nennen das: »einen Schuß machen«. Sie haben Angst vor ihrem eigenen Sex und geben den Frauen die Schuld. Selbstverständlich nicht ihrer eigenen Frau: der haben sie beigebracht, daß sie eine ehrbare Aufgabe erfüllt, nämlich als Ehefrau und Mutter. Also halten sie sich an den Prostituierten schadlos. Uns wird das Recht verweigert, Frauen zu sein, denn wir sind ja nur ein Geschlechtsteil. Soll das etwa bedeuten, daß die wahren Frauen geschlechtslos sind? Diese ganze Verlogenheit macht Prostituierten das Leben so schwer. Das ganze Leben gestaltet sich um diese verweigerte Anerkennung als Frau. Versuchen Sie sich einmal vorzustellen: »Die Nutte da an der Ecke, die könnte meine Schwester sein. Ganz unmöglich?« Warum eigentlich?

Einen Monat in dieser Schule und ich verschanzte mich genau wie die anderen hinter einer Maske. Ich grübelte nicht mehr nach, ich trank mir vor der Arbeit Mut an, ich zählte mein Geld. Schiefe Blicke und sarkastische Bemerkungen beantwortete ich mit Flüchen. Auf der Straße verwandelte ich mich in ein Bündel Haß und Verachtung.

Und dann wurde ich krank; drei Wochen lag ich im Krankenhaus. Da, ganz allein in meinem Bett, wurde mir das Grauen meiner Arbeit in vollem Ausmaß klar. Ich sah alles in greller Deutlichkeit vor mir, und es war ein schmerzhaftes Erwachen.

Drei Wochen allein sein und nachdenken: ich hatte keine Schulden mehr, aber zu welchem Preis! Ich verkaufte mich und außer Geld hatte ich nichts, niemanden. Nicht einmal im Krankenhaus fand ich Ruhe, ich spürte auch dort die Blicke der Leute. Irgendwo weiß immer irgendjemand, wer du bist, und läßt dich das fühlen.

Schon damals wollte ich aussteigen; aber ich steckte zu tief drin, war registriert und konnte weder vor noch zurück. Ich hatte niemanden, keine Freunde und ich war mutlos. Und es fiel mir noch schwerer als früher, den Leuten gegenüberzutreten, ihren Fragen, ihren Blicken. Ich war eine Nutte und ich fing an, mich selbst als Nutte zu sehen. Ich sah keinen Ausweg, ich steckte drin und würde auch so schnell nicht wieder rauskommen.

Um diese Zeit platzte der Tonnot-Skandal. Ein Journalist hatte gewagt zu schreiben, was alle Welt wußte: daß einige Puffmütter von der Polizei gedeckt waren, weil sie dafür zahlten. Von meinem Bett aus verfolgte ich diese Affäre ohne großes Interesse. Für mich war das nichts Verwunderliches, mir war die ganze Sache egal. Bullen, die Hotelbesitzer erpreßten, hatte es schon immer gegeben und würde es immer geben. Mit mir hatte das alles nichts zu tun, so dachte ich.

Ich hatte mich getäuscht. Als ich aus dem Krankenhaus kam, war mein Hotel geschlossen. Der Polizeidienst war einer Säuberung unterzogen worden, ein paar Köpfe waren gerollt, und man hatte die Gelegenheit genutzt, um die Straße auch gleich leerzufegen. Der neue Kommissar von der Sitte wollte den Ruf seines Bezirkes wieder auf Hochglanz polieren und hatte geschworen, aus Lyon eine saubere Stadt zu machen. Also hatte er die Hotelkuppelei abgeschafft, indem er alle Häuser dichtmachte, in denen Prostituierte arbeiten konnten.

Nicht einmal die Clochards blieben von dieser Säuberung verschont. Jeder Stein des Anstoßes gehörte entfernt: sie wurden eingesammelt, in Grüne Minnas verfrachtet und bis weit vor die Stadt gefahren. Dort ließ man sie ins Freie, wie Tiere.

Nach Mitternacht waren die Straßen jetzt menschenleer. Die Moral hatte gesiegt, aber wir, die Prostituierten, wußten nicht wohin.

Zweites Kapitel

Wir waren unseres Arbeitsplatzes beraubt worden, wir saßen auf der Straße. Also mußten wir uns eine Wohnung suchen. Aber die Makler hatten von der Polizei eine Liste der Frauen bekommen, die als »notorische Prostituierte« registriert waren. Sie wurden angewiesen, uns keine Wohnungen zu vermieten, andernfalls würden sie wegen Kuppelei verklagt werden.

Dieser Sommer 1972 war der Anfang eines völlig wahnwitzigen Lebens. Jede Dienststelle der Lyoner Polizei hatte das Recht, eine als Prostituierte bekannte Frau zu verhaften und zu bestrafen, egal, was sie gerade tat. Sowie wir auch nur einen Fuß vor die Tür setzten, wurden wir aufgegriffen. Ein paar Frauen bekamen Strafzettel, als sie am hellichten Tag eine Straße überquerten. Andere wurden mit der Einkaufstasche in der Hand aufs Revier gebracht. Weder Zeit noch Ort spielten eine Rolle. Wir wußten nicht mehr wohin, wo wir diesen Bußgeldern entgehen konnten. Eines Abends holten sie mich aus der Warteschlange vor einem Kino heraus. Die Bullen wollten mich sogar aus einem Restaurant holen, in dem ich gerade zu Abend aß.

War das etwa auch zur Unzucht aufforderndes Verhalten? Aber der Wirt kam mir zu Hilfe, und ich konnte bleiben. In Wahrheit waren das reine Einschüchterungsversuche, und diese Schikanen hatten überhaupt nichts zu tun mit dem angeblichen Kampf gegen Zuhälterei. Für uns allerdings wurde damit das Leben unmöglich. Die Polizei von Lyon hatte sich ihre eigenen Gesetze gemacht, als wäre der Notstand erklärt worden. Die Bullen, selbst wenn sie gar nicht zur Sitte gehörten, wurden zu Kopfgeldjägern.

Unsere Nächte verbrachten wir auf der Wache, wo wir alle möglichen Beleidigungen über uns ergehen lassen mußten. Eingezwängt wie Sardinen saßen wir zu dreißig in einem Glaskäfig, durch ein winziges Fenster kam etwas Luft herein ... falls der diensthabende Bulle gnädigerweise erlaubte, es zu öffnen. Der Rauch brannte uns in den Augen und wir mußten uns abwechselnd zwei ganz schmale Bänke teilen, um uns ein paar Minuten bis zur nächsten Zigarette auszuruhen. Essen war verboten, um etwas zu trinken zu bitten kam überhaupt nicht in Frage, und natürlich verlangte der Wachtmeister absolutes Schweigen und beschimpfte uns als den letzten Dreck.

Überhaupt war die Sprache der Polizisten sehr erbaulich: »Sollen sie doch alle krepieren, diese Huren, wir scheißen auf sie: sie sind schuld, daß wir als Zuhälter gelten. Das werden wir ihnen heimzahlen! Diese Schlampen!« Den Kommissar von Villeurbanne habe ich sagen hören, man sollte uns alle erschießen und die Kinder von Nutten sollte man gleich bei der Geburt umbringen. Eine andere Frau hat gehört wie er verkündete, wenn er könnte, würde er uns alle ins KZ stecken, das wäre das einzige Mittel, die Stadt von solchem Pack zu säubern. Zum Glück waren nicht alle Kommissare so gemein, und manche Nächte hatten wir fast Ruhe. Morgens kamen wir dann völlig ausgelaugt, gebrochen und angeekelt heraus.

Mit welchem Recht sperrten sie uns da ein? Mit welchem Recht füllten sie ihre Bußgeldbescheide aus und baten uns zur Kasse? Mit dem Recht, einen Gummiparagraphen zu ihren Gunsten auslegen zu dürfen.

Prostitution selbst ist nämlich in Frankreich nicht verboten. Wir bewegen uns scheinbar auf der Grundlage abolitionistischer Gesetze, die das Recht auf freie Entfaltung der Persönlichkeit garantieren. Es wird lediglich die Zuhälterei strafverfolgt, weil sie ein Angriff auf die Menschenwürde darstellt, und die öffentliche Moral geschützt, und zwar durch den berühmten Erlaß No. 60/1247 vom 25. November 1960.

Nach diesem Erlaß können Personen belangt werden, deren Verhalten auf offener Straße zu Unzucht auffordert; sie werden zu einer Geldbuße verurteilt. Außerdem wird zu Geldbußen und Gefängnisstrafen von zehn Tagen bis zu einem Monat verurteilt, wer mit Taten, Worten oder Schriften oder anderen Mitteln öffentliche Personen männlichen oder weiblichen Geschlechts zur Unzucht anstiftet. Zuwiderhandlungen gehören in den Zuständigkeitsbereich des Polizeigerichts.

Das heißt im Klartext, daß die Bullen jede als Prostituierte bekannte Frau verhaften können, denn allein ihre Anwesenheit auf der Straße gilt als Aufforderung zur Unzucht. So jedenfalls legte es die Lyoner Polizei aus.

Wir konnten also nur noch den Kopf einziehen und versuchen, durch die Maschen zu schlüpfen. Und dabei verdankten die Bullen ihren schlechten Ruf gar nicht uns, sondern dieser Geldgier, die vor niemandem haltmacht. Jedes Kind und jeder Erwachsene träumt davon, etwas zu besitzen; eine Murmel oder ein Fahrrad, später ein Motorrad, ein Auto, eine Frau, Möbel, ein Haus auf dem Land und so weiter. Alles kann man kaufen und alles wird verkauft. Kommissar Tonnot hatte der Aussicht auf ein kleines Vermögen nicht widerstehen können. Sein Nachfolger rächte sich dafür an den Frauen. Das war einfacher, als dem Problem wirklich auf den Grund zu gehen.

Eine Zeitlang versuchte ich, in den Autos der Freier zu arbeiten. Aber das war wirklich zu gefährlich. Man ist einem Verrückten, einem Perversen oder einem Dieb in dessen Auto völlig ausgeliefert. Da ist niemand, der uns verteidigt, wenn so ein Mann uns schlägt oder mißhandelt. Solche »Unfälle« passierten immer häufiger, und die Frauen bekamen langsam Angst. Da bin ich weggezogen.

Ich beschloß, mein Glück in Marseille zu versuchen. Marseille ist auch eine Großstadt, wo ich in der Menge untertauchen konnte. Und dort standen die Frauen auch noch nicht so unter Beschuß.

In Marseille suchte ich mir sofort einen Standort. Aber ich hatte überhaupt kein Talent, auf südländische Art und Weise zu arbeiten. Hier unten muß eine Prostituierte für sich selbst Reklame machen. Es reicht nicht, sich auf die Straße zu stellen, um Freier anzulocken: man muß sie regelrecht anhauen, sich anpreisen und sie mit eindeutigen

Angeboten ködern. Ich konnte ohnehin nur nachts arbeiten, weil ich mich schämte, und war überhaupt nicht fähig, Männern auf der Straße nachzurufen und ihnen das Blaue vom Himmel herunter zu versprechen. Also verdiente ich keinen Pfennig. Ich mußte bald einsehen, daß Marseille keine Stadt für mich war. Was nützt es, den Bullen zu entkommen und in relativer Sicherheit zu sein, wenn man dabei verhungert? Ich beschloß also, noch einmal die Stadt zu wechseln. Ich ging nach Paris.

Eine Frau, die in Paris zum ersten Mal als Prostituierte arbeitet, ist praktisch gezwungen, in den Stadtteilen im Norden anzufangen, in La Chapelle und Barbès. Zunächst, weil eine Frau nur dort einfach anfangen kann und keine Fragen gestellt bekommt. Und dann, weil sie nur dort keine Scherereien mit der Polizei hat.

Barbès ist das gute Gewissen von ganz Frankreich. Frankreich beschäftigt eine beträchtliche Anzahl von ausländischen Arbeitern, die in der Regel weder das Recht noch die Mittel haben, ihre Familien nachkommen zu lassen. Diese Masse von einsamen Männern muß irgendwo ein Ventil haben. Also drückt man beide Augen zu. In Barbès gibt es Prostitution zu Schleuderpreisen. Und die Frauen, die dort arbeiten, sind im Leben genauso zu kurz gekommen wie ihre Freier.

Wenn man samstagnachmittags am Boulevard Barbès vorbeikommt, sieht man Männer vor Bars oder schäbigen Hotels Schlange stehen. Wie vor einem Kino. Prostituierte sieht man nicht, sie sind drinnen, ebenfalls in Reih und Glied. Und alles läuft ab, wie in Armeebordellen auf dem Land: »Der Nächste, der Nächste!« Die Schlange mit den

Männern rückt vor, die mit den Frauen auch. Keiner sucht hier aus.

»Schlachtbank« heißt das. Die Frauen haben kaum etwas an, damit es schneller geht. Sie stehen hintereinander im Flur, der zur Bar führt. Wenn sie im Café stehen und Durst haben, müssen sie ihr Getränk bezahlen: 10 Francs. Eine Nummer kostet 30 Francs. Die Hälfte davon geht ab für das Bett. Der Freier geht hinauf ins Zimmer, es ist alles eine Sache von fünf Minuten auf dem Bettrand. Wenn es einer mit Liegen will, muß er mehr zahlen, weil es ein paar Minuten länger dauert. Danach wäscht sich die Frau hastig, und schon ist der Nächste dran! An einem Wochenende macht eine Frau im Schnitt hundert Freier. Für zarte Seelen ist hier kein Platz.

Die Bordelle von Barbès müßten theoretisch auch dem Gesetz von 1960 zum Opfer fallen. Aber sie bleiben offen, sichtbar und deutlich für jedermann. Und nicht etwa, weil sie durch irgendeinen korrupten Polizisten gedeckt würden! Die »Ausländerbordelle« funktionieren sozusagen höchst offiziell. Man hält sie offenbar für geeignet, Aggressionen und Vergewaltigungen zu verhindern. Dieser Vorwand scheint mir völlig irrsinnig. Ein Mann, der eine Frau vergewaltigt, zieht seine Lust ja gerade aus der Angst, die er der Person einjagt, die ihn unter anderen Umständen beeindruckt hätte. Von seiner Seite ist das ein Akt des Hasses. Ein Mann, der eine Prostituierte bezahlt, befriedigt ganz andere Bedürfnisse. Es gibt nicht den geringsten Beweis, daß er nicht an einem anderen Tag oder sofort danach eine Frau vergewaltigt.

Man soll uns bloß nicht weismachen, daß die Bordelle von Barbès Sicherheitsventile sind, mit denen Sexualverbrechen verhindert werden. Für mich sind sie eine politische Maßnahme: man läßt die Männer unterbezahlt arbeiten, pfercht sie in Kaninchenställe und behandelt sie als Menschen zweiter Klasse. Und da sie bloß erbärmliche Kreaturen sind, bietet man ihnen auch bloß erbärmliche Vergnügen, damit sie nicht anfangen, nachzudenken. Man liefert ihnen jeden Samstag eine Nutte in der Hoffnung, so bleiben sie ruhig. Sie sind ebenso minderwertig wie das Volk zur Zeit des römischen Kaiserreiches und haben dasselbe Recht auf »Brot und Spiele«. Hier sind die Spiele wir, die Straßenmädchen. Und wieder zahlen wir für die anderen. Man stellt uns als Puffer zwischen die ehrbaren Frauen, die beschützt werden müssen, und nach Zärtlichkeit und Liebe hungernde Männer. Die Leute, die uns regieren, wissen, wozu Einsamkeit führen kann: zur Hoffnungslosigkeit und damit zum Aufstand. Deshalb – Nutten, auf die Plätze!

Würde die Polizei hier wie überall ihre Vorschriften befolgen, wären die Prostituierten von Barbès registriert und anschließend mit Bußgeldern überhäuft. Aber im Gegenteil: Sie haben keinen Ärger mit der Polizei. Sie scheinen kein Gesetz zu übertreten, denn sie stehen ja nicht auf der Straße. Sie sind nicht zu sehen – also kann man sie auch nicht wegen Kundenfang belangen. Man könnte ihnen nicht einmal Aufforderung zur Unzucht vorwerfen: die Freier kommen ja zu ihnen in die Bar ...

Ich hatte Bars immer für einen öffentlichen Ort gehalten, ich sollte in Lyon schließlich mal in einem Restaurant verhaftet werden. Aber das lag nur daran, daß ich mich nicht in einem »für ausländische Arbeiter reservierten Ort« aufhielt. In Barbès gibt es nur Ausländer und eben die Frauen: es ist ein Getto, eine andere Welt, der krasse Gegensatz zur feinen Innenstadt. Vielleicht ist das der Grund, warum sich die Frauen von Barbès ein bißchen zu den Ausländern zugehörig fühlen. Beide sind aus verschiedenen Gründen ausgestoßen aus der Gesellschaft, und hier treffen sie sich. In Barbès sind die Freier gegenüber den Frauen weniger verächtlich als in den bürgerlichen Stadtteilen; sie verhöhnen sie nicht, und sie zeigen auch nicht mit dem Finger auf sie, wenn sie ihnen auf der Straße begegnen.

Eine ehemalige Prostituierte sagte es so: »Wir verstehen die ausländischen Arbeiter, weil wir genauso gelitten haben wie sie, und das hat uns auch aggressiv und verschlossen gemacht. Wenn sie zu uns kommen, haben sie ein bißchen Angst; sie verachten nicht uns, sondern eher sich selbst. Außerdem reden sie wenig; alles geht sehr schnell, sie haben immer Angst, sich anzustecken. Man spürt, daß sie nicht glücklich sind, vielleicht denken sie an ihre Frauen, die daheim auf sie warten ...«

Trotzdem, auch die Prostituierten selber neigen dazu, ausländischen Freiern gegenüber argwöhnisch zu sein, das geht sogar so weit, daß sie dafür sorgen, daß bestimmte Stadtteile nur für ausländische – also arabische und schwarze – Freier reserviert und andere für sie verboten sind. Obwohl mir dieser Rassismus unter uns zuwider ist, muß ich einfach zugeben, daß er existiert.

Abgesehen von dieser kurzen Zeit in Paris-Barbès habe ich nur in Straßen gearbeitet, die Europäern vorbehalten waren.

Eine Frau, die in den »weißen Vierteln« mit einem ausländischen Freier erwischt wird, bekommt von den anderen eine Abreibung und wird aus ihrer Straße in ein Viertel für ausländische Arbeiter verjagt. Angesichts eines solchen Rassismus kann man von einer Prostitution für die Reichen und einer für die Armen sprechen, innerhalb derer es ein Proletariat gibt, nämlich die Prostituierten und ihre Freier, die Arbeitsimmigranten. Wieder einmal macht Geld Gesetze. Aber Prostituierten, die alle irgendwie Opfer einer Profitgesellschaft sind, schlägt das Herz deswegen noch lange nicht links und sie haben auch nicht unbedingt fortschrittliche Ideen im Kopf. Viele sind so in ihrer Würde verletzt, daß sie nichts mehr wünschen als Ordnung, Sicherheit und Normen.

In Barbès habe ich es zwei Wochen lang ausgehalten. Dann bin ich wieder weggefahren. Ich hatte die unterste Stufe der Prostitution erreicht und eine ihrer schlimmsten Seiten kennengelernt: die Bordelle. Das haben Prostituierte zu erwarten und zu befürchten, wenn hier Sperrbezirke oder »Eros-Center« eingerichtet werden. Sie werden ein bißchen mehr verdienen als in Barbès, aber das Ergebnis ist dasselbe: Fließbandarbeit in einem Gefängnis, einer Sex-Fabrik.

Ich habe diese »Schlachtbank« nicht durchgehalten, aber Hunderte von Frauen arbeiten dort. Ich meine, wenn der Staat auch nur ein bißchen konsequent wäre, dann würde der Arbeitsminister all diesen Frauen, die dort für drei Groschen vor die Hunde gehen, eine Belohnung oder eine Auszeichnung für hervorragende und loyale Dienste verleihen. Ich habe diese Anregung bei meinem ersten Besuch im Büro von Guy Pinot vorgebracht, aber sie stieß nur auf eisiges Schweigen. Dabei wäre es nur gerecht: wenn Prostitution nötig ist, um ausländische Arbeiter ruhig zu halten, dann erfüllen jene, die diesen Dienst garantieren, lediglich staatsbürgerliche Pflichten.

Drittes Kapitel

Ich mußte nach Lyon zurück und versuchen, mich durchzuschlagen. Dort kannte ich mich wenigstens aus. Als ich ankam, klang der Skandal gerade ab. Die Polizisten hatten ihre Wut ausgetobt und nach und nach normalisierte sich die Arbeit wieder

Ein paar Frauen schafften es, Wohnungen zu mieten und sie zu zweit oder zu dritt zu benutzen. Aber sie flogen bald auf und wurden wegen »gegenseitiger Kuppelei« verklagt. Einige landeten im Gefängnis. Der Kampf gegen Zuhälterei, der ja angeblich die Frauen schützen sollte, richtete sich in Wirklichkeit gegen sie. Die Definition Zuhälter betrifft in den französischen Gesetzen nicht nur diejenigen, die aus den Einkünften von Prostituierten Nutzen ziehen, sondern jede Person, die wissentlich zur Prostitution oder zum Anwerben von Kunden beiträgt, sie deckt oder daran teilnimmt (Gesetz von 1946), oder die mit einer Prostituierten zusammenlebt (Erlaß vom 23. Dezember 1958).

Artikel 384, § 1 des Strafgesetzbuches führt genauer aus: »Als Zuhälter angesehen und mit einer Gefängnisstrafe von sechs Monaten bis zu drei Jahren, sowie einer Geldstrafe von 10 000 bis 100 000 Francs (alte Währung) wird belegt, ohne Präjudiz für höhere Strafen im Falle von Zuwiderhandlung, jede männliche oder weibliche Person, die 1. die Prostitution von anderen oder das Anwerben von Kunden zum Zweck der Prostitution auf irgendeine Weise wissentlich unterstützt oder beschützt; 2. die wissentlich mit mit einer Person zusammenlebt, die gewohnheitsmäßig der Prostitution nachgeht.«

Die Frauen hatten sich durch die gemeinsame Benutzung von Wohnungen eine gewisse Sicherheit verschaffen wollen; jetzt saßen sie stattdessen in der Grabesstille einer Gefängniszelle. In Leihwagen zu arbeiten ging auch nicht, weil die Leihfirmen ebenfalls wegen Kuppelei verfolgt werden konnten. Die Arbeit mußte also weiter in den Autos der Freier stattfinden.

Wir mußten Wohnungen für uns allein finden, und das begeisterte uns nicht gerade, weil wir damit den Freiern völlig ausgeliefert waren. Manche Frauen fingen an, sich zum Schutz Hunde zu kaufen und abzurichten. Aber Überfälle und Diebstähle nahmen trotzdem zu. Ein Freier hat immer tausend gute Gründe, wenn er eine Prostituierte zusammenschlägt: entweder tut es ihm leid um sein Geld oder er will sich von seinen Schuldgefühlen befreien, indem er sich gegen die Frau wendet, die er vorher selber aufgesucht hat. Erst sind wir eine Frau, die sie erobern wollen, und sie sind ausgesprochen nett zu uns. Danach, wenn sie abgeladen haben, ist der Traum aus und wir werden wieder zurückgestuft in den Rang der dreckigen Nutte, der Lasterhaften, die auf alle ihre Launen eingegangen ist ... und die ihnen ihr Geld abgenommen hat.

Die meisten Männer verleugnen ihre Beziehungen zu Nutten: »Ich? Nein, sowas habe ich doch gar nicht nötig!« Trotzdem, in unserer Branche herrscht nie Arbeitslosigkeit. In Frankreich gibt es ungefähr 30 000 registrierte Prostituierte, die tatsächlich *arbeiten*. Wer sind denn wohl deren Freier? Sind das alles nur geistesgestörte, verdorbene, anormale oder perverse Männer? Sehen Sie sich mal um auf der Straße: die Männer sehen aus wie gute Familienväter, brave Bürger oder friedliche Arbeiter. Das sind keine Männer, vor denen eine Frau schreiend weglaufen würde. Manche sind sehr feine Herren oder hübsche Bengel oder angenehme, intelligente und gebildete Leute.

Also, was wollen die von uns, wo wir doch ganz offensichtlich und gewohnheitsmäßig nur die Verkörperung von Laster, Dreck, Faulheit und Geldgier und von was weiß ich noch alles sind? Sie brauchen uns, um auf unseren Schultern alle ihre Ängste vor dem Verbotenen abzuladen, die einhergehen mit ihren ausschweifenden Wünschen.

Für viele dieser Angeber sind wir auch die einzige Person, der sie ihre Einsamkeit zeigen können. Zu wem geht ein Mann, wenn seine Frau ihn verlassen hat, wenn er kein Selbstvertrauen mehr hat? Zu einer Nutte. Er weiß, daß sie sich seine Monologe anhört; sie hat schon ganz andere Sachen erlebt. Alles, was ihm weh tut und was er niemandem anvertrauen würde, weil er sich schämt, seine Schwäche zu zeigen – er erzählt es dieser Frau, die ja keine richtige Frau ist, sondern nur so aussieht und die so tief unter ihm steht, daß er dabei nichts an Würde einbüßt: sie wird immer unter demjenigen stehen, der sie bezahlt. Die Hure mit dem großen Herzen, die selber viel durchlitten hat, bringt für alles Verständnis auf. Und kaum ist der Herr aus dem Zimmer, kann er in Ruhe seine arrogante Miene wieder aufsetzen.

Sex, und zwar in all seinem kinohaften Kitsch und all seiner Einsamkeit – diese beiden Aspekte kauft er von einer Prostituierten. Aber sie läßt er dafür bezahlen, tausendmal teurer als der Preis, den sie bekommen hat.

Es sieht vielleicht so aus, als hätten all die Freier, mit denen ich zu schaffen hatte, meinen Männerhaß verstärkt. Durchaus nicht: für die Leute, die mich bezahlt haben, empfinde ich weder Haß noch Liebe, nicht einmal Mitleid. Diese verschwommenen Gesichter, die alle gleich aussehen, wecken nur Gleichgültigkeit.

Ich habe keine Lust, den Freiern ihre eigene Heuchelei klarzumachen. Das, was ich über Prostitution berichte, will ich vor allem Frauen sagen. Die meisten Frauen haben Angst vor uns. Wenn sie doch endlich versuchen würden zu verstehen, daß sie uns bisher immer durch den Zerrspiegel der Männer gesehen haben. Wenn dieser Spiegel uns verzerrt hat, dann deshalb, weil die Männer ihr Prestige, also ihre Macht aufrechterhalten wollen.

Die Prostituierte ist Sklavin. Sie ist auch das Schreckgespenst, das man der Ehefrau vorhält, damit sie den sogenannten Pfad der Tugend nicht verläßt. Indem die Männer Prostituierte in den Dreck ziehen, die für ihre Sexualität geradestehen, wollen sie erreichen, daß ihre eigenen Frauen ihnen unterworfen bleiben ... aus lauter Angst, wie Nutten behandelt zu werden.

Früher kaufte ein Mann sich eine Ehefrau, um das eigene Vermögen zu vergrößern. Das hieß dann Ehe. Heute wird dieses Täuschungsmanöver geschickt verborgen hinter der Fassade »Liebe«. Die Frau als Konsumgut jedoch existiert überall weiter. Mit ihrem Körper auf den Werbeplakaten werden alle möglichen Waren verkauft. Man bringt den Mädchen bei, daß sie schön sein müssen, man beurteilt sie zuerst nach ihrem Aussehen, nach ihrem Wert als Konsumartikel. Erst danach will man ein bißchen genauer wissen, was sie kann und wie man sie am besten ausnutzen kann. Was sind die meisten Frauen? Sie sind Hausfrauen, Köchinnen, Kindergärtnerinnen, Sekretärinnen. Als Gegenleistung für die guten Dienste garantieren die Männer ihnen Tisch und Bett. Obendrein hat ein Ehemann das Recht, sich seiner Frau sexuell zu bedienen. Diese Form der Vergewaltigung heißt dann eheliche Pflicht, oder auch Huldigung an das Ewig-Weibliche. Dabei ist das nur eine andere Methode, Frauen zu prostituieren. Ich weiß sehr wohl, daß es auch wirkliche Liebespaare gibt, die ihr Leben miteinander teilen und sich lieben. Ich versuche mir vorzustellen, daß solche Beziehungen eines Tages die Regel sein werden, aber bis dahin ...

Für Prostituierte sind Beziehungen eindeutig. Vor uns verbirgt man nicht, welche Rolle das Geld spielt. Männer kaufen uns in aller Öffentlichkeit. Man wird mir entgegenhalten, das liege eben an der Käuflichkeit der Prostituierten. Aber wieviele Männer machen diese Art von Anträgen nicht auch sogenannten anständigen Frauen? Außerdem gerät eine Frau nicht zufällig in die Prostitution. Ein junges Ding von sechzehn, siebzehn Jahren, das kein Geld hat und vielleicht davon träumt, sich ein hübsches Kleid oder was weiß ich zu kaufen, um »wie die anderen« auszusehen, diesem Mädchen begegnet irgendwann einmal ein Typ, der ihr 500 Francs anbietet. Das erste Mal wird sie nein sagen. Und eines Tages denkt sie schließlich: »Warum denn eigentlich nicht? Ich tue ja niemandem weh damit.« Wer hat dieses Mädchen in die Prostitution getrieben? Ich behaupte: der Freier.

Die Männer läßt man in Ruhe. Aufgegriffen werden immer die Prostituierten, fast nie Freier. Es scheint ganz normal zu sein, einem Mädchen auf der Straße nachzupfeifen, nachzulaufen und Geld anzubieten. Jeder hat das Recht, sein Glück zu versuchen, und wir leben in einer Männergesellschaft: genau das hat mir ein Mitarbeiter von Guy Pinot im Oktober 1975 geantwortet. Aber man muß hier zwei Dinge auseinanderhalten: ich freue mich, wenn ich gefalle, und wenn mir ein Mann diskret seine Bewunderung zeigt, bekomme ich durchaus keinen Wutanfall. Aber ich kann diese Rohheiten nicht leiden, mit denen gewisse Männer uns bombardieren. Frauen müßten Anzeige wegen Beleidigung erstatten können.

Wenn in einer Stadt wie Lyon ein Freier eine Frau zusammenschlägt, dann halten sich die Bullen raus, sie sehen zu und greifen nicht ein; schließlich ist es ja nur eine Nutte, die hat es sicher so gewollt. Im November 1975 hat ein Freier einer Prostituierten die Nase gebrochen, es geschah vor einem öffentlichen Gebäude. Der wachhabende Polizist hat nicht eingegriffen. Er hat lediglich der Frau zugeschrien, sie solle ihren Hund zurückhalten: wenn ihr Hund nämlich den Freier angefallen hätte, wäre die Frau wegen Körperverletzung verhaftet worden.

Wann immer ein Tier mißhandelt wird, ist alle Welt empört. Wenn sich herausstellt, daß das Tier eine Prostituierte ist, dann verhöhnt man sie oder denkt, das geschieht ihr ganz recht. Außerdem haben alle Angst einzugreifen. In eine Prügelei auf dem Strich will niemand gern verwikkelt sein. Da kommt man mit einer Welt am Rande der Gesellschaft in Berührung und sofort denkt man an Gangster und Rache. Wir kümmern uns nur um unsere eigenen Angelegenheiten und wechseln auf die andere Straßenseite, nicht wahr, meine Herren?

Seit Jahrhunderten wechseln die »braven« Leute auf die andere Straßenseite. Wenn sie sich uns nähern, dann nur, um uns wie exotische Tiere anzustarren, uns zu beschimpfen oder uns zu kaufen. Wen wundert es, daß das Faß eines Tages übergelaufen war. Wir waren ausgebrochen aus unserer Rolle als Parias und wir hatten geschrien, daß wir Frauen sind. Aber sie mußten uns wirklich bis zum Äußersten treiben, damit wir das schafften. Wenn ich heute an den Aufstand der Frauen von Lyon zurückdenke, frage ich mich: haben uns die Bullen nicht vielleicht vorsätzlich zum Aufstand getrieben? War diese kleine Revolution vielleicht in den höchsten Rängen eingefädelt und inszeniert, weil sie uns in Gesetze einpferchen wollten, die schon lange in der Schublade schmorten? Ich kann nur hoffen, daß ich mich irre.

Viertes Kapitel

Wie lebt eine Prostituierte? Genau wie andere Frauen, aber mit ständiger Angst als Zugabe.

Nur wenige von uns leben mit ihren Kindern zusammen. Fast alle sind Mütter und entweder ledig oder leben von ihrem Mann getrennt. Viele von uns werden Prostituierte, weil sie ein oder zwei Kinder großziehen müssen, und das ohne Berufsausbildung oder mit einem schlechten Gehalt. Manche Kinder kommen auch erst auf die Welt, nachdem eine Frau auf dem Strich angefangen hat: so ein Kind ist dann ihr kleiner Rest Privatleben, ihre ganze Hoffnung, der Beweis, daß sie trotz allem eine Frau ist.

Unsere Kinder bedeuten uns alles, sie müssen geschützt werden. Sie dürfen nichts zu tun haben mit unserem anderen Leben, dessen wir uns schämen. Wir müssen verhindern, daß die Fürsorge sie uns wegnimmt und daß die Bullen oder andere Leute uns mit ihnen erpressen.

Die Frauen, die mit ihren Kindern zusammenleben, sorgen für sie wie jede andere Mutter, führen den Haushalt, gehen einkaufen und machen mit ihnen Schularbeiten. Sie sind ebenso doppeltbelastet, wie jede andere Frau, die Geld verdienen muß, denn die Arbeit fängt erst richtig an, wenn die Kinder im Bett sind.

Aber die meisten Frauen geben ihr Kind lieber zu einer Kinderfrau in eine andere Stadt, wo es in Sicherheit ist. Damit vermeiden sie, von irgendeinem Nachbarn erkannt zu werden, der dem Kind gegenüber dann entsprechende Bemerkungen macht. Meistens sagt so jemand der Frau nicht direkt ins Gesicht, was er von ihr denkt, aber er wird es schon so einrichten, daß die Kinder es mitbekommen.

Als ich längst ausgestiegen war aus der Prostitution, mußte sich meine Tochter eines Tages von der Nachbarin beschimpfen lassen: »Deine Mutter ist ja eine Nutte!« Bei mir war das nicht so schlimm, weil ich meinen Kindern schon davon erzählt hatte, ohne große Erklärungen zwar, aber sie wußten, daß ich etwas gemacht hatte, was viele Leute unmoralisch finden. Der Schock war also nicht so groß. Aber was ist mit den Kindern, die keine Ahnung haben und aus dem Mund irgendeines Erwachsenen erfahren müssen, daß ihre Mutter ein »Flittchen« ist? Sie müssen darunter leiden, selbst wenn sie garnicht verstehen, worum es geht. Sie sind anders als die anderen, weil ihre Mutter anders ist. Sie sind unglücklich.

Es ist also sehr schwierig, die Kinder bei sich zu behalten. Das war es auch in Lyon nach 1972. Ich kenne eine Frau, die von den Bullen am hellichten Tag festgenommen wurde, als sie gerade ihre Kinder von der Schule abholte. Vielleicht war das auch »passives Anwerben«? Selbstverständlich, denn sie war ja als Prostituierte bekannt: allein ihre Anwesenheit auf der Straße war ein Vergehen.

Für Frauen wie mich, die ihre Kinder weggebracht haben aus der Stadt, in der sie arbeiten, sind die Tage lang. Ich wohnte in einem ziemlich komfortablen Hotel und hatte nicht viel zu tun. Man steht spät auf, und niemand ist da, den man besuchen oder mit dem man reden könnte. Ich lebte allein, weil ich nie zulassen wollte, daß ein Mann sich in mein Leben einmischt. Wirklich gute Freunde habe ich nie gehabt und bedaure das auch nicht. Ich hatte kein Zuhause, nur ein Hotelzimmer und einen Fernsehapparat. Drei Jahre lang saß ich entweder in diesem Zimmer und las oder ging ins Kino. Manchmal sah ich mir an einem Tag drei Filme an. Da ich keine Geldsorgen mehr hatte, kaufte ich mir ständig neue Bücher, und wenn ich den Mut aufbrachte, aus dem Haus zu gehen, sah ich mir eine Kunstausstellung an. Der Tag endete gewöhnlich beim Friseur, wo ich mir eine neue Perücke aufsetzen ließ und mich verwandelte und verkleidete, für die Arbeit.

Ich weiß, daß die Beschreibung meines Tagesablaufs Vorurteile bestätigen könnte: da sieht man es, der Müßiggang und die Faulheit der Frauen mit »schlechtem Lebenswandel«. Auf den ersten Blick scheint das sogar zu stimmen. Aber was bleibt uns eigentlich anderes übrig als Einsamkeit? Ich wäre nie auf die Idee gekommen, mich in irgendeinem Kurs oder Klub oder auch nur in einem Sportverein anzumelden. Ich hatte immer Angst, wiedererkannt und abgewiesen zu werden.

Ich wollte meinen Führerschein machen. Damals konnten wir nur noch im eigenen Auto arbeiten und mit einem Hund war es da weniger gefährlich, als wenn wir zu einem Unbekannten einstiegen, der uns wer weiß wohin fuhr. In der zweiten Fahrstunde erkannte mich der Fahrlehrer, obwohl ich ungeschminkt und anders frisiert war. Er hatte mich am Abend vorher auf der Straße gesehen. Er hat erst gar keine Umstände gemacht, sondern angefangen, kaum saß ich neben ihm, mich zu betatschen. Als ich ihn zurückstieß, fing er an mich zu beschimpfen: »Auf der Straße hast du dich aber nicht so angestellt! Spiel jetzt bloß nicht das Rühr-Mich-Nicht-An!« Ich habe ihm eine gescheuert, die Wagentür aufgerissen und ihn sitzen lassen. Zitternd vor Wut kam ich in mein Hotel zurück. Den Führerschein habe ich nie gemacht.

Die Einsamkeit und das Gefühl, gar nicht wirklich am Leben, sondern nur eine leere Hülle, nichts wert und aus der menschlichen Gemeinschaft ausgestoßen zu sein, schaffen bei Prostituierten das Bedürfnis, endlich Anerkennung zu finden und binden sie immer enger an ihren Freund. Fast alle haben einen Freund. Einen Mann, der mit einer Prostituierten zusammenlebt, bezeichnet das Gesetz als Zuhälter, die Leute sagen Beschützer oder Loddel. Warum? Weil er vom Geld lebt, das die Frau anschafft. Aber man darf nicht vergessen, daß auch eine Freundin, mit der man die Wohnung teilt, wegen Kuppelei oder Beihilfe zur Prostitution ins Gefängnis kommen kann. Das kann sogar einem Nachbarn passieren, weil er den Mund gehalten hat.

Seit dem Aufstand von Saint-Nizier hat die Polizei ganze Arbeit geleistet: in Paris wurden weitere »Affären« aufgedeckt, der Polizei »gutbekannte« Zuhälter festgenommen, Hotels dichtgemacht, die bis dahin nie Scherereien gehabt hatten. In den Zeitungen stand viel zu viel über die Frauen, man mußte das Interesse der Öffentlichkeit wieder auf die Zuhälter lenken, das Lieblingsthema des Innenministers. So konnte man lauthals verkünden: »Die Frauen lügen, wenn sie die Existenz von Zuhältern abstreiten. Sehen Sie nur, es gibt sie sehr wohl.«

Die Frauen lügen nicht: wir wissen sehr gut, daß es Zuhälter gibt, aber das sind in erster Linie sehr hohe Tiere, die meistens von politischen Interessengruppen gedeckt werden, wie Präsident Edouard Herriot bereits 1929 festgestellt hatte: »In einem demokratischen System ist die Verabschiedung von Gesetzen gegen Alkoholismus und Prostitution äußerst schwierig, denn die Chefs solcher üblen Etablissements haben sehr viel Einfluß in Wahlkämpfen.« Mit diesen einflußreichen Männern allerdings kommt eine Prostituierte nie in Berührung.

Stattdessen ist ihr Freund bedroht. Der Mann, der sein Leben mit ihr teilt, tut dies auf eigene Gefahr; er hat keinen Einfluß, er wird verfolgt anstelle der wirklichen Zuhälter. Und wenn ich von Freunden spreche und nicht von Ehemännern, dann deshalb, weil wir nicht das Recht haben zu heiraten: unser Ehemann würde sofort registriert als Zuhälter, einer, »der wissentlich mit einer der Prostitution nachgehenden Person zusammenlebt«. In unserem »Milieu« dürfen Paarbeziehungen nur im Verborgenen stattfinden.

Die Gesellschaft selbst schafft den Zuhälter. Sie zwingt die Prostituierte, ihn aufzubauen. Kein anständiger Mann geht mit einer Nutte aus. Nicht einmal mit einer ehemaligen, davon kann ich ein Lied singen. Ich liebte einen Mann, der aus gutbürgerlichem Hause kommt. Er kam zum Essen zu mir nach Hause und nahm mich Sonntags manchmal mit aufs Land. Aber er ist nie mit mir ausgegangen. Nie waren wir zusammen im Kino oder im Restaurant. Er hatte immer gute Ausreden: »Ich bin lieber bei dir, ich brauche Ruhe nach der Arbeit, ich habe keine Lust zum Ausgehen.« Aber manchmal paßte er nicht auf und erwähnte aus Versehen: »Gestern war ich mit einer Freundin im Kino. Neulich war ich mit Anne einen Trinken.« Das war für mich jedesmal wie ein Schlag in die Magengrube.

Warum bin ich eigentlich mit ihm zusammengeblieben? Weil ich mit ihm zum ersten Mal erlebt habe, daß körperliche Liebe schön sein kann und daß alles erlaubt ist. Weil er lieb zu mir war, und weil er mir das Gefühl gab, ich lebe. Trotzdem wußte ich, daß ich für ihn immer nur eine Nutte sein würde. Er bezahlte mich nicht, natürlich nicht, er aß und schlief nur manchmal bei mir, frühstückte mit mir und machte Pläne: er versprach mir eine große Reise, ein Fest zu meinem dreißigsten Geburtstag und gemeinsame Wochenenden. Aber es gab nie eine Reise. Meinen Geburtstag habe ich ganz allein verbracht, meine Wochenenden auch, bis auf eines, da fuhren wir zu einer Freundin, von der ich wußte, daß sie dicht halten würde und die weit weg von Lyon wohnte.

Ich suchte immer Entschuldigungen für diesen Mann, ich liebte ihn und hatte nur ihn. Eines Tages verließ er mich. Am Telephon sagte er: »Wir haben zusammen eine schöne Zeit gehabt, nimm das alles nicht so tragisch, vielleicht sehen wir uns wieder.« Ich habe nichts gesagt, aber für mich brach eine Welt zusammen. Ich habe nicht geweint, ich bin nur leicht gekrümmt stehengeblieben, weil ich Angst hatte, der Schmerz würde mich sonst zu Boden reißen. Und dieser Schmerz wird immer bleiben.

Ich trage ihm nichts nach. Im Grunde hatte er mir auch nichts versprochen. Aber zwei Jahre, das zählt in einer Beziehung. Ich hatte geglaubt, daß es etwas zwischen uns gegeben hatte. Er war einer der wenigen Männer, die ich bewunderte, weil er sich auch nicht wohl fühlte in seiner Haut als braver Bürger und versuchte, dagegen anzukämpfen. Trotzdem hat er mich schließlich verlassen. Habe ich ihn nicht richtig geliebt? Habe ich ihm die Zärtlichkeit, die ich für ihn empfand, nicht genügend gezeigt? Konnte ich ihn als die Frau, die ich war, die Prostituierte nicht vergessen lassen?

Dennoch – eine Prostituierte ist eine Frau. Sie braucht Zuneigung, mehr sogar als andere, als Entschädigung für die schrecklichen Stunden auf dem Strich. Aber gerade sie muß allein leben oder mit jemandem, der genauso ausgestoßen ist wie sie. Man macht Prostituierten zum Vorwurf, daß sie ihrem Mann Geld geben. Man meint, sie lebten mit einem Faulpelz zusammen, weil der gut im Bett ist. »Diese Weiber können nie genug kriegen: bumsen zehnmal am Tag und dann brauchen sie noch einen Mann nach Feierabend!« Werden denn die Leute nie etwas verstehen? Sie verwechseln einen erzwungenen bestialischen Akt mit Zärtlichkeit und Zuneigung. So viele Prostituierte haben mir dieselbe Geschichte erzählt: »Früher war ich verheiratet, er trank, schlug mich und nahm mir den Lohn weg. Ich mußte alle seine Launen über mich ergehen lassen. Der, den ich jetzt habe, schlägt mich weniger, auf jeden Fall kauft er mir Kleider und sagt mir, daß ich schön bin. Mit ihm habe ich das Gefühl, ich lebe und ich »bin Frau«. Sie sprechen noch nicht einmal über die körperliche Liebe, sie sprechen von Aufmerksamkeiten und Respekt. Der Freund bedeutet für sie das wahre Leben. Er ist der Einzige, der sie bei ihrem richtigen Namen nennt. Es hängt einem zum Hals heraus, Ulla oder Barbara genannt zu werden. Man muß auch mal zu sich selbst zurückfinden können und sich erholen. Und mit jemandem reden können.

Diese von der Polizei umzingelte Welt der Randexistenzen ist die einzige, in der eine Prostituierte mit Respekt behandelt wird. Wer schenkt schon einer Nutte Blumen? Wer führt sie in ein Restaurant aus, hilft ihr aus dem Mantel? Wer fragt, ob sie gut geschlafen hat? Einzig und allein ihr Freund. Für ihn ist sie keine Ware, sondern eine Person. Ihm gegenüber kann sie ihre Maske abnehmen. Um das zu begreifen, muß man einmal gehört haben, wie manche dieser Männer über ihre Frauen sprechen. Sie bewundern sie, und lieben sie aufrichtig. Aber man hat den Protsituierten so oft vorgebetet, daß niemand eine Nutte um ihrer selbst willen mögen kann, daß sie schließlich selbst glaubt, einen Mann nur mit Geld halten zu können. Ich habe Prostituierte gekannt, die mit ordentlich arbeitenden Männern lebten: um sie zu halten, haben die Frauen ihnen einen Teil ihres Verdienstes und viele Geschenke angeboten. Ohne es zu merken, haben sie allmählich Zuhälter aus ihnen gemacht, nur weil sie Angst hatten, sie zu verlieren.

Und trotzdem, wenn eine Frau krank wird und keinen Pfennig Geld mehr verdient, wer besucht sie dann im Krankenhaus und macht sich große Sorgen? Ihr Freund. Nur das Beste ist gut genug: der beste Arzt, die beste Klinik, es soll ihr an nichts fehlen. Selbst wenn der Freund im Untergrund lebt, wird er es immer bewerkstelligen, daß sich seine Kumpel nach ihr erkundigen und ihr Geschenke bringen. Ich kenne einen Mann, der als Packer in den Hallen arbeiten ging um den Krankenhausaufenthalt seiner Frau bezahlen zu können. Wenn er nur an ihrem Geld interessiert gewesen wäre, hätte er dann so geschuftet? Ein leeres Sparschwein wirft man doch eigentlich immer weg, oder nicht? Wenn die Gesellschaft eines Tages Prostituierte mit anderen Frauen gleichstellt und die Männer sich nicht mehr schämen, sich mit ihnen zu zeigen, dann, glaube ich, werden die meisten Zuhälter verschwinden! Aber da heutzutage jeder Mann, der mit einer Prostituierten zusammenlebt, als Zuhälter kriminalisiert wird, gibt es keinen Grund, daß sich da etwas ändert. Der Staat selbst versagt Prostituierten den Status als Frau, indem er ihnen jedes Privatleben verbietet. Eine Prostituierte kann sich also nur denen zuwenden, die ebenso ausgestoßen sind wie sie selbst und am Rande der Gesellschaft leben. Überall von der Polizei verfolgt, versteckt sie sich ständig, und besonders wenn sie schnell nach Hause und zu ihrem Freund will. Die Ferien verbringt sie immer im Ausland. Manche Frauen kennen die Stadt, in der sie arbeiten, überhaupt nicht, sie kennen nur den Weg von ihrer Wohnung zu ihrem Standort. Meistens nehmen sie ein Taxi, weil sie Angst haben, daß man sie in öffentlichen Verkehrsmitteln wiedererkennt und ihnen nachstellt. Einmal habe ich eine Prostituierte zu mir nach Hause mitgenommen. Als wir an der Place Bellecour vorbeikamen, fragte sie mich: »Wie heißt das hier? Das ist hübsch.« Sie arbeitete fünfhundert Meter weiter ...

Aber mehr noch als ihr Mann ist ihr Kind die geheime Freude im Leben einer Prostituierten, die sie für alles Elend und alle Demütigungen entschädigt. Kaum ist sie mit der Arbeit fertig, nimmt sie den Zug und fährt die Person besuchen, die ihr das Liebste auf der Welt ist.

Fast jede Prostituierte träumt davon, in Ruhe mit ihren Kindern zusammenzuleben. Unsere Wünsche sind ganz friedlich und so harmlos, wie man sich nur vorstellen kann. Sie unterscheiden sich in nichts von den Hoffnungen einer richtigen Kleinbürgerin. Ich bin sicher, daß die meisten von uns sofort mit dieser Arbeit aufhören würden, wenn garantiert wäre, daß wir danach ein ruhiges und geregeltes Leben führen könnten.

Die Behauptung, Prostituierte lieben Luxus und werfen das Geld zum Fenster hinaus, soll nur nahelegen, Prostituierte seien unfähig zu leben wie alle anderen Leute und gehen nur anschaffen, weil sie scharf auf Geld sind. Man behauptet, sie wären bestimmt glücklicher auf dem Strich mit einem vollen Portemonnaie, als zuhause mit einem bescheidenen Gehalt, und da könnten sie sagen, was sie wollen! Sicher, Luxus ist eng verknüpft mit Prostitution, aber er ist und bleibt Kompensation. Geld auszugeben, ohne dabei rechnen zu müssen, ist für die Prostituierte ein Beweis ihrer Existenz. Freundinnen zum Abendessen in ein feines Restaurant einladen, soll auch ihnen zeigen, daß Prostituierte großzügig sein können und gar nicht so schlecht sind, wie die Leute sagen. Teure Kleider, Schuhe und Taschen von bekannten Modeschöpfern zu kaufen, erlaubt auch uns, auszusehen wie Fotomodelle, wie extravagante Stars oder Luxusweibchen. Außerdem brennt dieses schnell verdiente Geld uns unter den Nägeln. Da wir gezwungenermaßen nichts weiter sind als Registrierkassen, benehmen wir uns am Ende eben wie Banken. Das Geld rechtfertigt unsere Arbeit auf dem Strich, wir rechtfertigen uns damit auch vor uns selbst. Das Bedürfnis, das Geld zu zeigen und wahllos auszugeben, hat denselben Ursprung wie unsere Aggressivität. Man verbirgt sein Leiden eben, so gut man kann.

Dazu kommt noch, daß auf dem Kiez die Händler uns kennen. Für uns sind die Blumen teurer und der Friseur auch. Sie wissen genau, daß wir nicht wagen würden, uns zu beklagen oder auch nur die geringste Bemerkung zu machen, weil wir fürchten müssen, gleich beschimpft zu werden.

Nach Feierabend hat eine Prostituierte nur noch einen Wunsch: in der Menge unterzutauchen. Sie kleidet sich noch unauffälliger als jede Spießerin, kämmt sich die Haare brav zurück und schminkt sich kaum. Vor allem, wenn sie ihre Kinder besucht, denn für die möchte sie eine ganz gewöhnliche Mutter sein.

Erst als ich vom Strich weg war, kaufte ich mir lustige und ein bißchen ausgefallene Kleider. Vorher hätte ich nie gewagt, mich in einer indischen oder mexikanischen Bluse zu zeigen. Ich wollte um keinen Preis auffallen. Prostituierte war ich nur zu einer bestimmten Zeit und an einem bestimmten Ort, und wenn mir zu einer anderen Tageszeit und woanders zufällig ein Stammfreier über den Weg lief, tat ich so, als ob ich ihn nicht sehe, senkte den Blick oder zeigte ihm die kalte Schulter. Sogar noch auf dem Weg zur Arbeit durfte mich keiner ansprechen! Erst wenn ich auf meinem Platz angekommen war, schlüpfte ich in meine Rolle: dort an meinem Platz fühlte ich mich in Sicherheit.

Drei Jahre lang habe ich ein völlig zerrissenes Leben geführt: ein Leben als Frau, ein Leben als Prostituierte. Und dann eines Tages im Jahr 1975 wurde mir im Gespräch mit den anderen klar, daß es so nicht weitergehen konnte: wir wollten wirklich Frauen sein. Das war der Anfang für Saint-Nizier.

Fünftes Kapitel

Ich habe dann eine Wohnung gefunden und zusammen mit einer Frau gemietet, die andere Arbeitszeiten hatte als ich. Die Vermieterin verlangte unverschämt viel Miete für diesen erbärmlichen Ort mit feuchten und verschimmelten Wänden. Aber sie riskierte ja auch einiges und würde das ja wohl nicht für unsere blauen Augen tun.

Ich zog inzwischen einen ganz bestimmten Stamm von Freiern an – dank meiner Größe und weil ich beeindrukkend wirkte und einen noch härteren Blick hatte als die anderen Frauen.

Diese Kundschaft erwähne ich nicht, um Anekdoten zu erzählen – die habe ich in ihrer ganzen Jämmerlichkeit schnell vergessen – sondern weil sie gegenüber Prostituierten noch gemeiner ist als die durchschnittlichen Freier.

Ich zog die Masochisten an. Meistens waren sie ziemlich jung, zwischen fünfunddreißig und vierzig und keineswegs aus schlechtem Hause. Das waren nie Arbeiter oder ungebildete Leute, sondern Männer mit Geld und Beziehungen. Immer wenn ich einen dieser gutangezogenen Intellektuellen auf mich zukommen sah, wußte ich, zu neunzig Prozent ist das ein Masochist.

Solche Männer bitten uns erst darum, sie zu schlagen, sie zu quälen und ihnen die unmöglichsten Dinge anzutun, damit sie auf ihre Kosten kommen, und dann zahlen sie uns das hinterher heim, indem sie uns wüst beschimpfen. Ich will hier überhaupt kein Urteil über deren Sexualleben fällen, ich kenne ihre Probleme nicht. Ich kann verstehen, daß sie sich erniedrigt fühlen, weil sie sich ihrer Bedürfnisse schämen. Und vielleicht sind sie auch sauer, weil sie soviel bezahlen müssen, nur um uns zu beweisen, wer sie sind. Aber ihre Verächtlichkeit ist unerträglich: eine Prostituierte tut schließlich nichts weiter als das, was man von ihr verlangt.

Sie zahlten gut. Und außerdem faßten sie mich nicht an. Im Grunde habe ich mich an ihnen auch ein bißchen gerächt für die jahrelangen Schläge und Mißhandlungen. Bei ihnen konnte ich mich austoben, ich wußte, da brauchte ich keine Nuttennummer abzuziehen.

Aber am Ende merkte ich, daß ihre sexuellen Phantasien anfingen, mich zu beeinflussen. Ich fand allmählich Gefallen an den Quälereien, und ich bekam sogar Lust sie zu töten. Deshalb entschloß ich mich, von da an solche Kunden abzulehnen: ich wollte nicht ihretwegen verrückt werden.

Ich habe noch eine andere Art Freier kennengelernt: die, die uns unbedingt da rausholen wollen. Das ist nur ein anderer Film. Ich fiel nicht darauf rein, ich wußte genau, daß diese Typen nicht nur zu uns kamen, um uns eine Moralpredigt zu halten. Sondern sie verschafften sich damit die Grundlage für ihr gutes Gewissen, nachdem sie uns benutzt hatten. Sie gefielen sich darin, uns zu versichern, wir wären für dieses Metier nicht geschaffen, wir wären »zu gut« für sowas, unser Platz wäre an der Seite eines Mannes mit einer Horde Kinder. Es gab sogar welche, die uns Heiratsanträge machten. Vielleicht meinten sie es in diesem Moment sogar ehrlich. Sie waren verzweifelt und hatten jemanden gefunden, dem es noch dreckiger ging als ihnen selbst, und sie glaubten, eine Frau wie wir würde sie verstehen. Aber angenommen, wir hätten sie beim Wort genommen, wieviel wäre wohl geblieben von dieser Gutherzigkeit?

Wer von den Männern hätte auch nur den Mut zuzugeben, daß er zu Prostituierten geht? Ich habe diese Frage oft bei öffentlichen Diskussionen gestellt. Ich habe soviele Leute um mich herum über und vor allem für Prostituierte reden hören, daß ich schließlich auch den Mund auftat: »Kennen Sie denn welche? Gehen Sie denn zu den Nutten? Haben Sie Freundinnen in diesem Metier? Haben Sie mal mit einer zusammengelebt?« Während eines ganzen Jahres habe ich nur einen einzigen Mann erlebt, der aufstand und erklärte: »Ja, ich kenne eine.« Ein einziger! Und dieser Mann hatte auch schon im Gefängnis gesessen: er gehörte also ohnehin schon mehr zu uns.

Trotz allem bekommt man, wenn man so auf der Straße steht, den Eindruck, daß Prostitution eine fest in der sittlichen Ordnung verankerte Institution ist. Oft kommen junge Männer, die noch nie mit einer Frau zusammen waren und denen wir etwas beibringen sollen. Mir versetzt das immer einen Stich. Wie soll man wohl mit einer Prostituierten Liebe lernen? Das heißt doch, das Problem von hinten aufzurollen, so wird der Geschlechtsakt von Anfang an in den Schmutz gezogen. Es fiel mir schwer, diese Jungen mitzunehmen. Anfangs versuchte ich immer, ihnen die Sache auszureden und ihnen klarzumachen, daß sie so lieber nicht anfangen sollten und daß Prostituierte nicht für Liebe zuständig sind. Meistens waren sie nett und lachten schließlich selbst darüber. Aber ich fand es traurig, daß wir ihnen das sagen müssen: angesichts dieser Jungen wurde mir die ganze sexuelle Misere dieser Gesellschaft bewußt, in der Liebe zu einer Technik gemacht wird anstatt zu etwas Zärtlichem. Genau dadurch wird das Mißverständnis noch verstärkt, dessen erste Opfer wir sind: eine Nutte – die kennt sich aus, die macht all die tollen Sachen, von denen eine »anständige« Frau keine Ahnung hat oder für die sie sich nie hergeben würde. Welche Dummheit! Welche Armseligkeit!

Ich bezweifle auch, daß die Männer, die zu uns kommen, unter den Prostituierten viele erfahrene Liebhaberinnen finden. Die meiste Zeit begnügen wir uns doch damit, an die Decke zu starren. Wenn ein Freier von mir verlangte, ihm die große Show vorzuspielen, fand ich das immer nur zum Lachen und hätte ihm am liebsten ins Gesicht gespuckt. Wie soll man wohl zu einem Typen »Liebling« sagen, den man noch nie gesehen hat und der einem einen Hunderter in die Hand drückt, damit er sich eines Körpers bedienen kann.

Ich glaube, daß Männer in Wirklichkeit solche Heldentaten mit Prostituierten erfinden, weil sie uns gleichzeitig anders und genauso wie ihre Ehefrauen wollen, und daß sie sich nur deshalb in ihrem kleinen Hirn irgendwelche Geschichten zurechtlegen müssen, damit beide Bilder übereinstimmen.

Bevor sie zu uns kommen, stellen sie sich gerne vor, daß sie bei uns ganz scharfe Sachen kennenlernen werden. Obwohl doch immer dieselben kommen, und die wissen genau, was sie erwartet. Einmal habe ich einem Typen empfohlen, dabei die Füße an die Wand zu stemmen. Na, der hat gar nicht lange überlegt, sondern das gleich gemacht. Eigentlich hätte er es besser wissen müssen, aber er ist diesem Märchen aufgesessen: »Nutten, die machen einfach alles.«

Sie wissen ganz genau, wenn sie zu uns kommen, dürfen sie abspritzen und sonst nichts. Wir verkaufen nur unseren Körper. Also lügen sie, damit ihre Lächerlichkeit nicht entdeckt wird. Wenn alle Frauen wüßten, was sich in so einem Stundenhotel abspielt, dann wäre der Mythos von der Prostituierten schon lange zerstört. Und das Image von der geheiligten Männlichkeit gleich mit, in deren Namen so viel dummes Zeug geredet und so viele Gemeinheiten begangen werden. Das alles dient nur der Erhaltung der Macht. Der Mann pflanzt überall als erstes sein Geschlechtsteil auf, baut sich die ganze Welt drum herum zurecht, und wenn er dann zu uns kommt, darf er lediglich einschieben. Also übertreibt er maßlos, und schließlich sind wir die Dummen. Denn die »anständigen« Frauen haben Angst vor uns und verbergen diese Angst hinter Verachtung. Manchmal tun sie so, als ob sie uns bedauern, aber wenn man sie fragen würde: »Und Sie? Wenn Sie selber anschaffen müßten?« wären sie empört.

Wir sind eine Extra-Rasse, »Unterfrauen«. Und deshalb macht man uns das Geld noch mehr zum Vorwurf, das wir verdienen. Die »anständigen« Frauen sagen: »Seht sie doch an, mit ihren Pelzmänteln (die meistens nur aus Acryl sind), mit ihrem Schmuck und ihren Autos. Ich gehe arbeiten und laufe immer noch im selben alten Mantel rum. Es ist eine Schande!« Und die Prostituierte ihrerseits sieht die gutbürgerliche Frau vorbeigehen und beneidet sie um das, was sie selber nie haben wird: eine Familie, einen Ehemann, ein friedliches Leben inmitten ihrer Kinder und Kochtöpfe. Das Glück ... Um mit ihrer Verzweiflung fertig zu werden, fängt sie an, provozierend und hart zu werden und über andere herzuziehen. Sie bestätigt die gängige Meinung, indem sie sich vulgär und bösartig gibt.

So leiden beide Frauen unter der jeweils anderen, aber keine hat den Mut, die Hand auszustrecken und ein Gespräch anzufangen. Wenn sie wagten, einen Schritt aufeinander zu zu machen, würden sie erkennen, daß sie einander ähnlich sind, daß sie beide Opfer dieser Lügen von Männern und dieser sexuellen Misere sind, in der wir alle leben. Wenn wir unseren Kindern beibringen könnten, daß man in einer Zweierbeziehung alles miteinander machen kann, wenn man sich liebt und der anderen Person Freude machen will, dann brauchte die sogenannte »anständige« Frau keine Angst mehr vor den Prostituierten zu haben und Prostitution würde allmählich ihre Daseinsberechtigung verlieren.

Und wir Prostituierten baden auch die Folgen der Pronographie aus. Pornofilme sind immer frauenfeindlich, sie erniedrigen Frauen. Je widerwärtiger, bestialischer und aggressiver es zugeht, umso geiler werden die Männer. Eine Frau, die sich einen Pornofilm ansieht, fühlt sich zwangsläufig angegriffen und gedemütigt, jedenfalls nie angeregt. Ein Mann geilt sich auf, selbst wenn er es abstreitet, denn letztenendes ist er der Held, der immer kann, der Stärkste, der Beste, für den sich die Frauen am Boden wälzen. Und weil ein ordentliches Mädchen all diese Auswüchse nicht mitmachen würde, die im Kino oder in Sex-Heftchen gezeigt werden, wenden die Männer sich eben wieder an die Prostituierten. Nicht umsonst haben Ulla und ein paar andere Frauen in Lyon die Plakate eines Pornokinos mit Farbbeuteln bombardiert. Ich habe einmal ein Interview mit einer Pornodarstellerin gelesen. Ihre Verachtung uns gegenüber war grenzenlos: sie selber wäre Künstlerin und keine Nutte. Im übrigen gab sie sich tolerant: »Für manche Männer sind sie ganz nützlich.« In meinen Augen ist dieses Mädchen schlimmer als eine Nutte, weil sie bereit ist, vor Tausenden von Zuschauern Liebe und Lustgefühle vorzutäuschen. Wir dagegen haben immer noch genügend Selbstachtung, um uns für so ein Theater nicht herzugeben. Bei uns werden die Dinge beim Namen genannt: daß er bezahlt, gibt keinem Freier das Recht auf unsere Intimsphäre. Deswegen sage ich: wir sind Prostituierte, nicht Nutten.

Dadurch, daß man den Geschlechtsakt mit Liebe verwechselt, verwechselt man auch Pornographie mit Erotik. Ich liebe Erotik. Eine Frau, die sich in ihrem Körper wohlfühlt, kann in der Liebe machen, was sie will, es wird immer schön sein. Ich glaube, wenn Erotik in den Beziehungen zwischen den Menschen Platz hätte, wenn Frauen mit Recht erotisch selbstbewußt sein dürften, ohne damit zum Lustobjekt zu werden, hätten wir viel erreicht. Und es käme uns Prostituierten zugute, denn dann könnte man uns nicht mehr zu Flittchen machen.

Es wäre gut, wenn die Gesellschaft endlich ihre Verantwortung in puncto Sexualität übernehmen und die Prostituierten am hellen Tag arbeiten lassen würde. Wenn Väter ihren Söhnen mitten am Nachmittag erklären müßten, was diese Frauen dort auf der Straße machen, könnte keiner mehr all seine Träume von verbotenen und heimlichen Freuden auf Prostituierte projizieren. Und Prostitution würde abnehmen, aus Mangel an Freiern.

Uns Frauen hat man eingebläut, daß Liebe Sünde ist und daß wir uns unseres Körpers schämen müssen, damit man uns entweder zu ergebenen Ehefrauen machen kann, die mit offenen Armen und Schenkeln den »Heiligen Geist« erwarten, oder eben Prostituierte, die für denselben Akt Geld bekommen, und zwar garniert mit der Verachtung, die man uns entgegenbringt. Ich weiß, wie schwierig es ist, mit unseren körperlichen Schamgefühlen aufzuräumen, wir tragen sie schon zu lange mit uns herum. Auch ich habe Ängste vor körperlicher Liebe, weil ich genauso puritanisch erzogen worden bin wie die anderen und weil ich mein Leben lang in einer Umgebung gelebt habe, die die Sexualität in den Schmutz zieht. Aber als Frau leide ich an der Vorstellung, daß Frauen ihren Körper verkaufen.

Ein Körper ist etwas Wunderbares, man muß ihn achten und in ihm leben. Wenn ich vielleicht mehr als andere Frauen versuche, in meinem Körper zu leben, dann weil ich ihn ablehnen mußte während der Zeit, in der die Männer ihn zu ihrem Objekt gemacht haben. Erst jetzt fange ich an zu schätzen, was ich durch ihn alles wahrnehme: Regen, Wind, Gerüche, Essen und alle Gefühle von Leben.

Bevor ich eine Prostituierte wurde, habe ich diesen Körper gehaßt, den man verstümmelt hatte. Als ich Prostituierte war, war er mir widerlich, ich wollte ihn nicht sehen. Ich sperrte ihn in einen Panzer – dunkelblauer Rock, weiße Bluse, immer sehr streng. Damit ihn bloß niemand sah, damit ihn bloß niemand in Verdacht hatte, sich zu prostituieren. Jetzt, nachdem ich die Prostitution verlassen habe, lerne ich langsam, ihn anzusehen, ich lehne ihn nicht mehr ab und ich fange an, Atem zu holen.

Ich habe festgestellt, daß andere meinen Körper akzeptierten, daß sie ihn liebten, weil er ein Gefühl der Sicherheit und Heiterkeit ausstrahlte. Und seit ich weiß, welche Macht er über andere hat, die nichts mit sexueller Verführung zu tun hat, habe ich gelernt, ihn zu lieben. Ich habe den Panzer abgeworfen, in den ich mich gesperrt hatte. Ich lebe jetzt in freien, fließenden Kleidern, in denen ich mich bewegen und atmen kann. Seitdem fühle ich mich wohler. Mein Gesicht ist weicher geworden, ich bekomme gesagt, daß ich hübsch bin. Weil ich heute mit meinem Körper nicht mehr auf Kriegsfuß stehe. Weil ich weiß, daß die anderen ihn heute respektieren.

Die Journalisten, die mich während der Besetzung von Saint-Nizier interviewten, haben mich alle nach meiner Einstellung zur Sexualität gefragt. Ich habe darauf immer geantwotret: »Das ist nicht mein Problem sondern Ihres, meine Herren.«

Sechstes Kapitel

Wenn ich die ganze Quälerei auf mich genommen habe, um meine Kinder und mich aus der Scheiße zu holen, dann nicht, um damit etwas Fremdes zwischen uns treten zu lassen. Ich wollte mich lieber allein durchschlagen, allein in meine Pension zurückkehren und das Gefühl haben, ich bin frei. Gegenüber einem Mann hatte ich Angst, ich könnte irgendwann nicht mehr die Kraft aufbringen, ihn zu verlassen, um mich wieder der Einsamkeit auszusetzen, und damit lebenslänglich in der Prostitution verfangen sein. Viele Frauen – und zwar, weil sie wissen, daß die »Resozialisierung« eine harte Prüfung in Einsamkeit und Elend ist – bleiben lieber mit jemandem zusammen in der Ausweglosigkeit, als daß sie sich ganz allein daraus lösen. Denn sie trauen sich nichts mehr zu und können nicht mehr glauben, daß ein Mann sie genug lieben kann, um bei ihnen zu bleiben, wenn sie kein Geld mehr einbringen.

Ich selber habe mich von Anfang an in der Einsamkeit verschlossen. Jeden Tag wurde ich etwas härter. Ich wollte der ganzen Welt übel. Ich hielt alle anderen für Schweine, mißtraute jedem, der mir auf der Straße begegnete, und war ständig gefaßt auf ein ironisches Grinsen oder eine durch die Zähne gezischelte Beleidigung. Lachen konnte ich überhaupt nicht mehr, lächeln nur noch manchmal. Ich lebte dahin wie eine Schlafwandlerin und litt innerlich, ich hielt diese Einsamkeit und diese tagtägliche Verachtung nur schlecht aus. Aber ich wäre lieber auf der Stelle krepiert, als irgendjemandem meine Verzweiflung zu zeigen. Ich dachte damals, die anderen könnten sich bestenfalls weiden am seelischen und körperlichen Elend der Nächsten und sich dadurch in ihren eigenen Angelegenheiten bestätigt fühlen, anstatt sich davon berühren zu lassen. Inzwischen habe ich meine Meinung etwas geändert, weil ich seitdem Freunde habe. Aber damals hatte das Wort »Freund« keine Bedeutung für mich. Ich kannte nur das Wort »Feind«, das Wort »Mißtrauen« und das Wort »Schweigen«.

Die Wunde aus meiner Kindheit riß mit jedem Tag mehr auf. Die Männer, die ich bei meiner Arbeit erlebte, hatten nichts an sich, das mich sanfter gemacht und bestätigt hätte. Ihre Vorschläge, ihre Gesten und ihre Wünsche verletzten mich zutiefst. Wenn ich nach der Arbeit in mein Hotel zurückkam, hätte ich vor lauter Ekel heulen mögen. Und um meinen Widerwillen zu verbergen, legte ich noch etwas mehr Zynismus, noch etwas mehr Haß auf.

Zur Erholung fuhr ich aufs Land und besuchte meine Kinder. Ich kam immer mit Koffern voller Spielzeug, Kleidern und Süßigkeiten an. Die Frau, die sie in Pflege hatte, war eine außerordentliche Frau: meine Kinder waren immer glücklich und fröhlich, selbst wenn ich unangemeldet kam. Sie hat nie versucht, die Situation auszunutzen, obwohl sie mein verstecktes Leben genau kannte. Ich werde ihr immer sehr dankbar dafür sein. Sie war in diesen drei Jahren eine der wenigen Personen, die nicht versucht hat mit fertigzumachen.

Bei meinen Kindern wurde ich für ein paar Tage wieder froh und unbeschwert. Nur sie konnten mich richtig zum Lachen bringen. Niemand, der mich auf dem Strich gesehen hatte, hätte mich dort unten wiedererkannt. Ich bekam ein anderes Gesicht, andere Bewegungen. Ich lebte. Und dann mußte ich wieder nach Lyon zurück. Aber ich nahm immer ein bißchen Mut mit.

Dann, nachdem ich ein Jahr in Lyon gewesen war, machte ich plötzlich die Entdeckung, daß ich nicht allein war. Eines Abends hielt ein Auto neben mir. Eine Frau und ein Mann sagten, ich sollte aufpassen, die Bullen wären dabei, die Mädchen aus dem Kiez zu verhaften. Was waren das denn für Leute, die mit mir redeten wie mit einem normalen Menschen? Die junge Frau stieg aus dem Auto und lächelte mich an. Ich muß gestehen, daß meine erste Reaktion Mißtrauen war. Wenn diese unbekannten Leute sich so benahmen, mußten sie doch irgendwelche Hintergedanken haben. Ich ging auf ihr Gespräch nicht ein. Ich hielt mich bereit, einen unvorhergesehenen Angriff abwehren zu müssen. In der folgenden Woche kamen dieselben Leute wieder vorbei. Sie begrüßten mich und redeten über dies und das. Ich blieb immer noch abweisend, ich war überzeugt, daß ich für diese Momente menschlicher Wärme bald würde bezahlen müssen.

Diese Begegnungen wiederholten sich jede Woche. Ich erfuhr, daß die Frau glücklich verheiratet und Mutter war, und verstand die Welt nicht mehr. Sie hatte doch bestimmt etwas Besseres zu tun, als ihre Abende damit zu vergeuden, sich mit Nutten zu unterhalten.

An einem Abend kam sie außer der Reihe mit dem Auto durch den Kicz. Als sie mich sah, hielt sie an, stieg aus und umarmte mich zur Begrüßung. Es kam mir vor, wie ein Traum. Sie hatte extra meinetwegen angehalten, einfach so! Ihre Geste ist der erste Schritt meiner Versöhnung mit dieser Menschheit gewesen, die ich so sehr haßte. Ich glaube nicht, daß sie gemerkt hat, was ich damals fühlte. Aber ich werde diesen Abend nie vergessen. Danke, Danièle, das war für mich die schönste Geste.

Ich wollte wissen, wer diese Leute waren, die sich nicht schämten, eine Prostituierte in aller Öffentlichkeit zu grüßen. Ich erfuhr, daß sie zu einer Bewegung gehörten, die »Le Nid« (»Das Nest«) hieß und deren Mitglieder sich zur Aufgabe gemacht hatten, Prostituierte aufzunehmen und ihnen ein wenig Wärme zu vermitteln, im Namen der Achtung vor dem menschlichen Wesen. »Le Nid« war von einem Priester gegründet worden und hatte in mehreren Städten Frankreichs Kontaktstellen gegründet.*

Später lernte ich das Lyoner Zentrum kennen, als ich den Mut aufbrachte, von mir aus auf Leute zuzugehen, die mir ihre Freundschaft entgegenbrachten. Es liegt mitten auf dem Kiez und besteht aus zwei Räumen. Dort sind zwei Frauen, die uns bereitwillig zuhören und uns helfen,

---

* 1936 von Pater Talvas gegründet und 1946 als eingetragener Verein anerkannt, war »Le Nid« in mehreren Ländern tätig und umfaßte Kontaktstellen und Ausbildungsstätten für Erwachsene, die die Prostitution kennengelernt hatten.

wenn wir darum bitten: bei Problemen mit den Kindern, mit der ärztlichen Versorgung und vor allem beim Kontakt mit Menschen. Hier richtete niemand über uns, und hier wird uns nicht einmal aufgedrängt, aus dem Strich auszusteigen. Wir werden akzeptiert als die, die wir sind. Man stellt uns keine Fragen. Wir können uns in aller Ruhe Kaffee kochen, ohne ständig auf die Tür zu sehen und eine Razzia der Polizei befürchten zu müssen.

Wenn wir keine Lust zum Reden haben, na gut. Wenn wir uns das von Bitterkeit übervolle Gemüt erleichtern wollen, ist jemand zum Zuhören da. Im »Nid« habe ich nie jemanden eine Moralpredigt halten hören.

Dennoch ist das eigentliche Ziel des »Nid« die Wiedereingliederung der Prostituierten in die Gesellschaft. Die streitbaren »Nid«-Leute wollen die Prostitution zum Ververschwinden bringen, aber sie machen sich keine Illusionen. Sie wissen sehr gut, daß jede Frau eine eigene Geschichte mit vielen Aspekten hat und daß dieses Phänomen nicht mit schönen Worten oder moralinsauren Taten beseitigt werden kann. Sie sind sich darüber im Klaren, daß, solange Frauen ausgebeutet werden und Sexualität nicht als etwas Natürliches anerkannt ist, Prostituierte als Ventile für Männer nötig sind. Deswegen verurteilen sie auch unser Handeln nicht als schuldhaft, sondern als Ausbeutung auf unsere Kosten. Die Freunde des »Nid« haben keiner von uns Wunder versprochen. Sie wissen genau, wie verlogen es ist, einer Prostituierten zu sagen: »Tun Sie doch etwas anderes, gehen Sie doch arbeiten«, angesichts der hohen Arbeitslosigkeit in Frankreich und der Tatsache, daß die Mehrzahl der Prostituierten keinerlei Berufsausbildung hat, die ihr eine anständige Existenz bieten könnte. Wenn allerdings eine Frau zu ihnen kommt und sagt: »Ich kann nicht mehr, ich will aufhören«, dann kümmern sich die Freunde des »Nid« darum, daß sie eine Wohnung und Arbeit findet.

Wir wissen, daß wir uns auf sie verlassen können, wenn wir sie brauchen. Eine Frau, die durch jahrelange Arbeit auf dem Strich zu erschöpft und zu deprimiert ist, um allein einen neuen Anfang zu machen, findet in den Heimen des »Nid« einen Ort, wo sie umgeben von Freunden seelisch und körperlich wieder zu Kräften kommen kann. Ein Jahr lang kann sie dort bleiben und lernen, wieder zu schlafen und zu sprechen, einfach wieder zu lachen und mit Menschen umzugehen, ohne sich ständig verurteilt zu fühlen, und so schließlich wieder menschliche Beziehungen zu knüpfen. Gleichzeitig kann sie einen Beruf erlernen und hat so größere Chancen, eine Arbeitsstelle zu finden. »Le Nid« unterhält in Lyon zum Beispiel einen Handwerksbetrieb, der übrigens nicht den Vereinsnamen trägt. Die Frauen, die dort gearbeitet haben, verlassen die Werkstatt mit ganz normalen Gehaltsstreifen und einem Arbeitszeugnis. Damit können sie sich bei der Krankenkasse anmelden und Kindergeld beantragen, wenn sie Kinder haben. Mit diesen Papieren brauchen sie nicht verfängliche Fragen von seiten ihres künftigen Arbeitgebers zu befürchten, bei denen sie leicht in Panik geraten und davonlaufen.

Sie wissen auch, daß, falls sie den Mut verlieren und wieder auf den Strich zurückkehren, ihnen niemand vom »Nid« Vorwürfe machen würde. Man wird weiterhin versuchen, sie mit Zuneigung und Respekt zu unterstützen und neue Mittel und Wege zu finden, damit sie aussteigen können, wenn sie wollen.

Deswegen finde ich es unerträglich, wenn über diese Bewegung »Le Nid« gelästert wird, weil sie von einem Priester gegründet wurde oder mit einem Wohltätigkeitsverein verwechselt werden könnte. Es stimmt, daß die Bewegung ausschließlich von Spenden lebt und nie darum ersucht hat, als gemeinnütziger Verein anerkannt zu werden, sondern sich mit der Hilfe ihrer Mitglieder durchschlägt. Trotzdem ist sie kein Zentrum für Vereinsdamen. Der Freundeskreis betreut die Heimstätten und Kontaktstellen auf dem Kiez und hat für die Ausbildung seiner Erzieher, Psychologen und Sozialhelfer von der Regierung eine geringe Subvention erhalten. Das belastet allerdings den Staatshaushalt nicht eben schwer ... Über das »Nid« mokieren sich nur Leute, die noch nie den Fuß dort hineingesetzt haben. Ob diese Großmäuler wohl in ihrem Büro eine ehemalige Prostituierte anstellen würden? Würden die sie zum Abendessen zu sich und ihrer Familie nach Hause einladen? Würden die einen Transvestiten mit Stricherfahrung als Putzfrau oder Telefonistin einstellen?

Daß die Bewegung der Prostituierten von Lyon hat entstehen können, verdanken wir dem Vertrauen, das uns die Leute vom »Nid« entgegengebracht haben. Als wir anfingen, über die Repressalien zu sprechen, die uns das Leben unmöglich machen, haben sie uns einen Anwalt beschafft und uns einen Raum zur Verfügung gestellt, in dem wir uns treffen konnten. Aber sie haben nie stellvertretend für uns gehandelt. Sie haben uns immer wieder versichert, daß sie an unserer Seite stehen, und betont: »Ihr seid fähig, für euch selbst zu sprechen, ihr seid fähig, euch selbst zu verteidigen.« Und wir haben die Entdeckung gemacht, daß wir gar nicht so dumm waren, wie wir immer gedacht hatten – und daß wir sogar reden konnten! Unsere Geschichte zwischen 1972 und 1975 ist die der ständig verschärften Polizeirepression und Unsicherheit. Das »Nid« hat uns während dieser drei Jahre unterstützt, und bevor ich über den Aufstand erzähle, muß ich zunächst wieder ein bißchen an das erinnern, was uns dazu gebracht hat, in einer Kirche Zuflucht zu suchen.

Am 23. März 1974 wird die Leiche einer Lyoner Prostituierten entdeckt, die nach langen Folterungen ermordet worden war. Am 15. Mai findet ein Landstreicher auf einer Müllhalde die Leiche einer weiteren Prostituierten. Diese beiden Morde sind Höhepunkt einer ganzen Serie solcher »Unfälle«, ganz zu schweigen von tagtäglichen Gewalttaten und Mißhandlungen. Die Frauen bekommen immer mehr Angst um ihr Leben. Natürlich werden die Täter nicht gefaßt. Werden sie denn überhaupt gesucht?

Am 10. Juni 1974 organisiert das »Nid« eine Versammlung in den Räumen der »Chronique Sociale« in Lyon. Mehr als fünfzig Leute sind anwesend, darunter fünfzehn Prostituierte, die »Anerkennung ihrer Würde und ihres Rechts fordern, geschützt zu werden wie jede andere Bürgerin auch«.

Am 25. Juli findet eine weitere Versammlung statt, zu der zwei Verantwortliche der Polizei eingeladen werden: Kommissar Laurent, der Chef der Kriminalpolizei von Lyon, und Kommissar Winnick von der Sittenpolizei. Die Frauen verlangen von ihnen Rechenschaft über die maßlosen Strafverfolgungen, deren Opfer sie sind. Nach einer erregten Debatte erklären die Polizisten: »Solange Sie auf der Straße sichtbar sind, werden wir Sie einsperren.«

Am 27. August wird eine Frau von einem Freier ermordet. Der Mörder läuft weiter frei herum. Währenddessen gehen die Repressalien durch die Polizei munter weiter. Die Bußgelder häufen sich, die Frauen fühlen sich von allen Seiten in die Enge getrieben, hier die Polizei, da die gefährlichen Freier. Wie in einer Falle.

Wie kam es zu dieser Hetzjagd auf die Prostituierten? Nach Schließung der Hotels 1972 hatte die Sitte den Frauen geraten: »Wenn Sie arbeiten wollen, sehen Sie zu, daß Sie sich eine Wohnung mieten.« Das hieß Maklergebühren, Mietsteuer, Kaution und so weiter. Die Frauen haben sich also Wohnungen gemietet, und zwar meistens zu zweit oder zu dritt. Die Frauen, die zusammenarbeiteten, wurden daraufhin von der Polizei wegen wechselseitiger Kuppelei angezeigt; die Frauen, die allein arbeiteten, wurden entweder wegen »Belästigung der Mitbewohner« vor die Tür gesetzt oder weil der Hausbesitzer darauf hingewiesen worden war, daß er ein Verfahren wegen Zuhälterei riskierte.

Wieder einmal saßen die Frauen auf der Straße mit leerem Portemonnaie. Auf ihre Beschwerden hin erwiderten die Polizisten: »Sie brauchen sich doch nur eine Wohnung zu kaufen.« Da ist doch jeder sein eigener Herr, nicht wahr? Wieder investieren, Agenturen, Anwälte und so weiter bezahlen. Um die Kosten zu senken, und immer auch aus Sicherheitsgründen, kauften sich die Frauen zusammen eine Wohnung. Sofort hängte sich die Polizei dazwischen:

Verfahren wegen Zuhälterei wurden angedroht, wenn die Wohnung nicht zwei Eingänge, zwei Bäder und was weiß ich noch alles hätte.

Selbstverständlich haben nicht alle Frauen Studios oder Wohnungen gekauft. Die meisten blieben auf der Straße, dem Freier mit Auto ausgeliefert. Und der teuflische Reigen ging weiter: neben der Sitte erhielten alle Polizeikommissariate die Berechtigung, Strafzettel auszustellen, die ein Bußgeldverfahren wegen Anwerben von Kundschaft oder zur Unzucht aufforderndem Verhalten nach sich zogen. Es hagelte Bußgeldbescheide, und zwar in einem Ausmaß, daß klar wurde, welche Absicht hinter der Entscheidung des Polizeichefs, den Kampf gegen Prostitution auf alle Kommissariate auszudehnen, steckte – nämlich der Wunsch, das Risiko der Korruption einzudämmen. Seit der Affäre Tonnot, bei der ein Hauptkommissar wegen Zuhälterei verurteilt wurde, trauten sich diese Herren gegenseitig nicht über den Weg. Jeder überwachte jeden. Außerdem war zwischen den verschiedenen Kommissariaten eine regelrechte Konkurrenz eingerissen. Sieger war, wer die beste Beute macht. Zumindest würde so niemand behaupten können, die Polizei ließe sich kaufen! Und wer hatte diesen Kleinkrieg auszubaden? Wir, die Frauen. Und wer kassierte das Geld, das die Prostituierten verdient hatten? Der Staat.

In der Nacht vom 3. auf den 4. April 1975 wird noch eine Frau von einem Freier überfallen. Eine Lokalzeitung berichtet über den Zwischenfall und nennt dabei den richtigen Namen und die Adresse der Frau. Mehrere von uns treffen sich im »Nid«, aufgebracht über diese Indiskretion, die nur von seiten der Polizei kommen konnte. Wir wundern uns, wieso ein Journalist Zugang zur Kartei der Sitte bekommen konnte. In Übereinstimmung mit den Frauen beschließt das »Nid« daraufhin, einen offenen Brief an diese Zeitung zu schreiben und diese Indiskretion als Verletzung der menschlichen Würde zu verurteilen. Eine Kopie des Briefes wird auf dem Strich verteilt und es entwickelt sich so etwas wie Solidarität. Die Identität einer Prostituierten anzutasten, bringt die Gefahr mit sich, daß ihr Leben zerstört wird. Information an die Familie oder die Kinder, Tratsch gegenüber den Nachbarn ist fast ein von der öffentlichen Meinung vollstrecktes Todesurteil.

Zur selben Zeit tauchen die ersten Steuerbescheide auf. Auf der Grundlage willkürlicher Schätzungen ihres Lebensstandards, werden die Frauen aufgefordert, für die letzten vier Jahre rückwirkend und wegen Steuerhinterziehung erhöhte Steuern zu zahlen. Die Summen schwanken zwischen 30 000 und 80 000 Francs. Als Beruf nennt der Bescheid »freiberuflich«, »Gesellschafterin« oder es heißt schlicht »bezieht Unterhalt«.

Die Frauen sind außer sich über diese Heuchelei: Bußgelder auf der einen Seite, Steuern auf der anderen. Sie sind aufgebracht, wissen aber noch nicht, wie sie sich zur Wehr setzen sollen. Im selben Monat ziehen die Behörden ein altes Gesetz über Rückfälligkeit bei Bußgeldverfahren aus der Schublade. Danach kann jede Person mit Gefängnis bestraft werden, die zwei Verfahren wegen des gleichen Delikts in der gleichen Stadt und im selben Jahr hatte. Das heißt, bei jedem zweiten Strafzettel – und wir kriegen drei oder vier pro Nacht – kann die Polizei uns für mehrere Tage einsperren.

Als ich zum ersten Mal »im Wiederholungsfalle« verurteilt wurde, bekam ich eine Heidenangst. Was sollte aus meinen Kindern werden, wenn ich ins Gefängnis mußte? Am selben Abend noch bin ich bei allen Frauen in meinem Revier rumgegangen und habe versucht, ihnen den Ernst der Lage klarzumachen. Aber keine wollte mir glauben, so etwas war einfach unvorstellbar. Verzweifelt wandte ich mich an »Le Nid«, um mir Rat zu holen. Es mußte etwas geschehen, wir würden uns nicht einfach so einsperren lassen! Beim »Nid« gab man mir die Adresse von Rechtsanwalt Boyer, einem Jesuiten, der bereit war, unsere Verteidigung zu übernehmen.

Ich suchte dann Maître Boyer auf. Er schlug vor, gleichzeitig mehrere Frauen zu vertreten, womit wir die Möglichkeit bekämen, als Gruppe aufzutreten, und die Kosten niedrig zu halten. Nach dieser Unterredung war ich etwas erleichtert und erzählte den anderen Frauen davon. Wir beschlossen, uns zu viert oder fünft bei Maître Boyer zu treffen und ein »Begnadigungsgesuch« aufzusetzen.

Am Tag der Verabredung stand ich allein da. Viele von uns hatten inzwischen Urteile wegen Rückfälligkeit bekommen, aber sie hielten es immer noch nicht für möglich. Bei unseren erregten Diskussionen hatten sie meinen Vorschlag gutgefunden, aber im letzten Moment machten sie dann doch einen Rückzieher. Sie wollten die Gefahr nicht wahrhaben. Man hatte uns schon so lange mit Bußgeldverfahren bombardiert, daß es für die meisten von uns zur Gewohnheit geworden war und sie nicht weiterdenken wollten.

In heller Aufregung und völlig mutlos ging ich wieder zum »Nid« und erklärte, daß ich nicht mehr aus noch ein wüßte. An diesem Tag traf ich Ulla zum ersten Mal. Sie hatte genau begriffen, wie ernst die Lage war; sie wollte kämpfen und schlug während unseres Gesprächs vor, die Zeitungen anzurufen und diese Schikane öffentlich zu machen. Das »Nid« hatte eine Broschüre mit allen Gesetzestexten zur Prostitution in Frankreich herausgegeben, und die lasen wir uns jetzt ganz genau durch, um unsere Rechte zu erfahren. Als ich wegging, fühlte ich mich wieder sehr viel besser. Ich war doch nicht die einzige, die kämpfen wollte.

Seit diesem Abend haben wir angefangen, uns zu organisieren. Ein paar von uns klapperten systematisch alle Straßen ab, sprachen mit den Frauen und versuchten, sie davon zu überzeugen, daß wir dieser Repression die Stirn bieten mußten. Wir waren der Meinung, daß wir genug Fußtritte bekommen hatten und daß damit jetzt Schluß sein mußte. Innerhalb dieser Woche erhielten fast alle Protsituierten von Lyon Verwarnungen wegen Rückfälligkeit und bekamen allmählich ein Gefühl für die Gefahr. Aber wir mußten bohren: als Frauen vom Strich waren wir alle zu sehr daran gewöhnt, immer den Kopf einzuziehen, wenn wir beschimpft und beleidigt werden. Gesetzlos, wie wir sind, glauben wir, daß wir nichts wert sind. Bei so einer Mentalität ist es sehr schwierig, sich gegen die Polizei zu wehren: es scheint von Anfang an ein verlorener Kampf zu sein. Aber ein paar von uns waren entschlossen genug, um die anderen mitziehen zu können.

Am 23. April hielten wir unsere erste Versammlung als

»Kollektiv der Prostituierten« ab. Wir waren siebzig im Saal der »Chronique sociale«. Zwei oder drei Mitglieder des »Nid« nahmen ebenfalls teil, aber nur als Zuhörer. Sie haben nie in unsere Diskussion eingegriffen. Sie waren nur da, um uns mit ihrer Freundschaft zu unterstützen.

Ulla ergriff das Wort. Sie erklärte den Inhalt der Gesetze, auf die sich die Polizei berief, die Strafmaße, die uns drohten. Wir fingen endlich an zu begreifen, daß wir Opfer einer rechtswidrigen Auslegung der Gesetze waren. Ulla sprach sehr klar und ich glaube, am Schluß hatten wir alle unsere Lage genau verstanden.

Im Anschluß daran erklärte uns Maître Boyer, welche Schritte unternommen werden müßten, damit er uns vertreten konnte. Er berechnete uns ein lächerliches Honorar – es war eher symbolisch als alles andere.

Wir ließen dann eine Liste durch die Reihen gehen, auf der jede Frau ihren Namen und ihre Adresse eintrug, und sammelten Geld für die Anwaltskosten. Schließlich setzten wir gemeinsam einen Brief an Maître Boyer auf, in dem wir ihn baten, uns zu vertreten und unsere Verteidigung zu übernehmen. Alles ging ganz ruhig und geregelt vonstatten. Man konnte spüren, daß die Frauen zu einem harten Kampf entschlossen waren. Jetzt war das erste Rädchen in Gang gesetzt, und nichts würde uns mehr aufhalten. Persönliche Klagen, Eifersüchteleien oder Feindschaften spielten keine Rolle mehr, wir standen geschlossen gegenüber dem Staat, der uns fertigmachte und diese Solidarität war Quelle unserer Energie.

Es war das erste Mal in unserem Prostituiertenleben, daß

wir spürten, wir haben Rückgrat, daß wir den Eindruck hatten, wir tun etwas, wir halten den Kopf hoch und sehen den Leuten ins Gesicht. Niemand kann sich vorstellen, wie wichtig es war, uns dessen bewußt zu werden: wir waren jetzt eine Gruppe von Frauen, die entschlossen war, sich nicht länger auf den Füßen herumtrampeln zu lassen.

Es gab uns.

Siebtes Kapitel

Das Kollektiv der Prostituierten war geboren. Wir traten sofort an die Öffentlichkeit. Ulla erfuhr, daß für die Fernsehsendung »*Les dossiers de l'écran*« am 29. April eine Diskussion über Prostitution geplant war. Sie schlug vor, daß wir dort auftreten, um gegen die Schikanen zu protestieren, denen wir ausgesetzt waren. Wir stimmten zu, und sie rief beim Fernsehen an und schaffte es, eingeladen zu werden. Wir bekamen allmählich Hoffnung: unsere Stimme würde in der Öffentlichkeit gehört werden. Wir verließen endlich das Dunkel.

In derselben Woche war Ulla mit mir zum obersten Polizeikommissar gegangen, um Anzeige wegen Überfall zu erstatten. Es handelte sich um eine banale Sache, aber wir hatten jetzt genug von den Rechtsbrüchen der Polizei. Acht Tage vorher hatte ich zusammen mit anderen Frauen auf der Straße gestanden. Ein Auto stoppt, zwei Typen halten uns Gewehre unter die Nase und nehmen uns unser Geld ab. Sofort laufen wir und warnen die anderen Frauen in der Straße. An der Ecke parkt ein R 4 von der Polizei. Wütend erklären wir den Bullen, daß bewaffnete

Männer die Straße abfahren, und verlangen, daß sie sie verhaften. Das passiert auch sehr schnell. Im Auto werden Gewehre, Patronen und ein Dolch gefunden. Eine Stunde später kommt ein Mädchen zu mir an die Ecke gerannt: »Achtung, sie kommen wieder!« Die beiden Männer hatten keine Waffen mehr, aber die Polizei hatte sie laufen lassen, und nun drohten sie, daß sie morgen zurückkommen und abrechnen würden. Das war zuviel! Alle Frauen aus der Straße gingen geschlossen auf die Wache, um die Bullen zur Rede zu stellen. Die Bullen drohten uns ihrerseits damit, uns einzusperren, wenn wir keine Ruhe gäben.

Ich habe dann diesen Vorfall geschildert und den obersten Polizeikommissar angerufen, um einen Termin zu vereinbaren. Zu unserem Glück hatten die Bullen, die die Gangster festgenommen hatten, ein Protokoll gemacht: es gab also einen Beleg.

Nachdem ich meine Aussage beim obersten Polizeikommissar unterschrieben hatte, begann ich über die Bußgelder und die Verfahren wegen Strafrückfälligkeit zu sprechen. Uns gegenüber saß ein besonnener Mann, nicht so ein beschränkter, gemeiner Bulle. Ulla und ich verkündeten ganz offen, daß die Frauen genug hatten und das alles nicht länger hinnehmen würden. Und dieser Mann sagte, wir hätten recht und das derzeitige Verhalten sei mißbräuchlich ... Er rechnete bestimmt nicht damit, daß unsere Bewegung ein solches Ausmaß annehmen könnte.

Am 28. April organisieren wir eine neue Versammlung. Dieses mal sind über hundert Frauen anwesend. Alle sind einverstanden, daß wir kämpfen. Am Ende des Treffens wird ein Brief an den Präfekten aufgesetzt. Dieser Brief wurde von einer Delegation der Prostituierten und dem Verantwortlichen des »Nid« in Lyon gemeinsam unterzeichnet. Wir verlangen eine Unterredung, um eine Überprüfung des Vorgehens der Polizei sowie Schutz und Respektierung unseres Privatlebens durchzusetzen.

MOUVEMENT DU NID

Lyon, 28. April 1975

An den Polizeipräfekten von Lyon

Sehr geehrter Herr Präfekt,

Junge Frauen, die als Prostituierte arbeiten, und die Bewegung »Le Nid« haben gemeinsam Überlegungen zur Prostitution angestellt und die Bedingungen hinterfragt, unter denen sie derzeit in Lyon ausgeübt wird.

Wir sind übereingekommen, uns an Sie zu wenden, um die Freiheit jeder einzelnen zu verteidigen, wo immer sie angegriffen wird, um zu reagieren, wo immer die Würde des Menschen angetastet wird, um die Heuchelei einer Gesellschaft zu verurteilen, die mit der einen Hand verdammt, was sie mit der anderen begünstigt und ermutigt, um zu fordern, daß die Sicherheit jeder einzelnen garantiert und ihr Privatleben respektiert wird, und um die Ausbeutung von Menschen durch Menschen zu verurteilen, gleich welcher Art sie ist.

In diesem Zusammenhang ersuchen wir Sie höflich, eine Delegation bestehend aus fünf jungen Prostituierten und fünf Mitgliedern des »Nid« zu empfangen und ausgehend von der augenblicklichen Situation in Lyon folgende Fragen zu erörtern:

1. Wohin führt die derzeitige Politik der
   - willkürlichen Verhaftungen
   - Bußgeldbescheide, die mehrmals an einem Abend von verschiedenen Kommissariaten ausgestellt werden und Gefängnisstrafen nach sich ziehen
   - Bußgeldbescheide, die völlig zu Unrecht Personen ausgestellt werden, die gerade einkaufen oder in Begleitung von Mitgliedern der Bewegung »Le Nid« sind, und so weiter?
   - Hat man vergessen, daß Prostituierte keine Verbrecherinnen sind?
   - Und die Politik von Steuerbescheiden auf völlig undurchsichtiger Grundlage?
   - Hat man vergessen, wie Zuhälterei definiert wird?
2. Verdient eine Prostituierte nicht, ebenso wie jeder andere Bürger geschützt zu werden? Jüngste Zwischenfälle legen den Eindruck nahe, daß die Polizei sich nicht im Klaren über das Klima der Unsicherheit ist, in dem eine Prostituierte heute lebt.
3. Läßt sich das Verhalten einiger Polizisten gegenüber Prostituierten, sei es auf der Straße, sei es auf der Wache, wirklich nicht ändern? Es ist bedauerlich, daß das Verhalten der Sitte, das vorbildlich erscheint, nicht abfärbt.
4. Hat die Polizei die Möglichkeit, Respekt gegenüber dem Privatleben von Personen zu garantieren, die zum Gegenstand von Presseberichten geworden sind

(mit Namen und Adressen), obwohl sie keinerlei strafbare Handlung begangen haben?

Weitere Fragen können im Verlauf der Unterredung angeschnitten werden, um die wir dringend ersuchen.

In Erwartung Ihrer Antwort verbleiben wir
hochachtungsvoll

Eine Delegation der Prostituierten von Lyon

(drei Unterschriften)
A. Bissardon
Verantwortlich für »Le Nid« Lyon

P. S.: Wäre es möglich, uns den Termin zehn Tage im Voraus mitzuteilen, damit wir die verschiedenen betroffenen Personen benachrichtigen können?

Am 29. April fährt Ulla nach Paris. Die Frauen hatten das Geld zusammengelegt, um ihre Reise zu bezahlen. In der Fernsehsendung spricht sie über Geldbußen und Strafverfolgungen, denen wir ausgesetzt sind; aber ihr gegenüber sitzen zwei Polizeibeamte, die mit ihren Antworten vom Thema ablenken: »Hier werden nicht Prostituierte bekämpft, sondern die Zuhälterei.« Sie sagen nichts davon, daß die Summen, die der Staat dank Bußgeldern einstreicht, astronomisch sind. Wer ist der Zuhälter in diesem konkreten Fall? Prostitution ist ein florierendes Geschäft, über eine Milliarde für die Staatskasse!

Die Antwort auf unseren Brief vom 28. April kam am 6. Mai. Über seinen Kabinettschef teilte uns der Präfekt seine Bereitschaft mit, die Mitglieder des »Nid« zu empfangen, lehnte jedoch die Anwesenheit von Prostituierten aus unseren Reihen in aller Form ab. Das war eine Ohrfeige mehr, aber sie bestärkte uns nur in unserem Willen zu kämpfen. Das »Nid« lehnte selbstverständlich ab, ohne uns zur Präfektur zu gehen. Hier ging es um unsere Probleme, und ohne unsere Anwesenheit hatte diese Unterredung überhaupt keinen Sinn.

Unsere Treffen nahmen zu. Wir hatten beschlossen, die Diskussion in kleineren Gruppen mit einer Frau pro Viertel weiterzuführen, um die Mitglieder des »Nid« nicht zu sehr mit reinzuziehen und ihnen keine Schwierigkeiten zu machen. Wenn die Sache schiefging, sollten die Freunde, die uns immer geholfen hatten, nicht die Konsequenzen tragen müssen.

Am 12. Mai veranstaltete die Vereinigung zum internationalen Jahr der Frau ein Treffen im Börsenpalast. Das Thema war: »Prostitution und die Situation der Frau«. Diese Gelegenheit konnten wir uns nicht entgehen lassen, um uns Gehör zu verschaffen. Eine Delegation von uns ging also hin, um dort zu sprechen.

Nachdem der Präfekt sich geweigert hatte, uns zu empfangen, suchten wir nach einer Möglichkeit, um unsere Forderungen öffentlich zu machen. Ulla hatte in der Fernsehsendung nicht viel sagen können, und die Öffentlichkeit mußte auf jeden Fall weiterhin alarmiert werden. Wir kündigten eine Pressekonferenz an, zu der wir die Journalisten der Regionalpresse und natürlich die Mitglieder des »Nid« einluden.

Am 15. Mai geben wir also unsere Pressekonferenz in den Räumen, die uns von der »Chronique sociale« zur Verfügung gestellt werden. (Ich lag ein paar Tage im Krankenhaus und konnte daran nicht teilnehmen, aber die anderen Frauen hielten mich auf dem Laufenden.) Der Ton wird schärfer, wir haben wirklich die Schnauze voll. Unsere Wut bricht so richtig heraus, denn die Verächtlichkeit des Präfekten hatte uns zutiefst in Aufruhr versetzt. Die Presseleute begreifen endlich die Methoden, mit denen wir von der Polizei in Lyon behandelt werden:

1. Die maßlosen Bußgelder: drei bis vier Strafzettel pro Tag wegen zur Unzucht aufforderndem Verhalten. Ein Bescheid vom Polizeigericht hat folgenden Wortlaut: »Oben genannte ..., die bekanntermaßen der Prostitution nachgeht, schlenderte in Höhe von Hausnummer 8 auf der ... straße umher und *wandte sich durch Lächeln an Passanten männlichen Geschlechts,* womit kein Zweifel an ihren Aktivitäten aufkommen kann; ein derartiges Verhalten ist geeignet, Ordnung und Anstand zu verletzen ...« Wir berichten auch darüber, wie uns die Bußgeldbescheide ausgehändigt werden. Die Bullen fahren im Auto oder auf dem Motorrad vorbei, sie machen sich nicht einmal mehr die Mühe auszusteigen. Manchmal halten sie am anderen Ende der Straße, zeigen mit dem Finger auf eine Frau und machen ihr ein Zeichen: Daumen hoch. Das heißt, jetzt gibt's einen Strafzettel. Fast nie bekamen wir den Durchschlag davon, sondern man schickt uns später mit der Post den Bescheid, in dem wir unter Androhung von Strafverfolgung (das heißt »Gefängnis«) zur Zahlung aufgefordert werden.

2. Die Gefängnisstrafen. Ein paar Tage vor der Pressekonferenz brach auf dem Treffen der Stadtteildelegierten Panik aus. Eine von uns hatte eine Mitteilung mit der Aufforderung erhalten, sich am kommenden Montag zwecks Inhaftierung im Gefängnis einzufinden, und zwar infolge einer Verurteilung wegen Strafrückfälligkeit. Inzwischen hatten wir alle Verfahren wegen Strafrückfälligkeit am Hals, sind also alle vom Gefängnis bedroht. Für uns bedeutet das, die Fürsorge kommt und nimmt uns unsere Kinder weg. Dieser Gedanke macht uns ganz krank.

Schließlich fordern wir dasselbe Recht auf Sicherheit wie alle anderen Staatsbürger. Die zahlreichen Überfälle, deren Opfer wir sind, die ungeklärten Morde, die Polizei, die immer die Augen zudrückt, die Öffentlichkeit, die das alles normal findet («Na ja, die haben das so gewollt, die können ja auch was anderes machen«) – das alles ist unerträglich. Wir werden uns bewußt, daß wir auch Rechte haben. Eine von uns bringt das gegenüber den Journalisten so zum Ausdruck: »Wir sind volle Staatsbürgerinnen, keine Verbrecherinnen – in Frankreich ist Prostitution nicht kriminell. Die Geldbußen, die uns überhäufen, sind eine Mißachtung jeder Legalität. Eine von uns soll jetzt ins Gefängnis. Aber das werden wir nicht hinnehmen.«

Am 22. Mai erhält eine Frau das erste Urteil: zwei Wochen Gefängnis plus 2400 Francs Geldstrafe. Die nächsten treffen gleich danach ein. Um unmittelbar das Gefängnis zu verhindern, beschließen wir, daß die verurteilten Frauen – es sind drei – sich verstecken.

Wir wollen einen entscheidenen Schlag führen, damit alle Welt gezwungen ist, uns anzuhören. Aber gleichzeitig haben wir keine Lust, uns lächerlich zu machen. Wir wollen um jeden Preis unsere Würde bewahren, denn unsere Würde als Frauen und Mütter wollen wir anerkannt haben. Als erstes kommen wir auf die Idee, einen Generalstreik der Prostituierten in der Stadt auszurufen, und Presse und Fernsehen über unsere Protestaktion zu informieren, währenddessen sich ein paar von uns mit den vom Gefängnis bedrohten Frauen in einer Wohnung verbarrikadieren. Aber sehr schnell wird uns klar, daß die Polizei uns leicht mit Tränengasbomben dort herausholen und auf diese Weise die verurteilten Frauen mühelos verhaften kann.

Irgendeine schlägt vor, ein öffentliches Gebäude zu besetzen. Diese Idee wird verworfen, wir wollen die Öffentlichkeit nicht durch Gewaltanwendung gegen uns aufbringen.

Schließlich wirft eine in die Debatte: »Und eine Kirche? Niemand wird uns daran hindern, in einer Kirche Zuflucht zu suchen.« Jetzt geht es los.

Am 28. Mai unternahm der Vorsitzende des »Nid« einen erneuten Versuch, über den Polizeipräfekten eine Unterredung zwischen den Prostituierten und der Präfektur herbeizuführen. Er schickte eine Dokumentation mit, die wir am 15. Mai der Presse zur Information übergeben hatten. Der Präfekt antwortete wie folgt:

Lyon, 29. Mai 1975

Sehr geehrter Herr,

ich habe Kenntnis erhalten von den der Presse übergebenen Dokumenten des »Kollektivs der Prostituierten«, sowie der Acht-Punkte-Erklärung des Verbandes »Le Nid«.

Die Lektüre dieses zweiten Dokuments bestätigte meinen Eindruck, daß eine Begegnung zwischen dem Verband und mir von Nutzen sein könnte, sei es auch nur, um auf gewisse Gegebenheiten zu antworten oder bestimmte Behauptungen zurückzuweisen, die zumindest in ihrer Formulierung als unannehmbar zu bezeichnen sind, da sie den Staat, den ich vertrete, sowie die Polizei, der ich vorstehe, beleidigen. Ich füge hinzu, daß ich erstaunt bin, in diesem Dokument keinerlei Hinweis auf die unabdingbare Bekämpfung der Zuhälterei sowie auf die bedeutenden Summen zu finden, welche Zuhälter daraus abziehen.

Wenn es Ihnen unangenehm schien, ohne Beisein von Prostituierten mit mir über das Anliegen Ihres Verbandes zu sprechen, liegt das zweifellos daran, daß Sie diesen Personen a priori eine Art Kontrolle über Ihren Verband einräumen. In meinen Augen stellt sich ihre Rolle selbstverständlich ganz anders dar, von daher rührt mein Wunsch, meinerseits mit Ihnen zu sprechen. Zu meinem großen Bedauern haben Sie das nicht verstanden.

Was das Empfangen von Prostituierten betrifft, so möchte ich deutlich betonen, daß ich mich grundsätzlich keinem Dialog verweigere, aber niemand kann mir das Recht streitig machen, den geeigneten Moment oder die Ebene zu bestimmen, auf der diese Begegnungen stattfinden sollten, noch darüber zu urteilen, für wie repräsentativ ich meine Gesprächspartner halte.

Im Übrigen besteht kein Zweifel daran, daß ich die gegenüber Presse und Rundfunk schriftlich oder mündlich gemachten Erklärungen nicht für bare Münze nehmen kann, da vieles übertrieben, ungenau und tendenziös ist. Ich behalte mir deshalb vor, zu einem mir geeignet erscheinenden Zeitpunkt auf demselben Wege die notwendigen Richtigstellungen vorzunehmen, um die Öffentlichkeit objektiv und korrekt zu informieren.

Hochachtungsvoll
Paul Noirot-Cosson

Aber die Vorsitzenden des »Nid« blieben stur. Am 31. Mai wendet sich der nationale Vorsitzende in einem Schreiben direkt an den Justizminister. Ein letztes Mal versucht er, die Behörden auf die Repressionen gegen uns aufmerksam zu machen.

MOUVEMENT DU NID

31. Mai 1975

An den Herrn Justizminister,

im Anschluß an das Telephongespräch zwischen Louis Bour, dem Ehrenvorsitzenden des »Nid« und Ihrem sehr geehrten Herrn Staatssekretär, erlauben wir uns, Ihre Aufmerksamkeit auf die alarmierende und dramatische Situation zu lenken, in der sich die Prostituierten von Lyon derzeit befinden.

Angesichts dieser repressiven Politik gegen die vornehmlichen Opfer der Prostitution suchen wir seit zwei Jahren den Dialog mit Verantwortlichen auf allen Ebenen, um ihnen die von unserer Bewegung angestrebten Ziele darzulegen und zu protestieren gegen alles, was den Interessen der in erster Linie Betroffenen zuwiderläuft, namentlich gegen die Verschärfung dieser Repression.

Auf nationaler Ebene haben wir im Januar 1975 ein Gespräch mit Françoise Giroud, der Staatssekretärin für Frauenfragen, geführt und sind auf regionaler Ebene im Bereich Lyon bereits im April 1974 mit Vertretern der Verwaltung, der Justiz, der Polizei, des Polizeigerichts und des Finanzamts zusammengetroffen.

In jüngster Zeit und aus Anlaß der Haftbefehle wegen Strafrückfälligkeit haben wir den Polizeipräfekten von Lyon gebeten, eine Delegation aus Vertreterinnen der Prostituierten von Lyon und Mitgliedern des »Nid« zu empfangen. Da die Prostituierten nicht zur Anhörung zugelassen wurden, versuchen sie nunmehr mit anderen Mitteln, Öffentlichkeit und Behörden zu alarmieren, denn sie weigern sich, ins Gefängnis zu gehen.

Trotz dieser ausweglosen Situation im Bereich von Lyon setzt die Bewegung »Le Nid« jedoch Hoffnung in die Erklärungen bezüglich der Gefängnisstrafen, die Sie anläßlich der Vorstellung des Gesetzesentwurfs zur Strafrechtsreform abgegeben haben.

Wir möchten mit Ihnen nicht nur das Problem der Repression gegen Prostituierte besprechen, sondern ebenfalls alle anderen Probleme, für die Ihr Ministerium zuständig ist und die Personen betreffen, die zur Zeit als Prostituierte arbeiten oder ehemalige Prostituierte sind. Wir wären Ihnen daher sehr dankbar, wenn sie eine Delegation unserer Bewegung in Begleitung zweier Anwälte, die seit langem mit uns arbeiten, zu einer Audienz empfangen könnten.

Hochachtungsvoll
Michel DE VERCLOS
Nationaler Vorsitzender der Bewegung »Le Nid«

Während das »Nid« alle Register zog, organisierten wir unseren Streik.

Am Donnerstag dem 30. Mai hielten wir eine letzte Versammlung ab, zu der über hundert Frauen kamen. Alle waren einig, in eine Kirche zu gehen: wir meinten, da könnte uns die Polizei wenigstens nicht rausknüppeln. Wir hatten noch vier Tage, um unsere Aktion vorzubereiten. Wir wußten nicht, wie lange die Besetzung dauern würde, und wir mußten dafür sorgen, daß jemand auf unsere Kinder aufpaßte, daß die Pflegemütter benachrichtigt und im Voraus bezahlt wurden, sogar, daß unsere Hunde untergebracht waren.

Am Freitag dem 31. Mai um 17 Uhr trafen die Stadtteildelegierten im Büro der Lyoner Pazifisten die letzten Vorkehrungen. Anfangs hatten wir vor, die Kathedrale Saint-Jean zu besetzen. Schließlich entschieden wir uns für die Kirche Saint-Bonaventure, die mitten im belebten Stadtzentrum und nahe am Kiez liegt, und deshalb mehr besucht wird als die Kathedrale.

Auch die Streikposten mußten organisiert werden, denn noch waren nicht alle entschlossen, sich in der Kirche einzuschließen. In Lyon gibt es mehrere hundert »polizeibekannte« Prostituierte, wir mußten also so viele wie möglich benachrichtigen und ihnen erklären, wie wichtig es ist, die Arbeit niederzulegen und uns zu unterstützen. Wir hatten vor, zwei Truppen mit je neun Frauen auf die Beine zu stellen, die jeweils vierundzwanzig Stunden lang die Straßen im Zentrum und die Ausfallstraßen abfahren sollten. Die Truppen bestanden aus Freiwilligen.

Blieb noch zu klären, wie wir die Bullen täuschen konnten. Zwar sind wir alle Repressionen ausgesetzt, aber leider gibt es trotzdem einige, die für die Polizei spitzeln. Wir wußten das und mußten damit rechnen, daß alle unsere Pläne direkt bei der Polizei landeten. Wir wollten vermeiden, am Tage X vor der Kirche von einem muskelstrotzenden Empfangskomitee der Polizei begrüßt und am Zutritt gehindert zu werden.

Also haben wir gemeinsam mit dem »Nid« eine List eingefädelt. Offiziell blieb der Termin Montagmorgen neun Uhr vor dem »Grand Bazar«, einem Kaufhaus gegenüber der Kirche Saint-Bonaventure. Alle glauben das, einschließlich Journalisten und Polizei. Den wirklichen Ort wußten nur die Vorsitzenden des »Nid« und sechs von uns. Im letzten Moment hatten wir uns für die Kirche Saint-Nizier entschieden, die ein paar hundert Meter entfernt liegt.

In der Nacht von Sonntag auf Montag zogen die Mitglieder des »Nid« die Flugblätter ab, die wir auf unserer letzten Sitzung verfaßt hatten. Sie teilten auch ein paar zuverlässigen Journalisten den neuen Ort der Verabredung mit, baten sie jedoch, zunächst vor den »Grand Bazar« zu kommen und so zu tun als ob.

Das ganze Wochenende über grinsten die Polizisten hämisch, wenn sie in unserem Viertel die Runde machten. Sie waren ganz sicher, sie würden als Erste an Ort und Stelle sein, und freuten sich schon auf unsere Pleite. Sie malten sich schon aus, wie sie uns alle auf einmal einsammelten, bevor wir die Kirche überhaupt nur betreten konnten. Aber wir hatten allen Frauen geraten, in kleinen Gruppen zu zweit oder dritt und auf verschiedenen Wegen zu kommen. Kein Gesetz verbietet einer Frau, in eine Kirche zu gehen, selbst wenn sie nur eine gewöhnliche Prostituierte ist. So liefen wir also nicht Gefahr, wegen unerlaubter Ansammlung in der Öffentlichkeit angezeigt zu werden.

Die vom Gefängnis bedrohten Frauen waren in Sicherheit an einem Ort, den nur drei von uns kannten.

Ich möchte an dieser Stelle auf die bedeutende Rolle der Zeitung *Libération* hinweisen, die uns von Anfang an durch die Artikel ihres Korrespondenten Claude Jaget unterstützt hat. Er hat sein Möglichstes getan, um die Öffentlichkeit auf unsere Lebensbedingungen aufmerksam zu machen, und hat nie unsere Situation als Prostituierte in Form von zweideutigen Witzen oder irgendwelchen negativen Bemerkungen über uns ausgenutzt. Er hat als Einziger den Polizeiterror und unseren Kampf monatelang verfolgt.

Achtes Kapitel

In Saint-Nizier

I

Wenn wir Kirchen besetzen
bist du schockiert –
bigotte Kirchgängerin!
Du drohst uns mit dem Teufel.
Jetzt essen wir an deinem Tisch.
In Saint-Nizier!

II

Du rufst nach der Jungfrau,
steckst alle deine Kerzen an
und jammerst über die Sünde!
Aber für alle, die uns verachten,
Gibt es andere, die uns verstehen
In Saint-Nizier!

III

Jahrhunderte Schweigen
und Intoleranz
Wir waren daran gewöhnt
behandelt zu werden wie Tiere!
Jetzt gehen wir aufrecht
In Saint-Nizier!

IV

Mit Hilfe ihrer Knüppel
glauben die Bullen von Chirac,
von Ponia und Lecanuet,*
die Schlacht zu gewinnen!
Sie haben sich sehr geirrt
In Saint-Nizier!

V

Nichts bringt uns zum Schweigen!
Denn auf jeden Fall
kämpfen wir für das Recht,
das zu sein, was wir sind,
Frauen und keine Tiere
In Saint-Nizier!

*(Geschrieben von den Frauen in Saint-Nizier,
2. bis 10. Juni 1975)*

---

* Jacques Chirac, Ministerpräsident; Fürst Poniatowski, Innenminister; Jean Lecanuet, Justizminister.

Montag, 2. Juni

Seit sieben Uhr morgens wartet die Polizei einsatzbereit gegenüber der Kirche Saint-Bonaventure. Zu Fuß oder in Funkwagen, in Zivil oder in Uniform, kurz, kein Mitglied dieses Vereins fehlt beim Fest. Es ist ein frischer Junimorgen ... Sie warten nun schon seit zwei Stunden auf uns und haben ganz schön frieren müssen. Aber mir tun sie nicht gerade leid. Viele Neugierige haben sich ebenfalls auf dem Platz eingefunden. Die ganze Stadt ist auf dem Laufenden und wartet darauf, sich wieder einmal auf unsere Kosten köstlich zu amüsieren. Sie haben die Demonstration vom August 1973 noch gut in Erinnerung, die in einem totalen Durcheinander endete, und erwarten jetzt ein ähnliches Schauspiel.

Ich komme als eine der Ersten zum »Grand Bazar«. Die Freunde und Vorsitzenden des »Nid« sind schon da. Jetzt also kann die große Farce losgehen. Die Bullen lachen sich ins Fäustchen, als sie mich vollbepackt ganz allein in die Kirche gehen sehen. Sie vermuten, daß die anderen Frauen in letzter Minute Schiß gekriegt haben. Ich gehe hinein, komme wieder heraus, rede mit den Leuten vom »Nid« und mit den Journalisten, die freundlicherweise bereit sind, das Spiel mitzuspielen, damit die Polizei keinen Verdacht schöpft.

Während dieses Ablenkungsmanövers treffen die anderen Frauen auf verschiedenen kleinen Nebenstraßen ein und werden dort von den Mitgliedern des »Nid« und fünf anderen Frauen, die Bescheid wissen, gewarnt. Sie sollen den Platz nicht betreten, sondern unauffällig zur Kirche

Saint-Nizier weitergehen. Diese Kirche liegt mitten auf dem Kiez: auf diese Weise hätten die Bullen, falls sie sie sehen, vermutet, daß die Frauen zur Arbeit gehen.

Als die Polizei endlich merkt, daß irgendetwas faul ist, sind wir schon mit über sechzig Frauen in Saint-Nizier, eine nach der anderen mit Zustimmung von Pater Béal hineingeschlüpft.

Am Ende dieses ersten Streiktages sind wir über hundert Frauen in Saint-Nizier. Dafür, daß wir bloß dämliche Nutten sind und angeblich nicht mal lesen und schreiben können, haben wir uns geschickt aus der Affäre gezogen, nicht wahr? Vor der Kirche verteilen die Mitglieder vom »Nid« Flugblätter an die Passanten, in denen wir den Grund unserer Aktion erklären.

Als Aktionskollektiv der Prostituierten von Lyon hatten wir einen Brief an die Bevölkerung verfaßt:

GEJAGT VON DER POLIZEI HABEN SICH DIE PROSTITUIERTEN VON LYON IN DIE KIRCHE SAINT-NIZIER GEFLÜCHTET!

BRIEF AN DIE BEVÖLKERUNG

Hier sprechen Mütter. Frauen, die versuchen, ihre Kinder auf bestmögliche Weise allein großzuziehen, und die heute Angst haben, sie zu verlieren. Ja, wir sind Prostituierte, aber wir prostituieren uns nicht aus Lasterhaftigkeit: es ist das Mittel, das wir gefunden haben, um mit den Problemen des Lebens fertig zu werden.

Die Gesellschaft ist es gewöhnt, uns zu verurteilen und in ein Getto der Verachtung oder des Mitleids abzuschieben. Man hält uns für »schmutzige«, »anormale« Frauen, und gleichzeitig sagen die Leute: »Prostitution muß wohl sein.«

Weil sie »wohl sein muß«, verbietet sie das französische Gesetz nicht, und theoretisch sind wir freie Bürgerinnen wie alle anderen. Aber weil die Gesellschaft sich schämt, »uns zu wollen«, behandelt man uns wie Verbrecherinnen, wie jemanden, an dem die Polizei ihre ganze repressive Macht auslassen kann.

Soll das Ansehen der Polizei von Lyon wieder auf Hochglanz gebracht werden, das durch die Affäre von 1972 (Polizisten wurden als Zuhälter entlarvt) so stark gelitten hat? Will sich unser Innenminister hier zum Bürgermeister einer »sauberen« Stadt wählen lassen? Sollen wir so in die Enge getrieben werden, damit wir auch wollen, daß die Bordelle wieder aufgemacht werden, diese vielversprechende Einnahmequelle für den Staat? Auf jeden Fall hat er die Polizei von Lyon angewiesen, uns mit Bußgeldern aufzureiben (wir bekommen bis zu drei oder vier pro Tag zu jeweils 160 Francs: nicht gerade ein Verlustgeschäft für den Staat ...) und uns sogar *ins Gefängnis zu stecken.*

Seit ein paar Wochen werden wir, eine nach der anderen, vor die Polizeigerichte von Lyon und Villeurbanne geschleppt und wegen Strafrückfälligkeit gem. Artikel R 34 des Strafgesetzbuchs verklagt, in dem »zur Unzucht aufforderndes Verhalten« unter Strafe gestellt wird. Was ist das eigentlich für ein Verhalten? Was ist eigentlich Unzucht? Die Richter sind ziemlich unfähig, das zu beantworten, also werden wir zu Gefängnisstrafen verurteilt wegen des lächerlichen Vergehens, *Passanten männlichen Geschlechts angelächelt zu haben!*

WIR WERDEN NICHT INS GEFÄNGNIS GEHEN! Einige von uns müßten zur Zeit in Haft sein – wir haben sie dem Zugriff der Polizei entzogen und heute in einer Kirche Zuflucht gesucht. SIE WERDEN NICHT INS GEFÄNGNIS GEHEN! KEINE VON UNS WIRD INS GEFÄNGNIS GEHEN! Oder die Polizei muß schon ein Massaker veranstalten, wenn sie uns dahin schleppen will. Wir werden passiven Widerstand leisten.

Wir sind Opfer einer Politik der Ungerechtigkeit. Wir bitten euch nicht darum, Prostitution zu verteidigen, sondern zu verstehen, daß man nicht das Recht hat, uns so zu behandeln, wie man uns jetzt behandelt. Niemand hat je unter den Schlägen von Gummiknüppeln sein Leben geändert. Unterstützt uns gegen die Ungerechtigkeit, die uns zugrunderichtet! Dann erst können wir darüber reden, ob die Gesellschaft Prostitution braucht ...

Zur gleichen Zeit schickten wir folgenden Brief an den Staatspräsidenten:

Lyon, den 2. Juni 1975

Sehr geehrter Herr Staatspräsident,

wir sind Frauen, die sich prostituieren. Dem Gesetz nach sind wir keine Verbrecherinnen: wir sind also Bürgerinnen wie alle anderen. Trotzdem veranstalten Ihre Polizisten heute in Lyon eine Hetzjagd auf uns! Wir werden mit Bußgeldern überhäuft, deren rechtliche Grundlagen unhaltbar sind (allein die Tatsache, daß wir als Prostituierte bekannt sind, reicht aus, um uns wegen »zur Unzucht aufforderndem Verhalten« anzuzeigen), und jetzt werden wir sogar zu Gefängnisstrafen verurteilt!

Warum das alles? Was bezweckt Ihr Innenminister damit? Will er aus Lyon eine »saubere« Stadt machen, um das schlechte Bild seit der Lyoner Affäre von 1972 zu korrigieren (wegen Zuhälterei verurteilte Polizisten), oder um sich als Kandidat für das Bürgermeisteramt einzuführen? Will er uns in die Enge treiben, damit auch wir wollen, daß die Bordelle wieder aufgemacht werden, die ja eine interessante Einnahmequelle für den Staat sind? Das scheint uns doch wahrscheinlicher. Was den letzten Punkt betrifft, so sagen wir es Ihnen am besten sofort, Herr Präsident:

IN GESCHLOSSENE BORDELLE WERDEN WIR NIE GEHEN! WIR WERDEN UNS NIE ZU SEXBEAMTINNEN MACHEN LASSEN UND FÜR DEN STAAT GELD EINBRINGEN!

Bereits heute *ist der Staat der größte Zuhälter, den es gibt.* All diese Bußgelder (wir bekommen drei bis vier Bescheide pro Tag zu je 160 Francs), und diese Steuern, die man heute von uns »Frauen, die Unterhalt beziehen« oder »Gesellschaftsdamen« eintreiben will – wer profitiert davon eigentlich in Wirklichkeit?

Die französische Gesellschaft, die Sie, sehr geehrter Herr Präsident, vorgeben ändern zu wollen, muß ihre Verantwortung übernehmen. Wenn die Gesellschaft weiterhin sagt: »Prostituierte müssen sein«, dann ist es ungerecht, daß sie die Frauen, die sie dafür braucht, wie Verbrecherinnen behandelt, zusammenschlagen und einsperren läßt ...

Seit einigen Wochen werden wir eine nach der anderen von Polizeigerichten in Lyon und Villeurbanne zu Gefängnisstrafen ohne Bewährung verurteilt, nur wegen des Vergehens, *Passanten männlichen Geschlechts angelächelt zu haben!* Da sehen Sie, wie wir in einem Jahr, das zum »Internationalen Jahr der Frau« ausgerufen wurde, behandelt werden.

Sie sind, wie Sie selbst erklärt haben, »Präsident aller Franzosen«. Also sind Sie auch der Präsident der Prostituierten!

Heute haben wir in einer Kirche im Zentrum von Lyon Zuflucht gesucht, um die Frauen, gegen die ein Haftbefehl erlassen wurde, dem Zugriff der Polizei zu entziehen. Sie als Obersten Richter bitten wir, die Strafverfolgungen zu unterbinden, deren Opfer wir sind. Andernfalls wird die Polizei in der Kirche ein Massaker veranstalten müssen. KEINE VON UNS WIRD INS GEFÄNGNIS GEHEN, HERR PRÄSIDENT!

In der Erwartung eines Akt der Gerechtigkeit verbleiben

Hochachtungsvoll
Die »Prostituierten« von Lyon

Pater Béal stellt uns die zwei Sakristeien zur Verfügung und jetzt geht es darum, das Leben innerhalb der Kirche zu organisieren. Die Frauen sind überzeugt, daß in höchstens achtundvierzig Stunden alles vorbei sein wird und voller Hoffnung. Ich bin weniger optimistisch und denke, daß es eine Woche, oder zehn Tage dauern wird, bis die Behörden uns auch nur eines Blickes würdigen; ich habe oft die Streikberichte in den Zeitungen verfolgt und weiß daher, daß nicht immer alles so schnell gelöst wird. Bestimmt wird man versuchen, uns mit Warten aufzureiben.

Jede Frau richtet sich still in der Kirche ein, noch ein wenig eingeschüchtert von diesem Ort. Wir brauchen eine Ecke zum Schlafen, eine zum Essen und einen Vorrat an Kaffee. Die Frauen, die rauchen, haben eine Menge Konservendosen als Aschenbecher mitgebracht, um die Kirche sauber zu halten. Die ersten Stunden vergehen in allgemeiner Euphorie; außerdem haben wir viel zu tun. Aber mit der Zeit kommt allmählich die Angst. Die Frauen sind nicht gewöhnt, eingesperrt und untätig zu sein, und das Warten macht sie nervös. Ich glaube, für viele von uns war die erste Nacht entsetzlich. Ich wirke ruhig, ich bin nicht so bedrückt. Meine Jahre im Gefängnis haben mich gelehrt, Untätigkeit und Mangel an Bequemlichkeit ebenso zu ertragen wie das Zusammenleben in einer Gruppe, aber andere Frauen leiden sehr darunter.

An diesem ersten Tag muß ich die Tour durch die Stadt mitmachen, damit draußen weitergestreikt wird und die auf dem Stadtring arbeitenden Frauen über unsere Aktion informiert werden. (Die Prostituierten in den Außenbezirken sind spezialisiert: sie machen es ausschließlich mit dem Mund. Die anderen behandeln sie von oben herab, und halten sie ein bißchen für Amateure. Im Grunde genommen schützen sich diese Frauen nur, indem sie so wenig wie möglich hergeben: ihr Körper gehört ihnen, da kommt kein Freier ran.) Wir müssen sie davon überzeugen, auch die Arbeit niederzulegen oder zu uns in die Kirche zu kommen. Aber die Gespräche darüber sind nicht immer ruhig. Wir sind alle etwas nervös und aggressiv, etwas zuviel für meinen Geschmack. Vor allem kann ich mich nicht mit dieser Aufpasserrolle anfreunden. Es hat mich schon immer gestört, daß ich so groß bin, weil das auf den ersten Blick Angst auslöst. Und es behindert meine Beziehungen zu den Frauen, die wir ansprechen.

Wir haben uns heute auf einen harten Kampf gegen die polizeilichen Repressionen eingelassen, darüber bin ich mir völlig im Klaren, aber ich will weitergehen. Für mich geht es nicht nur um die Schikanen der Bullen, ich kämpfe mit dieser Aktion gegen jede Form von Unterdrückung und Ungerechtigkeit an. Deshalb komme ich auch mit meiner Rolle als Streikposten nicht zurecht. Ich fühle mich nicht befugt, anderen Frauen meinen Willen aufzuzwingen. Ich will gern versuchen, sie zu überzeugen, aber Disziplin durchsetzen, das nicht. Ulla ist da viel resoluter als ich. Und sie hat recht, denn ihr ist es zu verdanken, wenn viele schüchterne und zögernde Frauen bis zum Schluß durchgehalten haben. Ich kann einfach nicht mit der Faust auf den Tisch schlagen. Deswegen trete ich noch am selben Abend meinen Posten an eine andere Frau ab und beschließe, in der Kirche zu bleiben.

Gleich am ersten Morgen der Besetzung machen wir eine Versammlung und entwerfen einen Brief an Kardinal Renard, den Bischof von Lyon, in dem wir ihn bitten, zu unseren Gunsten zu intervenieren und uns nicht aus der Kirche zu verjagen. Wir fordern von ihm das Asylrecht, das Pater Béal uns so spontan gegeben hatte. »Vielleicht sind die Leute schockiert und vielleicht sind Sie es auch«, schreiben wir in unserem Brief, »aber kann es für Christen überhaupt »schmutzige« Frauen geben und darf eine Kirche keine Zufluchtsstätte für Prostituierte sein?«

Schon bevor wir die Kirche besetzt haben, hatten wir gegenüber Vertretern der Presse erklärt, daß wir uns an die Staatssekretärin für Frauenfragen, Françoise Giroud, wenden wollen, um ihr unsere Probleme darzulegen.

Die Antwort läßt nicht lange auf sich warten. Noch an diesem Montag, bevor wir sie noch selber darum gebeten haben, lehnt Madame Giroud es ab, uns zu empfangen. »Das liegt nicht in meinem Zuständigkeitsbereich, sondern in dem des Innenministers«, erklärt sie. Ist Herr Poniatowski demnach etwa auch Staatssekretär für Frauenfragen? Wieder einmal werden wir behandelt wie Verbrecher und Unruhestifter, jedenfalls nicht wie Frauen.

Die Polizei grinst nur hämisch: Polizeipräfekt Noirot-Cosson, der sich im Mai geweigert hatte, uns zu empfangen, erklärt jedem, der es hören will, daß unsere Bewegung nicht weit kommen wird: »Wenn man sich ansieht, von welchen Organisationen Unterstützung kommt, kann man sich genau ausmalen, was daraus wird«, sagt er. »Aber ich will dazu keine Stellung beziehen, ebensowenig wie ich beabsichtige, das Vorgehen der Polizei gegenüber diesen Personen zu ändern.«

Einmal mehr benutzen diese Leute, die ja doch viele Zuhörer haben, ihren Einfluß, um uns für nichtig zu erklären. Das bestätigt im Nachhinein, daß es richtig war, uns für eine spektakuläre Aktion zu entscheiden. Mit der Polizei von Lyon wäre nie ein Dialog möglich gewesen.

Dienstag, 3. Juni

Fast keine von uns hatte geschlafen und wir sehen nicht gerade frisch aus. Um sieben Uhr stehen schon wieder die Bullen vor der Kirche und sind felsenfest davon überzeugt, daß wir uns jetzt enttäuscht geschlagen geben, unsere Sachen packen und gehen. Aber sie haben sich verrechnet. Sobald die Betten gemacht und die Kapellen aufgeräumt sind, die uns als Schlafraum dienen, halten wir eine Sitzung ab. Wir einigen uns auf Folgendes: wir müssen uns ganz locker und munter geben, um denen, die draußen auf uns warten, keinen Gefallen zu tun. Und tatsächlich kommen wir auch blitzartig wieder zu Laune, dank der Leute aus der Nachbarschaft. Gewöhnlich als ehrbar bezeichnete Frauen klopfen an die Tür der Sakristei und bringen uns ein phantastisches Frühstück mit Kaffee, Weißbrot, Butter und Hörnchen, die von einem Bäcker gestiftet wurden. Aber vor allem bringen sie uns Körbe voll Blumen, um uns Mut zu machen.

Wie können wir diesen Frauen für ein solches Geschenk danken? Sie sind die Ersten, die uns zeigen, daß wir für sie nicht Aussätzige sind, sondern Frauen wie sie selber. Das ist eine Riesenfreude! Auf uns aufmerksam machen, ja, das hatten wir gewollt, aber solche Sympathiebekundungen, nein, daran hatten wir nicht zu denken gewagt. Die Leute sind nett zu uns: Was für eine Entdeckung! »Das ist unglaublich. Auf einmal steht nicht mehr das Geld zwischen mir und den Leuten«, sagt eine von uns. »Ich dachte, sowas gibt es gar nicht mehr.«

Nach all diesen Geschenken bin ich nach draußen zu den Bullen von der Sitte gegangen und habe mich derart gelassen und lächelnd mit ihnen unterhalten, wie es viele von uns damals noch nicht geschafft haben.

Pater Béal hat uns alle Zeitungen gekauft, und wir reißen sie ihm aus der Hand, um zu lesen, was über uns berichtet wird. Und wirklich, niemand, zumindest in der regionalen Tagespresse, nimmt uns so ganz ernst. Nur *Libération* widmet uns die Titelseite mit der Überschrift: »Die Freudenmädchen im Hause des Herrn«. Ein paar von Claude Jagets Sätzen machen uns Mut: »Die Mauer des Schweigens ist durchbrochen. Dies ist ein erster, unbestreitbarer Sieg.« *Le Monde* berichtet in einem langen Artikel über uns, bringt uns jedoch in der Rubrik »Vermischtes«.

Draußen auf dem Vorplatz kommen und gehen die Schaulustigen. Es wird lebhaft diskutiert und jeder sagt seine Meinung – dafür oder dagegen. Trotzdem bleiben wir in erster Linie Prostituierte. Die Wohlwollendsten erklären: »Lassen Sie doch diese armen Frauen in Ruhe, sie werden noch gebraucht. Die Bordelle müssen wieder aufgemacht werden, dann ist alles in Ordnung.«

Die Bordelle wieder aufmachen? Das kommt garnicht in Frage. Wir alle sind entschieden dagegen. Wir wollen keine Fließbandarbeiterinnen für den Geschlechtsverkehr werden, keine lebenden Toten. Das Beispiel der Hotels in Paris-Barbès reicht.

Das Mitleid der Leute wollen wir genauso wenig. Es ist doch ein Skandal, wenn das einzige Argument zu unserer Verteidigung darin besteht, daß wir »nötig sind«. Was ist das für eine Gesellschaft, die die Arbeit von Frauen auf dem Strich mit ihrer eigenen sexuellen Misere rechtfertigt. Was nützen uns Mitleid und Toleranz, wenn wir nicht als Frauen anerkannt werden? Diese Leute halten sich für vorbildlich, weil sie uns nicht verurteilen, trotzdem sind wir für sie nichts weiter als Schrott, Abfall oder Sicherheitsventile. Und das tut weh.

Und die, die gegen uns sind, halten mit ihrer Meinung nicht hinter dem Berg: »Eine Schande ist das! *Sowas* in einer Kirche! *Sowas* ist Mutter! *Sowas* gehört ins Gefängnis, aber schnell! Ich wollte gerade beten und jetzt kann ich nicht hinein. Das ist ein Skandal! Das ist einfach ekelhaft!« Diese Leute wundern sich, mit welchem Recht wir hier das Wort ergreifen, denn schließlich tut doch alle Welt ihr Bestes, um uns zu ignorieren, auf daß ein jeder ruhig schlafen kann! Wir reden über unsere Kinder. Aber nur ehrbare Frauen haben ein Recht auf Kinder! Und vor allen Dingen, wie können wir es überhaupt wagen, eine Kirche durch unsere Anwesenheit zu entweihen?

Liebe sogenannte Christen, wir ergreifen das Wort mit dem Recht, das jedem Bürger zusteht, weil wir keine andere Wahl haben. Weil wir Liebe brauchen, weil wir Kinder haben, die wir auf bestmögliche Art erziehen wollen. Wie jeder andere Christ kommen wir in diese Kirche nicht aus Hochmut, sondern um Gott zu bitten, daß er uns hilft und uns liebt, wie er Maria Magdalena geliebt hat. Wir haben nicht das Gefühl, daß wir damit irgendetwas entweihen.

Haben nur die Frauen das Recht zu beten, die schlecht über ihre Nächsten sprechen, Gerüchte in die Welt setzen, um jeder Frau die Lebensmöglichkeiten zu zerstören, die ihnen nicht paßt? Gehört die Kirche den Frauen, die ihren Kindern verbieten, mit kleinen Schwarzen oder Arabern zu spielen? Oder denen, die über Juden herziehen, zum Ruhme unseres allmächtigen Herrn? Gibt es für die Frauen einen auserwählten Platz, die dem Armen kein Brot geben und die über Gut und Böse richten, wie es nicht einmal der von ihnen angerufene Gott selbst täte? Er, so scheint es, ist Vergebung und Liebe. Also warum sollen ausgerechnet wir nicht ein Recht haben, in eine Kirche zu gehen, wo doch gerade wir die menschliche Verzweiflung zu gut kennen, um uns zu erlauben, über andere zu richten?

Ich habe noch nie so viele Frauen gesehen, die urplötzlich das Bedürfnis verspürten zu beten wie in den Tagen, als wir in der Kirche Saint-Nizier waren. War das Gläubigkeit? Neugier? Wollten sie nur ihren Haß auf uns stillen? Ich möchte darüber lieber keine Meinung äußern.

Dieser Dienstag geht ganz von selbst in aller Ruhe und bester Ordnung vorüber. Die meisten Frauen entdecken das Leben in einer Gemeinschaft, es herrscht eine Stimmung wie im Campinglager, die Hausarbeit wird untereinander aufgeteilt. Alles geschieht ohne Reibereien. Jede schnappt sich mal einen Besen, kocht Kaffee, wäscht ab oder macht sich selber auf kleinstem Raum zurecht. Wir merken, daß wir untereinander eine gewisse Disziplin brauchen, wenn wir durchhalten wollen. Aber keine hat der anderen Befehle gegeben, keine hat von einer anderen irgendetwas gefordert. Wie durch ein Wunder blieb die Kirche immer sauber: kein Stück Papier und keine Kippe bleibt auf dem Boden, trotz des riesigen Besucherandrangs. Unsere Sachen sind aufgeräumt und in den Kapellen verstaut. Für Besucher gibt es immer eine Tasse Kaffee aus der riesigen Thermoskanne, die uns die Leute aus dem Viertel gebracht haben. Über den Eingang der Kirche haben wir ein Spruchband gehängt, auf dem steht:

»UNSERE KINDER WOLLEN NICHT, DASS IHRE MUTTER INS GEFÄNGNIS GEHT.«

An der Tür halten immer zwei oder drei Frauen abwechselnd Wache. Die Besucher werden immer zahlreicher; zuerst kommen Journalisten, dann Stadtteilgruppen, Feministinnen und Leute aus pazifistischen Organisationen. Sie alle bekunden uns ihre Sympathien, sie kommen, um uns zu helfen und uns zu unterstützen. Wir bekommen nicht nur Nahrungsmittel (ein Wirt aus der Umgebung stiftet sogar Erdbeeren), sondern sogar das Angebot, für uns Musik zu machen, Filme zu zeigen und Bücher zu schicken.

Angesichts der Weigerung von Françoise Giroud, uns zu empfangen, stellt Ulla nachmittags bei einer Versammlung die Frage, ob wir uns nicht an den Arbeitsminister Durafour wenden sollen. Wir brauchen unbedingt einen Gesprächspartner in der Regierung, und zwar nicht den Innenminister; Herr Poniatowski, nein danke! Die Frage bleibt offen. Der Tag vergeht mit Radiohören und Diskussionen mit Journalisten.

An diesem Abend beantwortet Kardinal Renard unseren Brief in Form einer Erklärung. Er unterstreicht seine Solidarität mit dem »Nid«, das von vielen Leuten heftig angegriffen wird, weil es für uns Partei ergriffen hat. Er erklärt: »Die Kirche ist eine Stätte des Gebetes und kein öffentliches Diskussionsforum. Aber wir alle müssen uns die Frage stellen: Was hat diese Frauen, von denen die meisten Mütter sind, dazu gebracht?« Trotz seiner Erklärung reißen die anonymen Telefonanrufe in der Pfarrei nicht ab. Pater Béal erhält sogar Drohbriefe. Ein anonymer Anrufer fordert, daß wir bis morgen mittag um 12 Uhr die Kirche räumen, sonst würde es mit Gewalt passieren. Es hat sich allerdings nie jemand blicken lassen. Wir warten noch immer auf diese mutigen Weltverbesserer, die sich nicht getraut haben, ihren Namen zu nennen.

Abends sind die meisten Frauen erschöpft von der nervösen Anspannung und alle gehen früh schlafen. Entscheidendes hat sich nicht ereignet, wir müssen warten und durchhalten.

Mittwoch, 4. Juni

Es kommen immer mehr Presseleute, und nur daran können wir sehen, welches Aufsehen unsere Aktion erregt. Im übrigen bleibt die Situation unverändert. Niemand aus der Regierung will etwas von uns wissen.

Ulla übernimmt es, die Fragen der Zeitungen und Rundfunkstationen mit nationaler Verbreitung zu beantworten. Die Journalisten von Regionalzeitungen, Wochenzeitschriften und linken Blättern und die ausländischen Korrespondenten schickt sie zu mir. Mein erstes Interview ist für einen englischen Fernsehsender. Ich gerate ein bißchen in Panik! Kurz darauf treffen italienische Journalisten ein ... mit Bonbonnieren.

Sehr bald kommen auch Frauen der verschiedensten feministischen Richtungen. Ich bin überrascht, wie viele sie sind. Ich hatte nicht gewußt, daß die Frauenbewegung in Frankreich so groß ist. Die Prostituierten in anderen Städten kommen jetzt auch langsam in Bewegung. Morgens trifft eine Delegation aus Marseille ein, fünfzig Frauen, die aus Solidarität mit uns in der Kirche bleiben wollen.

In der Presse stand, daß ein paar von uns an diesem Tag von Nicole Pasquier empfangen wurden, einer Abgeordneten im Département Rhône-Alpes und zuständig für Frauenfragen, und von Madame Ruby, der stellvertretenden Ratspräsidentin im Département Rhône. Das ist falsch. Madame Pasquier hat Vertreter des »Nid« empfangen, die zu unseren Gunsten bei ihr intervenieren wollten, aber nicht uns. Niemand wollte uns, wir waren wie die vergifteten Pralinen, die einer dem anderen zuschob. Der Polizeipräfekt lehnte hartnäckig jede Unterredung ab. Er würde warten, bis die Kirche geräumt wäre, erklärte er. Also, bis wir wieder vereinzelt und verletzbar wären. Da konnte er lange warten! Monsieur Pradel seinerseits, Bürgermeister von Lyon, beginnt ein riesiges Täuschungsmanöver, damit er uns irgendwann in »Eros-Center« einsperren kann, von denen er schon so lange träumt. Bei uns heißen sie bald »Maison Pradel«. Er behauptet, wir hätten ganz recht, das Gesetz sei heuchlerisch uns gegenüber. Im Klartext: »Legalisieren wir Prostitution, dann fallen die uns nicht mehr auf die Nerven ...«

In den Zeitungen sind leichte Veränderungen zu bemerken: *Le Monde* würdigt uns jetzt in der Rubrik »Gesellschaft«. Wir danken für diese Beförderung! In der Presse setzt sich allmählich die Meinung durch, daß diese Affäre sich nicht auf eine Quelle der Erheiterung reduzieren läßt, sondern daß wir möglicherweise an ein Grundproblem gerührt haben.

Die gesamte linke und linksradikale Presse reißt sich darum, uns zu besuchen. Die politischen Parteien würden gern unsere Beweggründe verstehen. Warum haben wir uns zu einem solchen Kampf entschlossen? Nur eins macht ihnen Probleme: wenn sie uns unterstützen, setzen sie sich womöglich in die Nesseln ...

Ein Journalist sagt mir: »Aber ... Sie können ja reden!« Und dann fügt er hinzu: »Haben Sie nach diesen drei Tagen keine Schwierigkeiten mit den Frauen, so ganz ohne Männer? Und die Drogenabhängigen? Die Alkoholikerinnen? Was machen Sie denn mit denen?« Dieser brave Mann hatte nur gutgläubig das Bild der Prostituierten übernommen, das ihm seine gute Erziehung eingetrichtert hatte. Eine Nutte ist Analphabetin, Nymphomanin und rauschgift- und alkoholsüchtig. Ich konnte mich einfach nicht zurückhalten, ich mußte ihm voll ins Gesicht lachen.

Und trotzdem war die Sache ernst: wir machten den Leuten zu schaffen, weil wir ihnen ein ganz anderes Bild von uns zeigten, als das der klassischen Prostituierten, aber selbst als sie direkt mit der Nase daraufgestoßen wurden, wollten sie die Wahrheit nicht sehen.

Ja, viele von uns waren sogar auf dem Gymnasium. Nein, keine der hundertsiebzig Frauen in Saint-Nizier hat während dieser zehn Tage Klausur versucht, einen Journalisten oder einen Besucher zu vergewaltigen! Und keine hat unter Entzugserscheinungen gelitten.

Dieses Eingeschlossensein war tatsächlich schwierig, aber das lag vor allem an der Angst vor dem Morgen und dem Warten auf Nachrichten.

Bis jetzt haben wir mit all unseren Bemühungen noch nichts erreicht, und die Sitzung an diesem Abend verläuft etwas traurig. Aber wir sind entschlossen hierzubleiben und wir müssen uns gegenseitig Mut machen, denn viele Frauen sind es nicht gewöhnt, eingeschlossen zu sein und werden schlecht fertig mit der Untätigkeit. Und so spielt jede von uns ein bißchen die optimistisch-lockere Komödie.

Am Ende des Tages sind wir völlig erschöpft. Wir gehen schon um neun Uhr schlafen, so können wir am nächsten Morgen um sechs Uhr eine Vollversammlung abhalten, auf der wir das Vorgehen für den Tag beschließen werden.

Donnerstag, 5. Juni

Heute sind wir zweihundertvier Frauen in der Kirche. Eine Delegation von Frauen aus Paris hat in den frühen

Morgenstunden an die Kirchtür geklopft und uns ein von fünfzig Pariser Prostituierten unterzeichnetes Solidaritätsschreiben überbracht. Allmählich wird uns bewußt, daß unsere Bewegung in allen großen Städten Frankreichs verfolgt wird. Es geht inzwischen gar nicht mehr nur um das Verhalten der Polizei in Lyon, sondern ganz allgemein um die Lebensbedingungen der Prostituierten in unserem Land. Auch die Frauen aus Grenoble kündigen uns ihre Unterstützung an und schicken uns 2000 Francs für die Streikkasse. Frauen aus Südfrankreich kommen, um uns zu sagen, daß sie auf unserer Seite sind. Wir merken, daß wir immer mehr werden, auch wenn der Staat sich weiterhin taub stellt. An diesem Tag bricht bei uns die Wut aus: wir erfahren, daß zehn von uns zu Haftstrafen verurteilt worden sind. Die Justiz hat keine Zeit verloren, während wir uns in Sicherheit gebracht haben.

Ulla gelingt es an diesem Tag, von Kardinal Renard und Bürgermeister Pradel empfangen zu werden. Aber sie kommt zurück ohne eine klare Antwort, lediglich mit Angeboten der Vermittlung zwischen der Polizei und uns. Aber das will nicht viel heißen.

Den ganzen Tag über habe ich mich mit Besuchern unterhalten, die verstehen wollen, was uns zu dieser Aktion geführt hat. Allen habe ich verständlich zu machen versucht, wie man dazu kommt, sich zu prostituieren, indem ich ihnen aufzeigte, daß in unserer Gesellschaft die Frau das beste Tauschmittel überhaupt ist. Manche habe ich schokkiert, indem ich erklärte, daß viele Frauen sich prostituieren, nicht nur auf dem Strich: die Frau, die mit ihrem Vorgesetzten schläft, um eine Gehalterhöhung oder eine Beförderung zu bekommen, die Frau, die zwar nicht bis ins Bett geht, aber weitgehend ihren Körper einsetzt und sich aufreizend gebärdet, ohne dabei alles zu geben oder zu verkaufen. Ich sprach auch über die Frauen, die sich Kino oder Essengehen nicht leisten können. Sie sind bereit, die Nacht mit dem zu verbringen, der sie nett ausführt und ihnen mal etwas anderes bietet als ihr tägliches Würstchen mit Kartoffelsalat. Ich erzählte von den Frauen aus den Vorortsilos, die den Kaufmann am Monatsende mit ihrem Körper bezahlen, und von den Ehemännern, die so tun, als ob sie nichts sehen, denn ihr Lohn ist zu niedrig und die Kinder sind zu zahlreich. Ich habe auch die Frauen zitiert, die einen Freund haben, der zwar schon etwas alt ist, klar, aber dafür um so größzügiger.

Und als ich fertig war mit meiner Aufzählung, schaute ich den Leuten offen ins Gesicht, und sie wichen meinem Blick aus. Manche erwiderten: »Ja, das stimmt, die Frauen sind oft dazu gezwungen, sich zu Nutten machen zu lassen.« Andere schrien empört: »Aber das ist doch nicht dasselbe! Diese Frauen sind verheiratet, sie lungern nicht auf der Straße herum und vor allem nehmen sie nicht Männern dafür Geld ab.«

Das war der Punkt. Das Geld, das von Hand zu Hand geht, jenes Zeichen der Prostitution, brandmarkt eine Nutte als infam. Das Geld jedoch, das indirekt gegeben wird, bekommt den Namen Geschenk: das ist die große Rechtfertigung für das gute Gewissen, für die Heuchelei. Ich persönlich sehe keinen großen Unterschied zwischen einer Frau, die 200 Francs mehr auf ihrem Gehaltsstreifen hat oder die ihr Essen im Restaurant nicht selber bezahlen muß, und einer, die bares Geld bekommt. Die Zahlungsweise ist unterschiedlich, aber in allen Fällen hat die Frau akzeptiert, daß ihr Körper eine Ware ist, die sich verkaufen läßt.

Ich wies auch darauf hin, daß eine verheiratete Frau sich immer viel mehr erlauben darf. In ihrem Fall nennt man die Dinge nicht so beim Namen. Sie wird geschützt durch den Namen ihres Mannes, ihr gesteht man einen größeren Freiraum zu als einer alleinstehenden Frau. In der Bibel steht: »Wer viel gesündigt hat, dem wird viel verziehen werden.« Die Gesellschaft dagegen sagt: »Euch, die Ihr verheiratet seid, wird alles verziehen.«

Ich verurteile niemanden, sondern möchte nur feststellen, wie heutzutage die Situation der Frau ist. Und ich habe Mitleid mit allen Frauen, die unter dem Deckmantel der Legalität gezwungen werden, einem Mann zur Verfügung zu stehen, den sie weder begehren noch lieben. Ich bedaure das junge Mädchen, das heiraten muß, weil sie schwanger wurde, und den Mann nicht liebt. Die Frau, die jeden Samstagabend die ganze Männlichkeit ihres Gatten über sich ergehen lassen muß, damit er sich Sonntags auf seinen Lorbeeren ausruhen kann. Die Frau, die auf dem Rücken liegt und wartet, daß der Herr drübersteigt, denn mehr als drübersteigen tut er nicht ... Zwei Minuten und alles ist erledigt.

Diesen Frauen sage ich: auch ihr seid irgendwie Prostituierte der Potenz des Mannes, und ihr tut mir leid, denn ich habe lieber mehrere Freier zu zwei Minuten als immer denselben Mann, der sich ein Leben lang wie ein Freier aufführt.

Meine Schlußfolgerungen haben bei den Besuchern oft aggressive Reaktionen ausgelöst. Sie hielten sie für Provokationen und vor allem konnten sie nur mühsam zulassen, daß eine einfache Prostituierte ihnen solche Dinge ins Gesicht sagt. Aber ich kämpfte zum ersten Mal in meinem Leben um meine Würde als Frau, um die Würde aller meiner Kolleginnen, und ich dachte nicht daran, meine Zeit mit Diplomatie zu vergeuden.

Am Ende des Tages kommt noch eine gute Nachricht. Siebzehn Frauen in Saint-Etienne sind aus Solidarität mit uns in den Streik getreten. Die Frauen aus Nizza kündigen an, daß sie ebenfalls am Wochenende die Arbeit niederlegen werden. Die Bewegung breitet sich sehr rasch aus. Auf unserer abendlichen Sitzung ziehen wir Bilanz. Trotz der Müdigkeit und all der Probleme, vor die uns die Dauer der Besetzung stellt, sind wir in bester Stimmung. Wir spüren, daß unsere Bewegung nicht nur ein kleiner Zwischenfall bleiben wird. Sie hat jetzt nationale Ausmaße angenommen und rührt an grundsätzliche Probleme. Am Ende der Sitzung schreiben wir ein zweites Flugblatt, in dem wir unsere Forderungen aufstellen.

DIE PROSTITUIERTEN VON LYON
(und inzwischen auch anderer Städte Frankreichs)
FORDERN IM NAMEN DES GESETZES FREIEN ABZUG AUS DER KIRCHE SAINT-NIZIER

ZWEITER BRIEF AN DIE BEVÖLKERUNG

Na und, ja! So unglaublich das auch klingen mag, im Namen der vollständigen Anwendung des derzeit in Frankreich gültigen Gesetzes verlangen wir, diesen Zufluchtsort verlassen zu können.

Zum ersten Mal haben wir uns endlich bei einem großen Teil der Bevölkerung Gehör verschaffen können. Unaufhörlich treffen Solidaritätserklärungen ein, Prostituierte aus anderen Städten Frankreichs schließen sich uns an; all das erlaubt uns, unsere Aktion mit Würde fortzusetzen.

Von jetzt an kann uns nichts und niemand mehr einschüchtern. Unsere Bewegung ist nicht mehr aufzuhalten, wir stehen an einem Wendepunkt in der Geschichte der Prostitution und werden uns, um die Kirche verlassen zu können, keiner Drohung beugen.

Unsere unmittelbare Forderung stützt sich auf nicht mehr und nicht weniger als die französische Rechtsprechung, die in unserem Fall bisher nicht respektiert wurde. Tatsächlich sagt das Gesetz:

I. DIE PROSTITUTION STELLT KEINE STRAFBARE HANDLUNG DAR. Also, warum dann Gefängnisstrafen für die Frauen, die ihr nachgehen? Wir können nicht oft genug wiederholen, die meisten von uns sind in erster Linie Mütter und unsere Kinder wollen uns nicht im Gefängnis sehen! Diese Zwickmühle »Billigung der Prostitution – Repression« muß aufhören. Wer letztendlich doch »für« die Prostitution ist, darf nicht gleichzeitig zulassen, daß die Prostituierten einer ganzen Stadt bestraft werden, nur damit die öffentliche Moral ihr Gesicht wahren kann! WIR VERLANGEN ALSO VOM JUSTIZMINISTER ODER SEINEN VERTRETERN DIE FESTE ZUSAGE, DASS WIR

NICHT MEHR WILLKÜRLICH ZU GEFÄNGNISSTRAFEN VERURTEILT WERDEN.

2. GELDBUSSEN KÖNNEN GEGEN PERSONEN VERHÄNGT WERDEN, DEREN VERHALTEN GEEIGNET IST, ZUR UNZUCHT ZU VERLEITEN. Wir sprechen der Polizei nicht das Recht ab, ein solches Verhalten zur Anzeige zu bringen. Aber es wäre immerhin angemessen, dieses Verhalten gebührend zu definieren und endlich mit der Gleichsetzung »Prostitution« und »Unzucht« aufzuhören. Prostitution ist, wir wiederholen es noch einmal, keine strafbare Handlung. DESHALB FORDERN WIR, DASS WIR NICHT MEHR WEGEN ANLÄCHELNS EINES PASSANTEN BESTRAFT WERDEN UND DASS JEDE ZUWIDERHANDLUNG, DERER MAN UNS BESCHULDIGEN KÖNNTE, KLAR UND DEUTLICH DEFINIERT UND VON EINER KORREKTEN ÜBERPRÜFUNG DER PERSON BEGLEITET WIRD.

3. PROSTITUIERTE DÜRFEN KEINERLEI DISKRIMINIERUNG AUSGESETZT SEIN. Deswegen fordern wir, mit demselben Respekt behandelt zu werden wie jeder andere Bürger.

4. DIE BORDELLE SIND ABGESCHAFFT. Sie wieder aufzumachen, in der Form von »Eros-Centern« oder ähnlichem, kommt folglich nicht in Frage. Wie wir bereits dem Staatspräsidenten geschrieben haben: WIR WERDEN ES NIE ZULASSEN, SEX-BEAMTINNEN MIT BESCHRÄNKTER FREIHEIT ZU WERDEN!

5. UNTERSTÜTZENDE MASSNAHMEN SIND VORGESEHEN ZUR WIEDEREINGLIEDERUNG VON FRAUEN, DIE AUS FREIER ENTSCHEIDUNG DIE PROSTITUTION VERLASSEN.

Wie wir jedoch aus Erfahrung wissen, wird diese Wiedereingliederung äußerst schwer gemacht. *Hiermit protestieren wir auf das Schärfste dagegen, daß diese Erlasse* (Verordnungen von 1960) *nicht angewandt werden.*

IM NAMEN DES GESETZES: GEWÄHREN SIE UNS FREIEN ABZUG AUS DER KIRCHE SAINT-NIZIER, ALS FRAUEN DIE WIR SIND UND ALS DIE, DIE FÜR IMMER EIN SYMBOL UNSERER ALLER BEFREIUNG SEIN WERDEN!

Geschrieben in der Kirche Saint-Nizier in Lyon
am 5. Juni 1975

Freitag, 6. Juni

Heute kommen die Meldungen aus Marseille. Die Frauen, die zu uns nach Lyon gekommen waren, haben auf ihrer Rückreise beschlossen, unserem Beispiel zu folgen. Sie haben in der »Eglise des Réformés« um Asyl gebeten, und bald sind dort mehr als hundert Frauen. Ebenso besetzen fünfzig Frauen in Grenoble die Kirche Saint-Joseph. Schließlich scheint sich auch in Montpellier eine ähnliche Bewegung abzuzeichnen. Wir blicken nicht mehr so recht durch, eine solche Massenbewegung bringt uns ganz durcheinander, zumal wir bisher derart an Isolation und Unterwerfung gewöhnt waren.

Die Presse veranstaltet weiter großen Wirbel und schickt ihre Journalisten. Die Kirche ist zu einem permanenten Diskussionsforum geworden. Aus Paris kommt eine alternative Videogruppe und schlägt uns vor, draußen Monitore aufzustellen, auf denen unsere Gespräche für die Passanten übertragen werden können. Begeistert nehmen wir dieses Angebot an, denn es ist ein fabelhaftes Mittel zur Kommunikation mit den Leuten auf dem Vorplatz und eine viel direktere Informationsquelle als Zeitungsartikel. Das ganze Wochenende über sprechen alle, die wollen, vor der Kamera, sehen gemeinsam mit dem Team die Aufnahmen an und entscheiden, wie geschnitten werden soll. Ist der Film montiert, läuft er über die Monitore auf dem Vorplatz. Die Leute draußen sind sprachlos. Sie hatten sich vorgestellt, daß in dieser Kirche die schlimmsten Dinge passierten, und jetzt sehen sie ausgeglichene, einfach gekleidete Frauen, die ganz sachlich, ganz ruhig und vor allem verständlich sprechen. Die »Nutten« von der Straßenecke sind nicht wiederzuerkennen.

Um uns die Zeit zu vertreiben, kommt eine Mediengruppe, die im Kino »Le Canut« Stadtteilarbeit macht und zeigt uns jeden Tag Filme. Ich muß dazusagen, daß ich nicht einen davon sehen konnte, weil ich dauernd mit Leuten diskutierte. Aber was mich entsetzlich schockiert hat, sind die Sachen, die diese jungen Leute von den Gaffern auf dem Vorplatz zu hören bekamen, wenn sie aus der Kirche kamen: »Na, alles in Ordnung, wie oft habt ihr sie denn über den Altar gezogen?« und andere Gemeinheiten. Die jungen Männer sagten mir später, daß sie sich geschämt hätten, Männer zu sein, als sie solche Schweinereien von ihresgleichen hören mußten. In Wirklichkeit waren sie so nett und respektvoll uns gegenüber, daß wir sie wie Freunde empfanden.

Schon in den ersten Tagen kamen auch Musiker. Ich weiß noch genau, wie einer von ihnen hereinkam, sich wortlos auf den Boden setzte und aus einem großen Sack eine Menge seltsamer Instrumente herausholte. Dann fing er einfach an zu spielen. Die Frauen kamen ein bißchen schüchtern näher. Eine hatte angefangen, sich sanft im Rhythmus zu wiegen, eine andere hatte nach der Trommel gegriffen, eine dritte nach dem Tamburin. Ganz allmählich begannen die Frauen selber zu spielen und ihre eigene Musik zu einem Thema zu machen. Ich saß in einiger Entfernung und sah zu, wie meine Kolleginnen herbeikamen, zunächst mißtrauisch, nach einer Weile verwundert über diesen Jungen, der gar nichts von ihnen wollte und sie in Ruhe ließ. Bald wurden sie zutraulich und entspannt. Sie schienen glücklich zu sein, sie lachten ganz natürlich und ihre Härte war verschwunden. Ich hätte weinen mögen in diesem einzigartigen Moment, der nie wiederkommen wird. Ich dachte daran, daß manche diesen Moment von wirklichem, mit dem ganzen Körper und innig empfundenem Glück wieder würden vergessen müssen, weil die Erinnerung zu weh tat. Aber vielleicht haben ihn einige doch noch nicht vergessen.

An einem Abend, ich weiß nicht mehr wann, kamen die Musiker wieder, die meisten mit ihren Frauen, und organisierten in einer Sakristei ein Fest. Wir haben zwei Stunden lang getanzt. Dank ihrer haben wir wunderschöne Zeiten gehabt, in denen wir einfach lebten, unsere Probleme vergaßen und einfach nicht mehr daran dachten, daß wir zu den Aussätzigen gehörten. Wer hätte denn auch in diesem Kreis die berühmten »schmutzigen und verdorbenen Frauen« von den anderen unterscheiden können?

Während der ganzen Zeit rührt sich die Präfektur nicht. Ulla versucht, einen Verantwortlichen des Innenministeriums zu erreichen und ihn um eine Unterredung zu bitten. Wir warten immer noch auf einen Gesprächspartner. Auch an den Chef der Abteilung für Kriminalfälle im Justizministerium richten wir eine Bittschrift. Wir erhalten jedoch nur ausweichende Antworten. Schließlich entscheiden wir uns, Simone Veil, Gesundheitsministerin, um Vermittlung zu bitten. Vielleicht wird sie uns nicht so zurückweisen wie Françoise Giroud.

Eine Person hat ganz eindeutig für uns Partei ergriffen, Erzbischof Monsignore Etchegarray von Marseille. Er erklärt öffentlich: ». . . Es soll nur keiner sagen, die Prostituierten wollten im Grunde ja gar nicht davon wegkommen. Wenn ein Mädchen, das oft auch Mutter ist, überhaupt keine Möglichkeit hat, sich ein anderes Leben als diese Sklaverei zu wünschen oder überhaupt vorzustellen, dann sollten wir vor Scham über uns selbst erblassen. (. . .) Wir müssen uns vor allem darüber klar werden, daß die Prostituierten Opfer von gesellschaftlichen Unzulänglichkeiten sind, seien sie ökonomischer (Arbeit und Wohnung), sozialer (zwei Drittel sind alleinstehende Mütter), oder affektiver Natur (neunzig Prozent dieser Frauen sind nie geliebt worden).« Die »Liga für Frauenrechte« erklärt in einem Schreiben an die Zeitungen »ihre uneingeschränkte Solidarität mit der Bewegung der kämpfenden Prostituierten in Lyon und bedauert zutiefst, daß Françoise Giroud sich für einen Bereich der Frauenfrage nicht zuständig fühlt, der doch gerade am deutlichsten die Entfremdung der Frau in dieser Gesellschaft und unter der jetzigen Regierung widerspiegelt.«

Am Mittag haben wir gerade gehört, wie Madame Giroud im Radio erklärte: »Wie sollte ich denn wohl Ministerin für Frauen sein? Können Sie sich einen Minister für Männer vorstellen? (...) Ich bin überhaupt dagegen – ob es sich nun um Prostituierte handelt oder um andere Probleme – daß man sich jedes Mal an mich wendet, wenn es sich um eine Frau handelt. Das ist einfach nicht normal und das ist auch nicht meine Aufgabe.« Hier »handelt es sich« um fast dreißigtausend Frauen.

Man fragt sich zurecht, welche Aufgabe Madame Giroud dann überhaupt hat, wenn nicht die, sich um die Frauen zu kümmern. In den Zeitungen am nächsten Tag dürfen wir ihre nächste Rechtfertigung lesen: »Ich habe die Damen von Lyon an den Innenminister verwiesen, weil sie sich gegen die Repression auflehnen, deren Gegenstand sie sind, und weil Repression Herrn Poniatowskis Domäne ist und nicht meine. Prostitution ist direktes Ergebnis der Lage des Mannes und nicht der Lage der Frau.«

Bruno Frappat schreibt am 11. Juni in *Le Monde*:

Für Madame Giroud gibt es zumindest zwei Kategorien von Frauen: die, deren Schicksal Aufmerksamkeit verdient und jene, deren Probleme von Herrn Poniatowski und der Polizei gelöst werden können. (. . .) Ein menschlicher Fehler, denn gerade die am meisten Verachteten haben ein Recht darauf, mit besonderer Aufmerksamkeit angehört zu werden, und man macht sich nicht die Finger schmutzig, wenn man dies tut. Ein politischer Fehler, denn nicht zufällig haben sich die Mädchen von Lyon lieber an Madame Giroud als an Monsieur Poniatowski gewandt. Sie wußten vielleicht, daß der Erlaß vom 24. Juli 1974, mit dem die ehemalige Chefredakteurin des *Express* zur Staatssekretärin für Frauenfragen ernannt wurde, genau bestimmt, daß sie »beauftragt ist, alle Maßnahmen zur Verbesserung der Lage der Frau zu fördern, den Zugang von Frauen zu den verschiedenen Bereichen von Verantwortlichkeit in der französischen Gesellschaft zu erleichtern und die Diskriminierungen zu beseitigen, denen sie ausgesetzt sein können.« (. . .) Madame Giroud muß nun befürchten, daß man sich weniger an sie wenden wird oder es nur noch ohne große Illusionen tut. (. . .) Jetzt kann sie sich nur noch mit den repressiven Maßnahmen ihres Kollegen vom Innenministerium solidarisieren.

Samstag, 7. Juni

Fast alle Frauen passen sich an unser gemeinschaftliches Leben an, das für sie nach so langer Einsamkeit und so viel Mißtrauen neu und ungewohnt ist. Wir sind jetzt ganz gelöst, in sehr guter Stimmung und freuen uns über die zahlreichen Solidaritätsbekundungen. Unsere Bewegung breitet sich aus wie ein Ölfleck. In dieser Nacht hat eine Gruppe von Pariser Prostituierten und Transvestiten in der Kapelle Saint-Bernard im »Tour Montparnasse« um Asyl gebeten. Sie sind ebenso viele wie wir. Gleich morgens verteilen sie das folgende Flugblatt:

WAS WIR FORDERN

1. Abschaffung des Artikels 34: »Aufforderung zur Unzucht«
   – keine Bußgeldverfahren mehr;
   – wir schlagen vor: angemessene Besteuerung, die den Anspruch auf Kranken- und Rentenversicherung einschließt, den alle französischen Mütter haben.
2. Wir stellen fest, daß Prostitution ein auf das mangelnde sexuelle Gleichgewicht der Gesellschaft zurückzuführender Beruf ist.
3. *Wir wollen vollwertige Bürgerinnen mit allen Rechten sein.*

WIR LEHNEN STRIKT AB

1. daß Bordelle wieder aufgemacht werden, auch nicht in Form von modernen und luxuriösen »Eros-Centern«
2. Sexbeamtinnen ohne jede Freiheit zu werden
3. verstaatlicht zu werden; auch nicht auf der Ebene der Stadtverwaltungen

UNMITTELBAR FORDERN WIR:

1. Aufhebung der Gefängnisstrafen für die Frauen von Lyon
2. Abschaffung des Gesetzes, das Rückfälligkeit mit Gefängnis bestraft
3. Unterredung mit einem Regierungsvertreter, der in der Lage ist, die Probleme der Prostituierten zu verstehen, und eine Ebene schaffen kann, auf der eine Verständigung möglich wird
4. Wiedereröffnung der (Stunden-)Hotels ausschließlich im Kiez
5. Anwendung aller Gesetze, die eine Resozialisierung von Prostituierten ermöglichen

Das Komitee der Prostituierten von Paris

Ihre Forderungen scheinen legalistischer als unsere. Sie schlagen bereits Steuern als Ersatz für Bußgelder vor. Darüber verlieren wir in Lyon kein Wort, weil wir wissen, wie gefährlich eine solche Einstellung ist. Sie fordern auch die Wiedereröffnung der Stundenhotels, jedoch ausschließlich im Kiez, und die Anerkennung der Prostitution als richtigen Beruf.

In Lyon haben wir unsere Aktion unter einer einzigen Parole begonnen, nämlich: Kampf gegen die Repression. Wir sagen Nein zu den Bußgeldern, zum Gefängnis, zur Registrierung, und wir wollen die Kirche Saint-Nizier erhobenen Hauptes verlassen, denn wir sind Frauen und

Mütter und nicht ein Unterleib. Aber wir hatten nicht die geringste Absicht, die Prostitution neu zu organisieren.

Damals habe ich zu einem Journalisten gesagt: »Jede Frau wird heutzutage in die Prostitution getrieben, weil sie ihren Lebensunterhalt nicht selbst bestreiten kann.« Damit wollte ich jedoch auf keinen Fall Prostitution aufwerten. Schließlich hatte ich schon seit längerem die Absicht, möglichst schnell damit aufzuhören. 1974 hatte ich im Rathaus einen Antrag gestellt, um offiziell als Tagesmutter anerkannt zu werden, damit ich meine Kinder selber großziehen und damit meinen Lebensunterhalt verdienen konnte. Die Bullen haben mich damals nur ausgelacht: »Eine Nutte will Tagesmutter werden und Kinder hüten, das soll wohl ein Witz sein!« Mein Antrag wurde also abgelehnt. Ich blieb auf dem Strich. Der linksliberale *Nouvel Observateur* hatte gut reden, wenn er seinen Artikel so überschrieb: »Die hundertfünfzig Mädchen, die die Kirche Saint-Nizier besetzt halten, haben sehr präzise, aber erstaunlich begrenzte Forderungen.« Unter anderem machte er uns den Vorwurf, daß wir nicht über die Zuhälter sprachen. Warum hat denn weder diese Zeitschrift noch die Polizei jemals enthüllt, was sie darüber wußten, wenn sie die Diskussion darüber unbedingt vertiefen wollten? Was uns betrifft, wir haben gesagt und geschrieben, der größte Zuhälter ist der Staat: über all die Bußgelder, die völlig aus der Luft gegriffenen Steuerforderungen und die Mietsteuer für unsere Wohnungen, kann er sich doch wohl kaum beklagen.

An dieser Stelle muß ich noch sagen, daß die kommunistische Presse zu denen gehörte, die sich uns gegenüber am verächtlichsten verhalten haben. *L'Humanité*, das Parteiorgan der KP, beschimpfte uns bei jeder Gelegenheit als Provokateurinnen und pochte auf Gesetz und Ordnung. Ihre Artikel enthielten nie etwas von unseren Forderungen oder von unserem Kampf, sondern sprachen von »Meuterei«, von »Gegenklagen der Gunstgewerblerinnen«. Sie beschworen ständig das Phantom des Zuhälters herauf, der bei dieser undurchsichtigen und ominösen Bewegung die Fäden zöge. Marx hatte durchaus anders über Prostituierte gesprochen! Die *Humanité*-Artikel endeten immer mit einer Träne, die über das »Opfer« vergossen wurde – dahinter verbarg sich: diese armen manipulierten Frauen.

Auf Regierungsseite hatten sie schon ihre Geschütze aufgefahren. Der Minister für Lebensqualität – welche Ironie – propagierte die Abschaffung des Gesetzes Marthe Richard: die Bordelle sollten in einer modernen Form wieder aufgemacht werden und unter verschärfter staatlicher Kontrolle stehen (vielleicht um die private Zuhälterei auszuschalten?). Die Anhänger dieser Strategie hatten denkbar ehrenwerte Beweggründe, denn sie erinnerten mit Hingabe daran, daß Frankreich sich auch um das sexuelle Wohlergehen seiner geschätzten ausländischen Arbeiter zu kümmern habe ... Vielleicht dachten sie dabei sogar an die Lebensqualität ... der Männer.

All das stank zum Himmel! Und welcher Platz sollte bei all dem uns Frauen zugewiesen werden? Auf der Straße würden wir dann sicher nicht mehr herumstehen, sondern in wohlbehüteter Sicherheit und gut aufgehoben wie im Gefängnis, wie am Fließband arbeiten und jeden Kontakt zur Außenwelt verlieren – all das zur größten Zufriedenheit der braven Leute.

Unter dem Vorwand, uns gegen das »falsche Mitleid« bestimmter Journalisten verteidigen zu wollen, meldete sich Françoise Giroud wieder zu Wort und schrieb an *Le Monde*: »Ich habe nie eine Frau verurteilt und werde es nie tun, deren einzige Möglichkeit Prostitution ist, und wenn es in meiner Macht stünde, auch nur eine einzige von ihnen zu retten, würde ich ihr auf der Stelle einen Arbeitsplatz anbieten.« Als ich zwei Monate später ankündigte, daß ich aussteigen wollte, muß sie sich an dieses Versprechen erinnert haben, denn sie ließ mir einen Scheck über 500 Francs zukommen. Aber ich glaube, ich bin tatsächlich die »einzige«, die sie »gerettet« hat. Seit Saint-Nizier sind in Lyon mindestens zwanzig Frauen aus dem Strich ausgestiegen, und soweit ich weiß, hat Madame Giroud keiner von ihnen geholfen. Klar, die waren ja auch nicht mit Photo in allen Zeitungen gewesen ...

Während die übrige Presse sich in Vermutungen über den Aufstand der Prostituierten ergeht, setzt *Libération* seine gründliche Informationsarbeit fort und veröffentlicht einen Artikel mit dem Titel »Wie werden Frauen Prostituierte?«. Daraus entsteht später das Buch mit den autobiographischen Berichten, das von den Frauen selbst zusammengestellt wurde.* Hier wird nicht mehr über einzelne Forderungen unserer Gruppe debattiert, sondern über das

---

* *Une vie de putain,* herausgegeben von Claude Jaget, »La France Sauvage«, Les Presses d'aujourd'hui, Paris 1975

wirkliche Problem: Was ist Prostitution? Warum und wie arbeitet man auf dem Strich?

Sonntag, 8. Juni

Nach sechs Tagen Besetzung sind wir immer noch an einem toten Punkt. Vertreter der Öffentlichkeit fühlen sich inzwischen zwar bemüßigt, ihre höchstpersönlichen Erklärungen abzugeben, aber empfangen hat uns niemand. In Marseille planen die Prostituierten eine große Aktion. Wir sind ein wenig besorgt über ihre Entscheidungen und vor allem über die Vorschläge von einem ihrer Anwälte, von dem das Gerücht geht, er gehöre zur Unterwelt. Dieser Rechtsvertreter scheint sehr gewieft zu sein, denn er behauptet, schon für Anfang der Woche die Zusage für eine Unterredung mit Vertretern des Innenministeriums bekommen zu haben. Er erklärt, es sei an der Zeit, »die Prostitution in Frankreich neu zu organisieren«. Bei diesem Satz kommt uns der Verdacht, daß da irgendwo eine Falle aufgestellt wird. Ulla protestiert öffentlich gegen diesen gefährlichen Standpunkt.

Ulla, Barbara, diese beiden Namen tauchen in Presse und Rundfunk immer wieder auf. Die Journalisten haben Stars aus uns machen wollen, denn sie brauchten »Köpfe«. Alle kamen dabei auf ihre Kosten: im »kommerziellen« Bereich hatte man sich Ulla angeeignet, die schöne Blonde, den energischen Star. Die Linken, die Feministinnen und andere fortschrittliche Bewegungen wollten mich auf ihre Fahnen heben. Ich war der Sozialfall, ihre Alibifrau, »ehemalige Volksschullehrerin, alleinstehend und unabhängig.« Aber alle, die sich auf Ulla und Barbara fixierten, haben eins dabei vergessen: die Bewegung der Frauen von Lyon war entstanden aus einer solidarischen Aktion, die alle gemeinsam beschlossen hatten. Diese Bewegung entwickelte sich weiter zu einer Gemeinschaft, der »Demokratie der Prostituierten«, wie *Libération* es nannte. Es gab keinen Chef, der uns Frauen das Denken abnahm, und wir sind auch nicht von außen manipuliert worden. Wir wußten alle, warum wir dort waren, und jede einzelne Prostituierte in der Kirche Saint-Nizier war ebenso wichtig wie die andere. Wir haben alle Aktionen und Presseerklärungen auf unseren Sitzungen gemeinsam geplant und verabschiedet. Ohne diese Frauen, von denen niemand gesprochen hat und deren Namen in der Öffentlichkeit nicht genannt wurden, wäre überhaupt nichts möglich gewesen. Ulla und Barbara hätte es nie gegeben ohne sie. Alle haben für diesen Streik großartige Arbeit geleistet. Ich denke an Minouche, Martine, Carole, Mireille, Christine und an viele andere. Saint-Nizier hat uns die Gelegenheit für fruchtbare Begegnungen geboten, bei denen wir uns gegenseitig kennen und schätzen lernten. Denn, und das möchte ich noch einmal wiederholen, eine solche Aktion ist wirklich ein außergewöhnliches Ereignis für alle Frauen, und ganz besonders für solche, die nicht daran gewöhnt sind, als Frauen angesehen zu werden.

Um schließlich noch einmal auf Ulla und Barbara zurückzukommen, man hat sehr viel über uns und unser Verhältnis zueinander geredet. Es stimmt, daß wir nicht immer einer Meinung waren. Man hat Ulla ihre harte Linie während dieser Woche zum Vorwurf gemacht. Ich selber bin sehr froh darüber, daß sie so energisch aufgetreten ist. In jedem Streik braucht man eine Stimme, die sich durchsetzen kann, eine mitreißende Persönlichkeit, sonst hat niemand den Mut durchzuhalten. Ich hätte nicht die Kraft gehabt, mich gegenüber Frauen zu behaupten, die den Mut verloren hatten. Ich habe sogar einige heimlich aus der Kirche hinausgelassen, wenn ich merkte, daß sie nicht mehr konnten.

Da sich niemand mit uns abgeben will, beschließen wir, bis zum neunten Tag in Saint-Nizier zu bleiben und dann ohne großes Aufsehen wieder so zu gehen, wie wir gekommen waren. Wir hoffen, daß bis zu diesem letzten Termin etwas geschehen wird. Es ist dann ziemlich viel geschehen, allerdings überhaupt nicht das, was wir erwarteten.

Montag, 9. Juni

Die Frauen in Grenoble unterstützen unser Aktion und fordern den Schlichter, Aimé Paquet, auf, zu unseren Gunsten zu intervenieren. Seine Antwort überrascht uns nicht besonders. Der Schlichter muß sich überhaupt erst einmal erkundigen: er weiß gar nicht, ob eine solche Intervention in seinen Zuständigkeitsbereich fällt.

Zu diesem Zeitpunkt beginnt die Presse, eine Verleumdungskampagne gegen uns zu schüren. Überall ist von Zuhältern die Rede, die angeblich »Drahtzieher« hinter den Kulissen sind. Bis jetzt hatten sie sich, weil sie uns nicht lächerlich machen konnten, mit reiner Berichterstattung begnügt. Aber inzwischen ist unsere Bewegung zu groß geworden, als daß man sie herunterspielen könnte, deshalb muß sie diffamiert werden. Es geht doch wohl nicht an, daß Frauen, noch dazu Prostituierte, fähig sind, sich in solcher Einheit zu organisieren, dahinter müssen doch Männer stehen und Anweisungen geben.

Das Meinungsforschungsinstitut I.F.O.P. veröffentlicht die Ergebnisse einer Umfrage zum Thema Prostitution. Sie ist recht aufschlußreich darüber, was die Leute von uns denken. Alle sind dafür, daß es Prostitution gibt, allerdings nur unter der Bedingung, daß die Frauen aus dem Stadtbild verschwinden. 93 % der Befragten denken, daß es Prostitution immer geben wird, 73 % sind aber der Meinung, daß die Anwesenheit der »Mädchen« auf der Straße unzumutbar ist; 78 % sprechen sich für die Reglementierung der Prostitution aus, und 65 % befürworten eine Reglementierung im Rahmen von »Spezialzentren«.

Der Tag geht vorbei, ohne daß wir mit jemandem Kontakt bekommen haben, aber wir geben die Hoffnung nicht auf. Wir haben uns an so viele Leute gewandt: vielleicht kann sich doch einer dazu aufraffen, sich zu rühren!

Dienstag, 10. Juni

Und tatsächlich, es rührt sich jemand. Doch es ist immer derselbe. Diese Aktion hat mit Repression begonnen und wird mit Repression enden. Um fünf Uhr morgens gibt der Innenminister Befehl für eine große Polizeiaktion zur Säuberung der Kirchen.

Es ist sechs Uhr morgens. Alles schläft in Saint-Nizier, mit Ausnahme der Mädchen, die die Türen bewachen. Im Pfarrhaus klingelt das Telephon. Es gibt, heißt es, eine dringende Nachricht für Ulla. Pater Béal kommt zur Kirche. Er klopft. Im selben Moment, als ihm die Tür aufgemacht wird, stürzt sich ein Haufen Polizisten in Zivil auf ihn, sie schieben ihn im Polizeigriff – Arme auf den Rücken gedreht –, nach drinnen. Die Mädchen, die Wache stehen, fangen an zu schreien: »Die Bullen, die Bullen!« Ich habe gerade noch Zeit, mir mein Kleid überzuwerfen, da sehe ich auch schon eine Hundertschaft auf uns zukommen: vorneweg die von der Sitte in Zivil, dann die Uniformierten mit Schutzhelm, Knüppel und Tränengasbomben. Sie haben sogar ungefähr zwanzig Hunde dabei. Die Einsatzleiter schreien: »Bringt uns Ulla und Barbara!«

Ulla und ich versuchen, die Mädchen ruhig zu halten. Wir setzen uns alle auf den Boden. Dann renne ich in die Sakristei. Ich will die Glocken läuten. Ein Dutzend Bullen stürzt sich auf mich. Zusammen mit Ulla zerren sie mich nach draußen. Es nützt mir nichts, daß ich mich wehre, trete und um mich schlage, sie sind stärker. Und schon bin ich draußen, kriege Tritte in den Bauch, mein Kleid ist zerrissen. Ich versuche, mich aufzurichten und würdevoll zum Polizeiwagen zu gehen. Die Bullen schubsen mich mit Faustschlägen vorwärts. Sie hauen meinen Kopf gegen den Sitz. Ulla klammert sich an mir fest. Zuerst haben die Bullen sie an den Haaren gezogen, jetzt schlagen sie brutal auf ihren Kopf ein. Sie wird ohnmächtig, und man bringt sie auf einer Bahre ins Krankenhaus. Eine andere Frau sitzt mit mir im Bereitschaftswagen. Die hat man mit Fußtritten in den Rücken vorwärtsgetrieben. Noch einen Monat später hat sie den Abdruck von einem Männerschuh auf der Haut.

Wir werden zum Kommissariat Molière gefahren. Ich erinnere mich noch, wie ein Polizist dort mich ansah und sagte: »Und Sie heulen ja noch nicht einmal!« Warum hätte ich wohl heulen sollen? Wir hatten die schönste Schlacht gewonnen. Wir hatten die Leute gezwungen, zur Kenntnis zu nehmen, daß es uns gibt, und wir hatten das Gefängnis verhindert.

Sogar dieser Polizeieinsatz hat unserer Sache genützt: wieder einmal durften wir den Mut dieser Ordnungshüter bewundern, die mit hundertzwanzig bewaffneten Männern, mit Tränengasbomben und zwanzig Hunden angerückt kamen, um hundert schlafende Frauen aus einer Kirche zu werfen.

Wieder einmal berichtete die Presse von Ulla und Barbara, den »Stars«. Aber auch andere Frauen waren zusammengeschlagen worden und schwer verletzt. Eine war so brutal an den Haaren nach draußen gezerrt worden, daß ihr ein Stück Kopfhaut abriß. Eine andere wurde von einer Tränengasbombe ins Bein getroffen.

Wir hatten uns also geirrt. Selbst in einer Kirche waren wir nicht in Sicherheit ... Alle Kirchen, in denen Prostituierte Zuflucht gesucht hatten, wurden zur selben Stunde auf dieselbe Weise geräumt. Beim Eintritt erklärten die Polizisten, der Befehl käme vom Pariser Erzbischof Marty. Das war keine besonders gelungene Lüge! Niemand hat sie geglaubt. Wir wußten nur zu gut, mit wem wir es zu tun hatten. Und das Schweigen der Regierung während der ganzen Woche Besetzung sprach Bände. Minister Poniatowski hatte sein neues Amt als Staatssekretär für Frauenfragen mit Glanz und Gloria angetreten!

Wir wurden etwa eine Stunde lang auf der Wache festgehalten, danach ließ uns der Oberinspektor wieder frei. Die Polizisten von der Sitte begleiteten uns zurück in die Kirche, damit wir unsere Taschen und persönlichen Sachen holen konnten. Die Bullen waren immer noch da, stritten jetzt aber ab, gegenüber den Frauen irgendwelche Gewalt angewendet zu haben. Scheinbar ist niemand von niemandem geschlagen worden. Man könnte meinen, wir hätten uns selber gegen ihre Fäuste geworfen.

Vor der Kirche wartete ein Freund des »Nid«, er hatte Tränen in den Augen. Er brachte mich zu meinem Hotel. Aber jetzt war nicht die Zeit für Tränen. Wir mußten schnell die Frauen wieder zusammentrommeln und uns organisieren. Ulla war in ein Krankenhaus gebracht worden und unauffindbar. Aber alle anderen Frauen waren da.

Am Nachmittag konnten wir uns fast alle vollzählig im Kino »Le Canut« versammeln, das uns die Jugendgruppe zur Verfügung gestellt hatte. In dieser Sitzung haben wir für jeden Stadtteil Delegierte gewählt und beschlossen, sehr schnell einen Generalrat der Prostituierten zu organisieren, in dem Frauen aus allen Städten vertreten sein sollten. Wir legten ein Heft an, in das alle Vorschläge eingetragen wurden, um diese Versammlung vorzubereiten.

Mittags, um zwölf Uhr hatte unser Minister Poniatowski seinen Entschluß, uns aus der Kirche zu jagen, im Rundfunk begründet. An den Orten der Andacht mußte die Ordnung wiederhergestellt werden, sagte er, und dann betete er wieder sein Lieblingslied herunter: »Wer diese Demonstration in den Kirchen organisiert hat, das sind die Zuhälter.«

Auf unsere Bitte um ein Gespräch hatte die Regierung mit Gewalt geantwortet. In Marseille wurden sogar einige Frauen wegen Körperverletzung verklagt. Aber unsere Bewegung blieb aufrecht, gerade weil sie so repressiv verfolgt wurde. Das »Nid« würdigte unsere Stärke auf einer Pressekonferenz am selben Abend mit den Worten: »Die Prostituierten organisieren sich und werden sich bewußt, daß sie ein Kollektiv sind.« Die »Nid«-Leute betonten »die Bedeutung dieses Ereignisses in der Geschichte der Prostitution« und sahen darin »ein vielversprechendes Zeichen der Befreiung und des persönlichen und kollektiven Fortschritts.«

Mittwoch, 11. Juni

Nach der Sitzung im Kino »Le Canut« und den Erklärungen des »Nid« von Lyon wurden die Frauen wieder von der Presse bombardiert. Wir sollten eine Bestandsaufnahme machen und unseren Standpunkt nennen. Da Ulla seit der Räumung der Kirche noch nicht wieder aufgetaucht war, erklärte ich mich bereit, im Namen der Frauen zu sprechen. *Libération* veröffentlichte am 12. Juni eine Zusammenfassung meiner damaligen Einschätzung:

»Nach all dem, was wir während der Zeit der Besetzung erlebt haben, empfanden wir es alle als notwendig, uns weiter zu treffen. Wir brauchten dringend einen Weg, uns zu reorganisieren. Und zwar nicht als Gewerkschaft, als politische Partei oder als Frauengruppe, sondern wir mußten eine Form finden, die unserer Besonderheit als Prostituierte gerecht wird ...

Vor allem anderen muß jede ihre Meinung sagen können. Jedes einzelne Mädchen. Dafür brauchen wir Zeit. Eigentlich müßten überall wie in Lyon Diskussionen anfangen und müßte es Delegierte für jede Straße geben.

Wir müssen jetzt einen Weg finden, auf dem wir diese kollektive Kraft, die wir bewiesen haben, einsetzen können. Damit wir über uns selbst bestimmen, uns selbst organisieren und uns selbst verteidigen können. Andererseits sieht es so aus, als ob uns im Moment jeder helfen will. Der Schlichter, Poniatowski, sogar Giscard d'Estaing. Ich habe gehört, daß Simone Veil ein Beamter zugeteilt werden soll, der die Aufgabe hat, unsere Situation zu untersuchen. Das ist alles gut und schön, aber uns vergißt man inzwischen leider völlig. Diese berühmte Neuregelung unseres Status, von der uns soviel erzählt wird, scheint ganz ohne uns abgewickelt zu werden. Nach all den Gesprächen, die ich heute geführt habe, kann ich sagen, daß ich nicht nur für mich persönlich spreche. Wir sind uns alle einig. Am besten beurteilen, was für Prostituierte gut ist, können die Prostituierten selbst. Trotzdem ist bisher nur ein Anwalt aus Marseille, von dem man nicht einmal genau weiß, was er eigentlich will, empfangen worden. Unseren Status, den werden wir schon selber bestimmen und durchsetzen müssen. Zumindest dazu soll der Generalrat der Prostituierten da sein. Denn eines kommt überhaupt nicht in Frage – das möchte ich noch einmal ganz ausdrücklich wiederholen und zwar im Namen von allen Frauen – man wird uns in kein Bordell sperren, egal welcher Art, wie alle Welt es offensichtlich gerne hätte. Das muß ganz klar sein. Man wird uns nicht ins Gefängnis setzen, man wird uns unsere Kinder nicht wegnehmen, unsere einzige Freude, und ebensowenig wird man uns in Bordelle einsperren.«

Ich teilte den Journalisten ebenfalls mit, daß ich über Maître Boyer eine Anzeige wegen Körperverletzung gegen Unbekannt gemacht hatte. »Unbekannt«, das waren die Polizisten, die mich in Saint-Nizier zusamengeschlagen hatten.

Saint-Nizier war besetzt und wieder geräumt worden. Es war eine Zeit in unserem Leben, die wir nie vergessen werden. Die Prostituierten hatten vor den Augen einer feindseligen Öffentlichkeit ihre Würde, ihren Mut und ihre Einigkeit bewiesen. Ich möchte jeder von ihnen meine Hochachtung aussprechen. Ich möchte ihnen danken, daß sie solchen Mut bewiesen haben, denn die Besetzung von Saint-Nizier war eine nervenzerreißende Probe. Dank an die älteren, daß sie die jüngeren beruhigt und ermutigt haben. Dank an jede einzelne dafür, acht Tage völliges Eingeschlossensein durchgehalten und persönliche Probleme zurückgestellt zu haben. Ich verdanke den Prostituierten von Saint-Nizier, daß ich wieder Vertrauen in mich selbst gelernt habe. Und wenn ich den Strich habe verlassen können, so verdanke ich es ihnen.

Dank auch an die Leute draußen, die uns geholfen und ihre Sympathie entgegengebracht haben. Durch sie haben wir Uneigennützigkeit und Solidarität wiederentdecken können. Und wir haben unsere Würde als Frau erlebt, um die wir so verzweifelt kämpfen.

Es ist einfach nicht möglich, zu sagen, wieviel wir den Mitgliedern und Freunden des »Nid« verdanken, insbesondere dem Priester Louis Blanc, der aus Freundschaft zu uns allen bereit war, Tag und Nacht bei uns in der Kirche zu bleiben. Er hatte keine Angst vor der öffentlichen Meinung, dieser Mann, dem die Schmier-Presse später nach der Sitzung des Generalrats vorwarf, »am Tisch der Schande gesessen zu haben«. Er hat seinen guten Ruf riskiert, dieser Mann, der mitansehen mußte, wie die Polizei bei seinen Vorgesetzten über ihn Erkundigungen einzog und dabei Andeutungen machte, er gehörte auf die Seite der »Zuhälter«. Und all das, weil er als Priester sich zu Prostituierten bekannt und Prostituierten geholfen hatte.

Saint-Nizier ist inzwischen fern. Aber niemand wird es vergessen. Eine Frau hat ein paar Tage nach der Besetzung erklärt: »Für mich wird nichts mehr wie vorher sein. Ich habe den Eindruck, daß ich in zehn Tagen Dinge erlebt habe, die mir unbegreiflich waren, die ich nie für möglich gehalten hätte ... Jetzt versuche ich das alles ein bißchen zu sortieren, zu begreifen, und irgendwie kommt es mir vor, das alles wird viel länger anhalten als die Besetzung selbst.« (*Libération* vom 13. Juni)

Neuntes Kapitel

Nach der Räumung von Saint-Nizier ging ich nicht sofort wieder anschaffen. Die Frauen des Kollektivs hatten mich beauftragt, mit Paris Kontakte aufzunehmen und Dossiers zusammenzustellen über die Lage in jeder Stadt, und zwar mit Hilfe der Delegierten von ganz Frankreich.

Am 12. Juni beteiligte sich Nicole Pasquier, damals Vertreterin des Frauenministeriums im Département Rhône-Alpes, an einer Diskussionsveranstaltung katholischer Frauen. Obwohl ich nicht eingeladen war, ging ich hin. Irgendjemand brachte das Gespräch auf die Resozialisierung von Prostituierten, und ich wollte aus meiner persönlichen Erfahrung heraus dazu Stellung nehmen. Die Reaktion, unverhohlene Feindseligkeit: man gab mir zu verstehen, ich hätte hier nichts zu suchen. Es war das erste Mal, daß ich ganz allein Leuten von der »anderen Seite« gegenüberstand. Als wir gingen, konnte ich Madame Pasquier mit Hilfe einer Sozialarbeiterin noch erwischen und sie auf unser Kollektiv ansprechen. So kam meine erste Begegnung mit ihr zustande und nicht, wie die Presse geschrieben hat, auf ihre Initiative hin.

Ich bin dann nach Paris gefahren und habe den Kurier zwischen Paris und Lyon gespielt. Die Vorbereitungen für den Generalrat der Prostiutierten schienen eine schwierige Aufgabe zu sein. Zum einen waren die Frauen in Paris noch gar nicht darauf eingestellt: sie waren zu viele und zu verstreut über die ganze Stadt, so daß sie große Schwierigkeiten hatten, untereinander Einigkeit herzustellen. Und dann war da noch Sonia, ihre Sprecherin. Eine Sonia, die sich vollkommen von dem Starrummel mitreißen ließ. Sie sprach davon, Poster von sich drucken zu lassen ... Ich war ein bißchen entsetzt über ihr Benehmen, aber ich konnte sie verstehen. Wir waren alle aus der Einsamkeit, aus dem verborgenen Nachtleben mit seinen Aggressionen und Schlägereien heraus – und in eine Pseudo-Berühmtheit hineingezerrt worden. Ich merkte genau, wie sehr die Leute uns umschwärmten, seit wir die Kirche verlassen hatten. Alle Welt, insbesondere Intellektuelle, wollten uns zu sich holen, Veranstaltungen organisieren, um uns vorzuführen. Wir waren eingedrungen in die Welt von Leuten, die noch vor einem Monat nicht mal für möglich hielten, daß es uns gibt, die sich über uns lustig machten oder es sogar skandalös gefunden hätten, mit uns an einem Tisch zu sitzen. Und jetzt präsentierten sie uns: »Meine Freundin Barbara, Sie wissen doch, die Prostituierte, die die Revolte ...« Wir durften uns da nichts vormachen: für diese Leute waren wir Zirkustiere oder der letzte Modeschrei. Das hinderte mich allerdings nicht daran, ihre Einladungen anzunehmen; nicht zum Vergnügen oder aus Eitelkeit, sondern weil auch ich Lust hatte zu sehen, wie andere leben. Sonia war davon anscheinend berauscht; ich war das nicht. Ich fand dieses ganze Theater tieftraurig.

In Paris arbeitete ich für das Kollektiv der Prostituierten. Ich stellte Stadtteil für Stadtteil ein Dossier zusammen und versuchte, telefonisch mit den Frauen in den verschiedenen Städten Kontakt zu halten. Meine Idee war eine Art Dokumentation über die Lebensbedingungen der Prostituierten in allen Städten. Bei den gegebenen vagen Formulierungen des Gesetzes war die Lage der Frauen nämlich je nach Polizeichef, Bürgermeister und Polizeirevier unterschiedlich. Es gibt zum Beispiel eine Stadt, wo man in Bars folgendes Schild lesen kann: »Tieren und Prostituierten ist der Zutritt verboten ...«

Ich wollte in großen Zügen aufzeigen, womit wir uns einverstanden erklären konnten und was unerträglich war, damit der Generalrat ein gemeinsames Manifest erarbeiten und der Regierung einen stichhaltigen Forderungskatalog vorlegen konnte. Vor allem wollte ich, daß die Leute endlich wirklich über die Probleme der Prostituierten informiert werden. Ich wollte unsere Isolation zerschlagen. Mit der Besetzung der Kirchen hatten wir nur einen Anfang gemacht, nun durften wir nicht auf halber Strecke stehenbleiben und unseren Feinden Gelegenheit geben, an unserer Stelle zu sprechen.

Ich tat meine Arbeit, aber ich war mir nicht im Klaren darüber, welche Bedeutung ich innerhalb der Bewegung bekommen hatte. Ich hielt mich nicht für repräsentativer als irgendeine andere. Ich war überzeugt, daß bei dem augenblicklichen Schwung alles so weitergehen würde, ob ich nun dabei war oder nicht. Klar war ich nicht unentbehrlich, aber andererseits flößte meine feste Entschlossenheit den anderen Frauen auch größeres Vertrauen ein. Außerdem verließen sie sich auf mich, wenn es darum ging, zu reden, zu handeln, sich zu rühren.

Ich habe ein paar Dossiers zusammenbekommen und sie einer Frau in Lyon anvertraut, und dann fuhr ich meine Kinder besuchen. Diese Dossiers, die mir so wichtig waren, sind nie wieder aufgetaucht. Sie sind vielleicht abhanden gekommen, ich weiß es nicht, auf jeden Fall hat beim Generalrat niemand etwas davon gehört.

Zwischen zwei Reisen von Paris nach Lyon habe ich eines Abends wieder zu arbeiten versucht. Ich habe mich an meine Ecke gestellt, und ein Kunde ist gekommen. Ich habe ihn bis zur Wohnung mitgenommen in der ich arbeitete, und dort ... ich konnte nicht, ich konnte es nicht mehr ertragen. Ich habe ihn wegschicken müssen – er war natürlich sauer – und ihm gesagt: »Entschuldige, ich kann nicht mehr.« Es war aus.

Meine Reaktion in diesem Augenblick kam aus reinem Ekel. Seit den Ereignissen von Saint-Nizier verlangten die Freier ständig nach Ulla und Barbara. Sie klapperten alle Straßen ab und fragten die Frauen »Wo ist Ulla? Wo ist Barbara? Wo kann man sie finden?« Diese Art von Berühmtheit demütigte mich zutiefst. Diese Männer brachten damit auf ihre Weise zum Ausdruck: »Ihr seid zwar kleine Stars, ihr tretet im Radio, im Fernsehen und in der Zeitung auf. Aber wir mit unseren 100 Francs – wir können euch immer noch kaufen und mit euch machen, was wir wollen. Ihr seid immer noch bloß ein Körper, den man kaufen kann.«

Kurz nach diesem Abend mußte ich nach Südfrankreich. Mir blieb einfach keine andere Wahl, meine Kinderfrau fuhr in Urlaub, und wir hatten vereinbart, daß ich mich solange selber um meine Kinder kümmern würde. Ich fuhr also ab, ohne den anderen Frauen Erklärungen darüber abzugeben; ich hatte nie die Angewohnheit gehabt, über mein Privatleben zu sprechen, und glaubte nicht, ihnen irgendeine Rechenschaft schuldig zu sein. Ich irrte mich. Sie hatten auf mich gezählt und fühlten sich durch meine Abfahrt in Stich gelassen. Aber das alles habe ich erst später verstanden.

Am 16. Juni hatte ich mit Sonia zusammen in Paris eine Pressekonferenz bestritten, um eine Bestandsaufnahme der Bewegung zu machen. Es war nicht leicht gewesen; denn wir wußten eigentlich selbst nicht allzu genau, wo wir standen. Nicht einmal an diesem Tag hatte ich das Gefühl, ich bin ein Star oder ein Kopf der Bewegung; ich habe gedacht, ich spreche das aus, was die Frauen in Lyon denken. Ich versuchte, die Journalisten auf unsere Probleme aufmerksma zu machen, und auf die Verachtung, deren Opfer wir immer noch waren, auch wenn uns jetzt eine Art Dialog mit der Regierung angeboten wurde. Ich erklärte: »Man hat uns einen ›Monsieur Prostitution‹ im Ministerium von Simone Veil versprochen. Warum einen Mann? Wir finden es übrigens auch geschmacklos, daß man uns an Madame Veil, die Gesundheitsministerin, verweist und nicht an Madame Giroud, die Staatssekretärin für Frauenfragen. Man findet uns immer noch nur unter der Gürtellinie interessant.« Vor allem eins schien mir wichtig: das Problem der Prostitution durfte uns nicht aus der Hand gedreht und von irgendeinem Herrn ohne unser Dazutun untersucht werden. Abschließend erklärte ich: »Als erstes werden wir Sprecherinnen ernennen, die sich direkt an Madame Veil wenden. Wir haben keinen Unterhändler nötig, wir können für uns selber sprechen.«

In der Zwischenzeit war Ulla wieder aufgetaucht und sagte fast dasselbe wie ich, nämlich, daß die Bewegung weder eine Ulla noch eine Barbara braucht, um weiterzumachen.

Zu diesem Zeitpunkt fuhr ich weg. Während meines Aufenthalts in Südfrankreich wurde der Generalrat vorbereitet. Keine von all den Prostituierten hat mir das Datum mitgeteilt, keine hat mich eingeladen. Es waren Freundinnen, die mir davon berichteten und die mir auch Geld für eine Fahrkarte nach Lyon schickten. Tatsächlich war meine Abwesenheit dazu benutzt worden, gegen mich zu intrigieren. Um mich in den Augen der anderen Frauen schlecht zu machen und ihnen einzureden, meine Abwesenheit wäre eine Flucht, hatten eine Sprecherin aus Lyon und eine Frau aus Paris Anspielungen gemacht, daß ich Gelder der Lyoner und Pariser Kollektive unterschlagen hätte. Sie behaupteten, ich hätte meine Reisen doppelt abgerechnet und in beide Kassen gegriffen. Das war nicht nur schlicht gelogen, sondern ich habe sogar mehrere Reisen aus meiner eigenen Tasche bezahlt, ohne irgendwelche Unterstützung. Im übrigen war ich längst bei meinen Kindern, als sich herausstellte, daß Geld aus der Kasse verschwand. Ich konnte es also gar nicht gewesen sein. Aber es ist ja so einfach, Leute zu beschuldigen, die nicht da sind!

Am 30. Juni trat der erste Generalrat der Prostituierten in Lyon zusammen. Ich saß im Publikum im Saal. Ich hatte keinen Anlaß, auf dem Podium zu sitzen, denn schließlich hatte mich niemand darum gebeten.

Und plötzlich mitten in der Sitzung fing der ganze Saal an, nach mir zu rufen: »Barbara! Barbara! Sonst gehen wir!« Ulla hat mich also einladen müssen, mich neben sie zu setzen, aber ich habe mich nicht sehr wohl gefühlt in meiner Haut: hinter mir saß ein feindseliges Kollektiv, vor mir ein von der Diskussion enttäuschtes Publikum.

Der Generalrat konnte nicht halten, was er versprochen hatte. Niemand hatte Dossiers mitgebracht und niemand hatte eine Bestandsaufnahme der Situation gemacht, wie es vorgesehen war. Es war überhaupt nichts vorbereitet. Eine einzige Frau hatte das Wort ergriffen, um ihre persönliche Meinung zu sagen, und ziemlich arrogant das Publikum angegriffen. Ihr Beitrag wurde sehr schlecht aufgenommen. Ich wollte aber auf keinen Fall gegen die Prostituierten Partei ergreifen. Ich werde es nie tun: ich war, bin und werde immer eine von ihnen sein. Aber ich wollte ein bißchen mit all diesen Leuten reden, die sich die Mühe gemacht hatten und gekommen waren, um uns anzuhören. Wir hatten nicht das Recht, sie zu enttäuschen, wir hatten die Pflicht, ihnen zu antworten.

Wenn ich jemanden zum Essen einlade, dann fülle ich ihm auch den Teller. Hier war der Teller leer, ein Austausch unmöglich, und ein Dialog wurde systematisch sabotiert. Viele Fragen wurden einfach unbeantwortet zurückgewiesen. Dabei hätte man verstehen müssen: das hier war das erste Mal, daß Prostituierte vor Publikum sprachen, das erste Mal, daß sich die Leute für unser Leben interessierten. Sicher waren manche Fragen einfach zu dumm. Aber sie kamen doch von Leuten, die noch ein paar Tage vorher absolut nichts von uns wußten.

Ich verließ den Saal angewidert und gedemütigt.

Beim Rausgehen hatte ich ein kleines Handgemenge, einen unerfreulichen Zusammenstoß mit vier Typen, die ich nur als »Kroppzeug« bezeichnen kann. Diese mickrigen Kerle wollten unbedingt den starken Mann markieren und gaben mir zu verstehen, daß meine Rolle hier jetzt beendet wäre und daß ich die anderen reden lassen sollte. Einschüchterung hat bei mir noch nie geklappt, und diese jämmerlichen Gangster in Taschenformat konnten mich auch nicht beeindrucken. Ich glaube nicht mal, daß sie zum Milieu gehörten, dazu hatten sie nicht das Format. Aber kurz danach, anläßlich eines Interviews für eine auflagenstarke Wochenzeitschrift mußte sich eine Journalistin damit wichtigmachen, daß sie schrieb, ich würde von der Unterwelt bedroht. Natürlich gab das eine reißerische Schlagzeile, und so etwas paßt ja auch so gut in das klassische Bild über Prostitution: das sind alles Frauen, die von ihren Zuhältern geschlagen, erpreßt, bedroht und manipuliert werden. Als der Artikel erschien, waren die Prostituierten sehr empört. Und ich verstehe sie: was man mir da angedichtet hatte, war eine Schande.

Ich hätte versuchen können, die Sache richtigzustellen und das Mißverständnis zu klären. Ich habe es nicht getan, ich war immer der Meinung, ich hätte es nicht nötig, mich zu rechtfertigen. Für mich war die Sache klar. Die Frauen kannten mich gut genug, um zu wissen, daß ich nie Lügen erzählen würde, die sie in Schwierigkeiten brachten. Ich war immer die erste, die sagt, daß wir selbst bestimmen, wann wir mit der Prostitution aufhören. Sie dagegen haben lieber der Zeitung geglaubt und mich für eine Verräterin gehalten. Sie haben geglaubt, daß ich sie lächerlich machte. Das ist wirklich schade.

Ich habe dann allein versucht, gegen diese Schmier-Presse vorzugehen, und in meiner Naivität bei der Zeitschrift angerufen, um mit der Verfasserin dieser Lügengeschichte zu sprechen. Jedesmal, wenn ich meinen Namen nannte, wurde einfach aufgelegt. Schließlich habe ich über eine befreundete Anwältin einen Brief an die Zeitschrift geschrieben, in dem ich eine Gegendarstellung forderte, und eine Kopie davon an sämtliche Zeitungen geschickt. Nur zwei haben ihn abgedruckt. Das war nicht genug. Von der Journalistin habe ich nie wieder etwas gehört.

Die Prostituierten waren noch aus einem anderen Grund sauer auf mich: während der Sitzung des Generalrats hatte ich öffentlich angekündigt, daß ich aus der Prostitution aussteigen wollte. Sie glaubten deshalb, ich würde sie fallenlassen und mich nicht mehr für sie interessieren. Ich wiederhole noch einmal, ich war nie der Meinung, ich hätte innerhalb des Kollektivs eine besondere Verantwortung. Und wenn ich jetzt aussteigen wollte, dann deshalb, weil ich es nicht mehr aushielt. Ich hatte in Saint-Nizier entdeckt, daß es noch eine andere Welt gab, und ich wollte etwas anderes machen, egal was. Aber die Freier – das konnte ich nicht mehr ertragen.

Das alles habe ich beim Generalrat nicht gesagt, ich habe lediglich angekündigt, daß ich aufhöre. Diese Neuigkeit, so brutal wie sie war, klang für die anderen wie ein Rückzug und paßte sehr gut zu den Intrigen gegen mich. Die Prostituierten nahmen es mir übel, sie wandten sich von mir ab. Sie wollten mich nicht mehr dabei haben, und darunter habe ich sehr gelitten. Monatelang habe ich mich beim »Nid« nicht mehr blicken lassen. Ich wußte, daß die Frauen mich nicht mehr sehen wollten. Es tat mir sehr weh.

Nach dem Generalrat ging ich für einige Zeit nach Paris. Eine Freundin, die ein Restaurant hatte, bot mir an, bei ihr so lange zu arbeiten, bis ich eine feste Stelle und eine Wohnung in Lyon gefunden hätte.

An diese Wochen in Paris erinnere ich mich wie an einen seltsamen Traum. Ich hatte beschlossen auszusteigen, einfach so, ohne viel zu überlegen, und sofort fing ich an, anders zu leben. Alles war so schnell gegangen, daß ich kaum noch wußte, wo mir der Kopf stand und wer ich überhaupt war.

Ich war noch immer Barbara, die Journalisten erkannten mich wieder und wollten Rundfunksendungen oder Interviews mit mir machen, und gleichzeitig war ich schon jemand anderes und fühlte mich in dieser neuen Haut nicht recht wohl.

Ich entwickelte während dieser Zeit eine Art Heißhunger ... auf Männer. Ein Verhalten, das ich mir früher überhaupt nicht hätte vorstellen können, und das mir, die ich drei Jahre lang allein gelebt hatte, ohne jemanden zu begehren! Ich bekam urplötzlich Lust auf Abenteuer, aber ich war sehr beunruhigt darüber, wie ich mich Männern gegenüber verhielt: ich ging mit ihnen um, wie gewöhnlich »Machos« mit Frauen umgehen. Es war eine Art Rache:

man vertauscht die Rollen und verhält sich genauso gemein wie die Männer, die man wegen ihres Egoismus und ihres Machthungers verachtet.

Ich rächte mich an ihnen. Ja, aber Vergnügen machte mir das nicht. Ich wurde oft eingeladen und hatte überhaupt keine Schwierigkeiten, Männer, die mir auf den ersten Blick gefielen, kennenzulernen. Ich schlief mit ihnen, und wenn es nicht gut gewesen war, tat ich alles, um meinen Partner zu erniedrigen. Ich beschimpfte ihn: »So geht's nicht, du hast mich nicht richtig gebumst.« Ich hatte Lust, richtig vulgär zu sein, und auch in dieser Lust konnte ich mich nicht wiedererkennen. Ich ging bis zum Äußersten und wenn ich die Männer benutzt hatte, ließ ich sie fallen. Wenn sie sich zum Beispiel gerade gemütlich darauf einrichteten, bei mir die Nacht zu verbringen, schickte ich sie weg, sie sollten woanders schlafen. Die Vorstellung, daß einer von ihnen neben mir in meinem Bett liegen könnte, war mir einfach unerträglich. So eine Verweigerung kann sich allerdings kein Mann gefallen lassen, für ihn ist das wie ein Schlag ins Gesicht. Wenn man einem Mann sagt, daß er nicht richtig bumsen kann, kann man auch regelrecht sehen, wie er zornesrot wird: seine heilige und vergötterte Männlichkeit ist da in Zweifel gezogen worden. Die Reaktion ist dementsprechend (sie müssen sich schließlich verteidigen, die Armen): »Das liegt an deiner Frigidität«. Na bitte. Anstatt sich selbst in Frage zu stellen, beschuldigen sie immer die Frau. Aber unter solchen Beschuldigungen und Beleidigungen hatte ich früher zu viel gelitten, ich war ihnen in die Falle gegangen: ich hatte mich schuldig gefühlt. Jahrelang hatte ich zu hören gekriegt: »Du bist schlecht im

Bett, du bist kalt, du kannst dich nicht bewegen, du bist nicht dies, du bist nicht das.« Ich hatte geglaubt, ich wäre nicht normal, zu doof. Diesmal war es aus. Ich zahlte mit gleicher Münze heim.

Ein paar Wochen lang habe ich mich auf diese Weise ausgetobt. Zunächst gab es mir die Möglichkeit, wieder Beziehungen mit Männern zu haben ohne daß das Geld dazwischentrat. Und dann hatte ich auch das Bedürfnis, um mein Selbstvertrauen wiederzufinden, mich zu befreien von der Verachtung, die mich drei Jahre lang eingehüllt hatte, indem ich sie nach außen kehrte wie einen Exorzismus.

Man darf daraus nicht schließen, daß ich einen Haß auf Männer schlechthin habe. Ich liebe einen Mann und ihm gegenüber habe ich mich nie so verhalten. Aber damals mußte ich durch eine Krise hindurch. Und tatsächlich verschwand diese Raserei genauso plötzlich, wie sie gekommen war. Eines Tages habe ich einfach festgestellt, daß diese Abenteuer mir nichts brachten. Als ich Prostituierte war, hatte ich wenigstens Geld als Ausgleich.

Diese Abenteuer hinterließen bei mir einen unbestimmten Ekel, aber damals waren sie nützlich. Ich bereue sie nicht. Pech für die, die sie ausbaden mußten.

Zehntes Kapitel

Als ich erklärte, daß ich nicht mehr als Prostituierte arbeiten wollte, wurde ich sofort der Lüge verdächtigt. Eine Prostituierte kann da gar nicht rauskommen, das ist doch völlig unmöglich! Man hat mir nicht geglaubt. Einige jedenfalls wollten mir nicht glauben, weil es ihnen nicht in den Kram paßte. Die einen hielten meine Entscheidung für einen Reklametrick, die anderen behandelten mich, als ob ich mich hätte bestechen lassen. Es wurde behauptet, ich hätte von einer Partei oder von der Regierung Millionen bekommen. Es hieß auch, daß mir eine »Alibi«-Stelle für 5000 Francs im Monat angeboten worden sei.

Dabei waren es die Freunde vom »Nid«, die eine Arbeit für mich fanden. Zwei Krankenschwestern, die Nachtwachen in einer kirchlichen Privatklinik für ältere Leute und für körperlich und geistig Behinderte machten, besorgten mir dort eine Stelle als Krankenpflegerin. Ich arbeitete zwanzig Nächte im Monat. Einschließlich der Überstunden belief sich mein Gehalt auf 2000 Francs.

Ich wollte um jeden Preis meine Kinder wieder zu mir nehmen und mit ihnen zusammenleben. Ich mußte also ein

Haus finden. Damals erlebte ich, wie viele phantastische Freunde ich wirklich hatte.

Im Sommer ist es schwierig, eine Wohnung zu finden. In der Zwischenzeit wohnte ich also immer bei Leuten, die ich kaum kannte. Freunde von mir hatten anderen Leuten von meinen Problemen erzählt, und die kamen dann auf mich zu und sagten: »Wir fahren in Urlaub, unsere Wohnung ist frei, hier sind die Schlüssel, du kannst dort bleiben.« Ich verstand die Welt nicht mehr. Sie überließen mir ihre Wohnung mit allem was darin war, ohne irgendwelche Bedingungen, einfach so, nur weil ich eine brauchte. Ich konnte es nicht fassen. Wie war es möglich, daß solche etablierten Leute mir Vertrauen entgegenbrachten? Hatten sie denn keine Angst, daß ich sie bestehlen könnte? Hatten sie denn keine Angst, daß ich Freier mit in die Wohnung nehmen könnte? Es war das erste Mal in meinem Leben, daß man mir vertraute. Ja, wirklich, das erste Mal. Ich hatte schon aufgeschlossene und uneigennützige Leute kennengelernt, aber die waren vom »Nid« und gehörten für mich in eine andere Kategorie. Sie standen uns nahe, kannten unsere Probleme und engagierten sich für uns. Aber die anderen? Die ich gar nicht kannte, die keine Bedingungen stellten und noch nicht einmal etwas dafür verlangten? Ich konnte es einfach nicht glauben.

Später gab mir eine Freundin in Paris den Schlüssel für ihre Wohnung. Ich weiß, daß ich zu ihr kommen kann, wann ich will, ohne mich anzumelden, selbst wenn sie nicht da ist. Für mich ist das phantastisch!

Ich will jetzt nicht lobhudeln, wie nett die Leute sind, ich will auch nicht behaupten, ich wäre von der Hölle direkt ins Paradies gekommen, aber ich hatte zu lange in einer Welt gelebt, in der man alles bezahlen muß, als daß ich die Großzügigkeit meiner neuen Freunde für selbstverständlich hätte halten können. Etwas schenken, nur aus Freude, einfach etwas machen, ohne großes Aufhebens, das war ich nicht gewöhnt. Diese Großzügigkeit war für mich eine wichtige Starthilfe.

Was so bombastisch als Wiedereingliederung in die Gesellschaft bezeichnet wird, ist absolut nicht rosig. Nur allzu oft steht man einem schwierigen Leben ganz allein gegenüber und hat Angst. An manchen Abenden fiel ich in ein tiefes schwarzes Loch. Ich bekam Weinkrämpfe und fragte mich: »Was mache ich hier eigentlich? Ich kriege keine Luft mehr, ich gehe dabei drauf.« Schließlich konnte ich nicht jedesmal zur Post rennen und meine Freunde zusammentrommeln, sie stören und bitten, vorbeizukommen. Es gab Tage der Einsamkeit, die schlimmer waren als die Zeit damals auf dem Strich, weil ich wieder zu leben anfing und leidensfähig wurde.

Manchmal fragte ich mich wirklich, wozu das alles gut sein sollte. Was brachte mir das ein? Die paar Kröten reichten gerade, meinen Kindern abends eine Tasse Kakao zu geben. Dabei hätte ich in die Stadt an meine Ecke gehen und sofort Geld machen können. Aber dann dachte ich an all meine Freunde, die mir vertrauten: ihretwegen durfte ich nicht wieder anfangen. Es war keine Frage der Moral, sondern sie hatten mir eine Tür geöffnet, und ich würde sie nicht wieder zuschlagen. Ich blieb also in meiner Küche und versuchte durchzuhalten. Ich wußte jetzt, daß ich am Leben war, auch für andere, und ich wollte nicht untergehen.

Einsamkeit ist für mich unerträglich. Ein Mann, der allein ist, kann immer noch in die Kneipe gehen, einen anderen Mann treffen und ein paar Worte mit ihm wechseln. Er kann auch zu einer Prostituierten gehen. Wieviele Männer kommen zu uns, weil sie allein sind oder weil sie nicht wissen, mit wem sie reden sollen. Bei uns haben sie eine Viertelstunde oder eine halbe Stunde lang, je nachdem, wieviel sie zahlen, jemanden, dem sie von ihrem Leben, ihrer Verzweiflung erzählen können.

Aber was macht eine Frau, wenn sie an der Einsamkeit kaputtgeht? Wagt sie sich abends auf die Straße, kann sie sicher sein, von einem Mann angesprochen oder sogar überfallen zu werden. Eine Frau ohne Begleitung sucht in den Augen der Männer immer nur das Eine. Geht sie in eine Bar, wird sie sofort angemacht, oder man geht ihr nach. Eine Frau allein, die Geldschwierigkeiten hat und zu der sich ein Mann an den Tisch setzt, der ihr 200, 300, 400, 500 Francs anbietet – wird sie sich die Sache nicht durch den Kopf gehen lassen? Einen Nachmittag oder einen Abend lang ist sie mit jemandem zusammen, der sich um sie kümmert. Sie kommt raus aus diesem unerträglichen Alltagstrott. Und 500 Francs sind auch nicht zu verachten. Damit könnte sie sich ein paar Schuhe in einem eleganten Schuhgeschäft kaufen, sie könnte so chic aussehen wie ihre Arbeitskollegin, die verheiratet ist. Mit 500 Francs könnte sie sich ein neues Kleid kaufen, wie alle anderen sein. Denn das ist die Hauptsache: wie alle anderen aussehen, sonst fällt man unangenehm auf. Und die Frau wird sagen: ja, nur dieses eine Mal.

Später, vielleicht einen Monat danach, immer noch allein und ohne Geld für Extra-Wünsche, wird sie sich sagen: »Ich habe es einmal gemacht, warum nicht nochmal? Ich lege es ja nicht darauf an, ich gehe ja nur spazieren, und wenn sich die Gelegenheit bietet, kann ich mich immer noch entscheiden.« Und die Gelegenheit bietet sich immer. Leider. Und jedesmal, wenn die Frau sich ein bißchen Luxus leisten will, kommt sie wieder. Anstatt nur am Sonntagnachmittag, zieht sie an einem Abend, an zwei Abenden, an drei Abenden los. Dann kommt der Morgen, an dem sie nicht aufstehen und zur Arbeit gehen will, weil es zu kalt ist oder weil sie deprimiert ist. Später traut sie sich nicht mehr ihrem Chef unter die Augen, sie schmeißt alles hin, weil es ihr peinlich ist ... und geht nur noch anschaffen.

Eine Frau, die Prostituierte war, hat einmal einer meiner Freundinnen gestanden: »Jeden Abend wenn ich esse, decke ich den Tisch für zwei.« Ich finde das schrecklich, wie allein muß sich diese Frau fühlen und wie schlecht muß es ihr gehen, daß sie sich diese Komödie vormacht! Angenommen, diese Frau nähme Brot und Butter, ginge über den Flur zu ihrem Nachbarn und sagte: »Ich muß mit jemandem reden, kann ich hereinkommen, ich bringe mein Abendessen mit!« Nur um zu reden. Wieviele Leute würden einfach die Tür zumachen und sich denken: »Die spinnt ja.« Und sie werden sich fragen: »Wie kommt sie dazu, uns zu stören? Jeder muß schließlich sein eigenes Leben leben, soll sie doch heiraten!« Auf dem Bauernhof wurde früher immer ein Teller mehr gedeckt, für den Fall, daß ein Armer vorbeikam und um Essen bat. Heute gibt es weder Teller noch Stuhl, nicht einmal ein freundliches Wort. Man lebt in der Großstadt, wo niemand den anderen kennt, mit den Nachbarn beschäftigt man sich nur, um über sie zu klatschen. Nicht aus Bosheit, sondern weil man sich langweilt. Zerstreuung ist teuer, und nicht jeder hat das Geld dafür.

Deshalb sage ich: »Die Gesellschaft ist verantwortlich für Prostitution.« Heute würde ich noch hinzufügen: »– und für ihre Randgruppen.« Die Leute werden sagen, die Gesellschaft hat einen breiten Rücken. Aber die Gesellschaft, das sind sie selbst, und wir auch. Wir alle versuchen, der Norm zu entsprechen. Dazu gehört auch die Mode. Wer entscheidet, ob der eine oder andere an den Rand der Gesellschaft gehört? Die anderen, die Masse, die Gesellschaft, die sich ihre Normen schafft, um sich zu bestätigen.

Es heißt: »Unter Mao sehen die Chinesen alle gleich aus, sie sind alle gleich angezogen, sie haben keine Persönlichkeit. Wie entsetzlich, was für ein schreckliches Regime.« Und wenn ich dann auf die Straße gehe und mich umsehe, denke ich: die Franzosen sind alle gleich angezogen, in allen Geschäften gibt es die gleichen Sachen, nur das Etikett wechselt. Alle Welt schläft vor demselben Fernsehprogramm. Alle Welt macht fast im selben Moment dieselbe Handbewegung und fühlt sich bedroht von denen, die anders denken oder aus der Reihe tanzen.

Jeder, der nicht dieses wie im Supermarkt in Klarsichtfolie verpackte Leben lebt – es womöglich kritisiert – wird an den Rand gedrängt: die radikale Linke ist eine Randgruppe, weil sie Nein sagen; die Pazifisten sind eine Randgruppe, weil sie ihre tägliche Dosis Sadismus zum Frühstück ablehnen, und so weiter. Wehe dem, der auffällt. In Frankreich ist es vielleicht nicht die Regierung, die die Uniform vorschreibt, aber das ist der einzige Unterschied zu China: hier übernimmt das die Gesellschaft. Sie baut sich ihr eigenes Gefängnis. Und in dieser großen Vitrine leben wir zusammen, aber jeder für sich allein. Und diese Einsamkeit schafft die verzweifelte Ausweglosigkeit, die eine Frau – gerade weil sie als Frau zusätzlich benachteiligt ist – dazu bringt, sich zu prostituieren oder irgendeine andere Verzweiflungstat zu begehen.

Wenn die Gesellschaft einen erstmal über Bord geworfen hat, ist es sehr schwierig, wieder nach oben zu kommen. Zunächst gibt es offensichtlich nichts, was einem hilft. Und dann hat die Gesellschaft auch ein gut funktionierendes Gedächtnis. Eine Frau, die einmal Prostituierte war, wird immer bei der Polizei registriert bleiben. Wir sind keine Frauen, wir sind Prostituierte oder Ex-Prostituierte, was im Kopf von Frau Meier dasselbe ist. Bei jeder Ermittlung, jedem Unfall oder jedem Antrag bei irgendeiner Behörde kommt die Vergangenheit wieder zum Vorschein, und das Lächeln des Mannes hinter dem Schreibtisch verwandelt sich in ein hämisches Grinsen. Ich bin Frau X, Mutter von zwei Kindern, aber der Beamte weiß, ich bin eine Ex-Nutte.

Wenn wir während unseres Aufstands im Juni 1975 immer wieder darauf hingewiesen haben, daß diese Registrierung illegal ist, dann deshalb, weil diese Kartei, die wir abgeschafft haben wollen, eine Frau *lebenslänglich* an Prostitution bindet. Wir sind genauso unauslöschlich gebrandmarkt wie unsere Kolleginnen zu Kaiserszeiten, wir bekommen zwar nicht mehr mit glühendem Eisen eine Bourbonenlilie in die Schulter gebrannt, aber unser Stempel ist genauso haltbar. Wir hören immer dasselbe Lied: »Die wollen es ja nicht anders«, oder sogar: »Die können gar nicht aussteigen, weil das Milieu sie in der Hand hat.« Nicht das Milieu hat uns in der Hand, sondern die Polizei. Niemand hat das Recht, eine Frau lebenslänglich für etwas zu verurteilen, was noch nicht einmal als strafbar gilt. Ich habe es gesagt, ich habe es geschrieben und wiederholt, und alle Prostituierten werden bis zum Ende dafür kämpfen, daß diese Infamie ein Ende hat.

Schon in den ersten Monaten meines Versuches der Resozialisierung habe ich gespürt, wie schwer die Vergangenheit wiegt. Ich schäme mich nicht, als Prostituierte gearbeitet zu haben, aber ich kann die Verzweiflung mancher Frauen verstehen, die aussteigen wollen und in der ständigen Angst leben, daß es rauskommt. Und früher oder später kommt es raus. Deswegen ist es vielleicht leichter, wenn man gerade vom Strich kommt, zunächst in einem dieser Umschulungsheime zu arbeiten, wie sie das »Nid« unterhält. Dort ist eine Frau nicht allein, sie bekommt einen ersten Arbeitsplatz, und wenn sie später geht, so geht sie nicht mit leeren Händen, sondern hat ein Arbeitszeugnis ihres ersten Arbeitgebers. Ich wollte nicht in so ein Heim. Ich hätte es nicht ertragen, von jemandem betreut zu werden und einer gemeinsamen Disziplin gehorchen zu müssen. Ich sehe ein, daß diese Disziplin notwendig ist und stabilisierend wirkt, aber bei mir weckt sie einfach zu viele schlechte Erinnerungen. Ich habe es also vorgezogen, mich allein durchzuschlagen und mich in erster Linie auf meine eigenen Kräfte zu verlassen. Das »Nid« hat mir dabei geholfen, aber von außen.

Die beiden Krankenschwestern, die mir eine Arbeit besorgten, halfen mir auch bei der Wohnungssuche. Als das Haus gefunden war, mußte ein Mietvertrag unterzeichnet, eine Kaution bezahlt und vor allem jemand gefunden werden, der für mich bürgte. Diese beiden Freundinnen zahlten die Kaution (ich hatte natürlich keinen Pfennig). Außerdem zahlten sie die verlangten zwei Mieten im voraus und bürgten für die folgenden. Die Freundschaftsbeweise nahmen kein Ende. Und ich war noch immer ganz erstaunt. Diese Frauen kannten mich kaum und auch nur als Barbara, die Prostituierte; sie übernahmen für mich Verpflichtungen, ohne irgendwelche Bedingungen zu stellen oder etwas dafür zu verlangen. So etwas kannte ich überhaupt nicht und konnte es immer noch nicht glauben. Manchmal dachte ich, das kann so nicht weitergehen, bald werde ich für alles zur Kasse gebeten.

Dem Hausverwalter, bei dem wir den Mietvertrag unterzeichnen mußten, war diese Frauenkoalition nicht geheuer, er war eben ein Mann. Die zukünftige Mieterin eine alleinstehende Mutter und die beiden Bürginnen ebenfalls unverheiratet. Um sicher zu gehen, verlangte er einen Vertreter des männlichen Geschlechts für die Kaution, mit dem könnte er ernsthaft reden ...

Es mußte also in aller Eile ein Mann gefunden werden, und das im August, mitten in der Ferienzeit. Ich rief alle Leute an, die ich seit Saint-Nizier kennengelernt hatte. Schließlich erreichte ich jemanden, Bernard, einen Postbeamten und ehrbaren Familienvater. Er kam sofort, stellte keine Fragen und bürgte für die zukünftigen Mieten.

Wenn ich nun die Miete nicht gezahlt hätte? Die Frage ist überhaupt nicht aufgetaucht. Die Leute um mich herum nahmen Risiken auf sich, gingen Verpflichtungen ein, einfach so. Für sie schien das normal zu sein. Mir kam es phantastisch vor.

Mein Zuhause hatte ich, fehlten noch die Möbel. Ich hatte immer im Hotel gewohnt. Das Geld vom Anschaffen war so schnell weggegangen, wie ich es verdient hatte. Da gab es also ein Problem. Zumindest glaubte ich das. Eine Erzieherin vom »Nid« nahm mich mit zum Emmaüs, einem karikativen Altwarenhandel. Dort sagte sie nur: »Diese Frau braucht Möbel für ihre Kinder.« Daraufhin bekam ich Kinderbetten, Matratzen, Tische und Stühle, einen Schrank und eine Kommode. Ich glaube, alles zusammen kostete 60 Francs, und die bekam ich vom »Nid« geliehen.

Freunde fuhren mir die Möbel nach Hause. Von nun an kam jeden Tag jemand vorbei und brachte ein Geschenk: Geschirr, Besteck und Gläser. Dann Decken, eine Lampe, einfach alles. Ich wußte gar nicht mehr, was ich diesen Leuten sagen sollte, die das mit größter Selbstverständlichkeit taten. All das geschah so natürlich, daß nie der Eindruck aufkam, sie hätten mir ein Geschenk gemacht, schon gar nicht Almosen. Ich schuldete ihnen nichts.

Seit ich ein Zuhause habe, bekomme ich Besuch, Leute kommen einfach vorbei. Ich bekomme auch Post, es ist jetzt schon fast eine Katastrophe, wenn der Briefkasten einmal leer bleibt! Dabei habe ich drei Jahre lang nicht einen einzigen Brief erhalten. Mein Tag beginnt mit dem Briefträger. Habe ich Post, dann fängt der Tag gut an, habe ich keine, ist der Tag im Eimer.

Ganz begeistert begann ich, das Haus für die Ankunft der Kinder vorzubereiten. Ich konnte alles noch nicht richtig glauben und befürchtete ständig, alles würde wie ein Kartenhaus zusammenfallen. Es war zu schön, um wahr zu sein.

Ein paar Journalisten, die mich zuhause besuchten, haben geschrieben, daß ich in einem feuchten, schimmeligen Loch in einem dunklen Hinterhof wohne. Diese Kleingeister! Ich gebe zu, daß mein Haus nicht gerade aussieht wie ein Palast. Es ist nicht sehr schön, die Vormieter haben es in den verschiedensten Farben gestrichen. Die Wände sind rot, grün, gelb und schwarz. Aber ist das so wichtig? Es ist mein Haus, mein erstes Haus seit dreißig Jahren. Hier bin ich zum ersten Mal in meinem Leben zuhause und lebe mit meinen Kindern zusammen. Diese Herren von der Presse können gar nicht nachempfinden, wie wichtig dieses Wort ist: »zuhause«. Sie sehen nur die Oberfläche und sie tun mir leid, weil sie nicht begriffen haben, wie schön mein Haus für mich ist, weil ich dort mit meinen Kindern zusammenleben kann.

Und auch meine Kinder sagten, als sie kamen: »Wir haben ja ein schönes Haus!« Und ich wußte, daß sie damit nicht irgendwelchen Luxus meinten, sondern sagen wollten, wie schön es ist, glücklich zu sein und hier alle drei zusammen zu leben. Und ich bewundere sie, weil sie die Kraft eines solchen Gefühls kennen.

»Ein Haus, ihre Kinder bei sich, eine Arbeit, Freunde: das ist ja ein Traumleben! Und da wird immer geredet, wie schwer die Resozialisierung von Prostituierten ist? Na, diese Barbara soll uns bloß kein Märchen erzählen. Sie wollte raus und nach drei Monaten war alles klar. Also, wenn die anderen immer noch auf dem Strich sind, dann wollen sie das wohl auch. Für das Geld . . .« Ich höre sie bis hier, diese braven Leute, wenn sie meine Geschichte hören. Sie reiben sich die Hände. Sie hatten mal wieder Recht gehabt: Probleme gibt es gar keine, alles nur Faulheit und Geldgier. Das stimmt nicht! Zum einen, weil die folgenden Seiten das Gegenteil beweisen, und zum anderen, weil ich auch kein gutes Beispiel bin. Von Anfang an war mein Fall besonders, und zwar aus dem einfachen Grund, daß ich Barbara war. Barbara – das bedeutete eine Anführerin, die gefährlich werden konnte und unschädlich gemacht werden mußte: auch eine gute Gelegenheit, sich ein reines Gewissen zu verschaffen, indem man ihr hilft. Und es bedeutete auch eine Frau, die in der Presse bekannt war und die nicht zögern wird, Krach zu schlagen, wenn sie es für richtig hält, mit der man aber gleichzeitig auch Reklame machen konnte. Es bedeutet schließlich auch die »freche Klappe«, die sich immer sofort wehrt und sich überhaupt nicht die Butter vom Brot nehmen läßt. Alles Vorteile, die nicht unbedingt jede Frau hat, die vom Strich kommt.

Nachdem ich verkündet hatte, daß ich aussteigen wollte, bat ich Madame Pasquier um ein Gespräch. Sie empfing mich und war ausgesprochen nett. Welche andere Prostituierte bekam von Madame Pasquier, die immerhin für Frauenfragen im Département Rhônes-Alpes zuständig war, Unterstützung zugesagt? Dank ihrer Intervention brauche ich kein einziges Mal selbst auf die Behörden zu gehen, um das Kindergeld und die Beihilfe für ledige Mütter in Höhe von 500 Francs zu bekommen – sie werden zusammen mit meinem ersten Gehalt überwiesen. Ich habe nicht einmal Formulare ausfüllen müssen, sondern brauchte nur meinen Namen, meine Adresse und die Namen meiner Kinder auf ein Blatt Papier zu schreiben. Außerdem standen mir noch 1000 Francs Überbrückungsgeld zu. Und Madame Giroud schickte mir, wie ich schon sagte, einen Scheck über 500 Francs. Welche alleinstehende Mutter kann das erzählen, und erst recht welche Prostituierte? Keine einzige. Es hat auch niemand einen besonderen Hehl daraus gemacht, daß ich besondere Chancen hatte. Mir, Barbara, wurde vieles leichter gemacht. Und ich, Barbara, erhielt eine einmalige finanzielle Beihilfe. Eine solche Beihilfe steht allen Frauen zu, die bestimmte Voraussetzungen erfüllen. Ich, Barbara, entsprach mit meinem Ausstieg diesen Voraussetzungen, warum also kommt diese Hilfe nicht auch den anderen Frauen zugute? Es ist wichtig für eine Frau, die keine Ausbildung hat – und damit nur wenig Lohn – zu wissen, daß ihr dieses Kindergeld zusteht, denn damit kann sie bis zum Monatsende durchkommen. Genauso wichtig ist das Wohngeld, auf das sie – theoretisch – ebenso Anspruch hat. Aber die Behörden arbeiten im Schneckentempo. Über Monate hin Anträge und Formulare ausfüllen, wenn man das Geld sofort braucht, um überhaupt erst anfangen zu können, da wird man verrückt. Jedesmal wieder auf die Behörde, wo sie immer glauben, einen wie eine Nutte behandeln zu können. Ich habe es mit einem Höchstgehalt von 2000 Francs und ohne Ersparnisse schaffen können, weil ich Freunde hatte, die mir Geld geliehen oder geschenkt haben und weil ich die Sozialhilfe sofort bekam. Aber die anderen?

Ich möchte mich hier bei zwei Sozialarbeiterinnen bedanken, die ich in Lyon getroffen habe, bei Madame Arnal, die auf regionaler Ebene arbeitet, und bei Madame Perrodin aus meinem Stadtteil. Wenn sich alle so verhielten wie diese beiden Frauen, dann wäre die Resozialisierung weniger schwierig für uns. Sie stellten keine indiskreten Fragen, hielten keine Moralpredigten, gaben keine Ratschläge und grinsten nicht hinter unserem Rücken. Sie hatten Verständnis für menschliche Probleme, waren immer für uns da und behandelten uns sehr freundlich. Diese Frauen bemühten sich, die Probleme der Prostituierten zu verstehen, sie fällten kein Urteil. Sie haben mir sehr geholfen, vor allem haben sie mir das Schlangestehen auf dem Sozialamt erspart, was ein besonderes Privileg war. Und das Warten ist dabei nicht das Schlimmste, man darf nicht vergessen, daß eine Frau, die gestern als Prostituierte gearbeitet hat, heute noch immer befürchtet, erkannt und beschimpft zu werden. Solche Ängste brauchen Jahre, bis sie verschwinden. Einer Frau, die in der »normalen« Arbeitswelt anfängt, fehlt jegliches Selbstvertrauen. Bei der geringsten Anspielung auf ihr früheres Leben verliert sie die Beherrschung und rennt weg. Und das liegt nicht an ihrem Verhalten. Es gibt so viele Berichte von resozialisierten Frauen, die völlig verzweifelt zum »Nid« zurückkamen, weil man sie an ihrer Arbeitsstelle erkannt und vor die Tür gesetzt hatte. Sie hatten einfach nicht die Kraft, sich gegen die widerrechtliche Entlassung zu wehren.

Meine erste Arbeitsstelle als Krankenpflegerin gefiel mir sehr. Einerseits arbeitete ich nachts und so konnte ich meinen Tag einteilen und mich um meine Kinder kümmern.

Andererseits mochte ich die Kranken und pflegte sie gerne. Wenn Menschen leiden, vor allem die alleinstehenden alten Frauen, dann kann man nicht anders, als nett zu ihnen zu sein. Mein Lebensrhythmus war anstrengend, und ich hatte viele Sorgen, aber irgendwie schaffte ich es.

Ich dachte, alles wäre gut in Gang gekommen . . . bis zu dem Tag, an dem die Anstaltsleiterin, eine Nonne, erfuhr – durch wen und wie weiß ich nicht – daß die Nachtwache, die seit sechs Monaten ohne jeden Zwischenfall bei ihr arbeitete, Barbara war. Eine ehemalige Prostituierte!

Mir hat man nichts gesagt, ich wurde auch nie befragt, nicht eine einzige Andeutung ist mir gegenüber gemacht worden. Aber die Mutter Oberin versammelte alle Erzieher, Psychologen und einen Teil des Personals. Es wurde sehr viel über mich gesprochen, ohne mich.

Die Mutter Oberin bat die Mitglieder des »Nid« zu sich und hielt folgende Rede: »Wir sind mit dieser Person sehr zufrieden, sie macht ihre Arbeit ausgezeichnet. Sie wird ihre Arbeit aber woanders machen müssen. Nicht bei uns! Hier können wir diese Sorte Frauen nicht zulassen.« Ich wußte davon immer noch nichts. Ich tat meine Arbeit. Alles war in Ordnung.

Als mir schließlich jemand vom »Nid« erzählte, was er gehört hatte, war das für mich wie ein Schlag ins Gesicht. Es hat mir sehr weh getan. Dieses Mal brach wirklich eine Welt für mich zusammen.

Ich war am Ende und heulte eine Stunde lang. Danach gewann meine Kämpfernatur wieder die Oberhand. Noch am selben Abend, bevor ich meine Nachtwache begann, sprach ich bei der Oberin vor. Als ich in ihrem Büro stand, wollte ich bestätigt haben, was mir zu Ohren gekommen war.

»Madame«, sagte die Nonne, »Sie müssen versuchen, uns zu verstehen: ich habe Ihnen überhaupt nichts vorzuwerfen, aber wir haben hier junge Mädchen. Sie könnten erfahren, wer Sie sind, und damit würden Sie ihnen schaden.« Außerdem gab sie mir zu verstehen, daß manche Angestellte sich darüber beschwert hatten, mit einer Frau wie mir zusammenarbeiten zu müssen. Wenn man sie so hörte, mußte man glauben, das Wort »Hure« wäre mir auf die Stirn geschrieben, und ich verhielte mich auch so. Da bin ich explodiert. Ich habe das Glück, daß man mir die Jahre auf dem Strich nicht ansieht, ich habe nicht den »Stil«. Ich unterscheide mich weder in meinen Bewegungen, noch in meiner Sprache, noch in meiner Aufmachung (ich schminkte mich überhaupt nicht) von irgendeiner anderen Frau. Aber der Rassismus zeichnet sich dadurch aus, daß er seine Opfer sofort kenntlich macht. Jetzt, wo alle wußten, daß ich Barbara war, fielen sie über mich her. »Hab' ich es mir doch gleich gedacht, sie hat sich immer so komisch benommen...«

Kurz, man gab mir zu verstehen, daß ich meine Arbeitsstelle ohne großes Aufsehen und unauffällig zu verlassen hätte. Da kannten die mich aber schlecht! Ich forderte die Mutter Oberin auf, mir ein Kündigungsschreiben mit Angabe des Kündigungsgrundes zu schicken. Ich würde nicht freiwillig gehen, sie müßte mir schon vorschriftsmäßig kündigen. Dieses Kündigungsschreiben habe ich natürlich nie erhalten.

Man hoffte, mich mit Einschüchterungsversuchen loszuwerden. Sie glaubten, eine Prostituierte schämte sich zu sehr und würde sich lieber verstecken und davonlaufen, als mit dem Finger auf sich zeigen lassen. Ich nicht! Ich kämpfte jetzt für alle Frauen, die dasselbe durchgemacht hatten wie ich und zutiefst gedemütigt hatten gehen müssen. Ich kämpfte auch für alle Frauen, die auf den Strich zurückgekehrt waren, weil ihre Arbeitgeber sie wiedererkannt hatten, und die jetzt denken mußten, ihr Leben lang gezeichnet zu sein.

Als ihre Einschüchterungsversuche erfolglos blieben, suchte die Anstaltsleitung nach einem anderen Weg, mich loszuwerden. Aber sie mußten vorsichtig sein, denn sie hatten es mit Barbara zu tun. Ich hätte ohne weiteres in der Presse einen Skandal machen können, denn meine Entscheidung auszusteigen war öffentlich bekannt. Die Zeitungen ließen keine Gelegenheit aus, mich Frau Müller als gutes Beispiel vorzuführen und sie damit zu Tränen zu rühren. Ich war die gute Prostituierte, die Ausnahme, die die Regel bestätigt. Und so wäre es für mich ein leichtes gewesen, gewisse Unregelmäßigkeiten irgendeines Arbeitgebers öffentlich zu machen. Und sie wußten auch, daß ich mir eine solche Gelegenheit nicht entgehen lassen würde. Nicht aus Rachsucht, sondern um allen Skeptikern zu beweisen, daß Resozialisierung wirklich nicht so einfach ist. Wenn ich erklärt hätte »Ich gehe auf den Strich zurück, weil ich entlassen wurde und meine Kinder ernähren muß«, wie hätte diese »wohltätige« Anstalt in der Öffentlichkeit wohl dagestanden? Dickköpfig wie ich bin, wäre ich sogar wegen ungerechtfertigter Entlassung vor das Arbeitsgericht gegangen.

Gekündigt wurde mir also nicht. Aber es wurden Maßnahmen getroffen um mich rauszuekeln. Zunächst wurden mir die morgendlichen Überstunden gestrichen, die ich regelmäßig machte. Ich fragte warum. Antwort: es ist eine Vergünstigung, auf die alle Angestellten gleichermaßen Anrecht haben. Das Ergebnis dieser Aufteilung war für mich, daß alle Überstunden wegfielen und mein Gehalt von 2000 Francs auf 1400 Francs sank.

Ich brauchte wirklich Geld. Ich bat also darum, eine oder zwei Stunden pro Tag als Putzhilfe arbeiten zu können. Ich wußte, daß solche Arbeit tagsüber anlag und daß dafür Personal gebraucht wurde. Abgelehnt. Als einzige alleinstehende Mutter mit zwei Kindern bat ich darum, pro Monat zwei Wachen mehr machen zu dürfen. Auch das wurde abgelehnt. Dabei wurde nie ein Grund angegeben, außer: »Das steht Ihnen nicht zu.«

Ich habe das alles nur aushalten können, weil ich Freunde hatte, die mich unterstützten und mich ermutigten weiterzukämpfen, wenn ich aufgeben wollte. Wenn ich nun nicht gerade Barbara gewesen wäre, hätte ich dann auch so ein Stehvermögen gehabt? Hätte ich nicht allmählich all mein Selbtsvertrauen verloren? Vielleicht hätte ich resigniert und angefangen, an das zu glauben, was alle Welt anscheinend schon wußte: »Ich bin nichts wert, ich halte nichts aus, ich gehe wieder auf den Strich.«

Man muß sich nur anhören, wie die Leute reden und was sie von Prostituierten halten. Alle werden sagen: »Wenn ihr nicht gefällt, was sie macht, soll sie doch arbeiten gehen wie alle anderen auch. Sie muß sich nur ein bißchen Mühe geben, das tun wir schließlich auch.« Ja, aber Mühe geben kann man sich nur, wenn einem die Chance dazu gelassen wird.

Erste Hürde: eine Arbeit finden. Welcher Arbeitgeber stellt schon eine Frau ein, die noch nie eine Stellung hatte und auch keine Arbeitspapiere vorlegen kann? Wer stellt schon eine Frau ein, die es wagt zu sagen: »Früher war ich Prostituierte.« Zweite Hürde: in einem Betrieb oder einem Büro arbeiten. Wer wird wohl als erster aufdecken, daß die Neue vorher auf dem Strich war? Sie selber bestimmt nicht. Also ein Kollege, der sie wiedererkennt, wenn sie noch immer in derselben Stadt ist. Meistens aber kommt es »durch Zufall« heraus, durch die Bürokratie, also die Krankenkasse oder das Sozialamt, wenn nicht überhaupt durch die Polizei, die sie wegen unbezahlter Bußgelder aufspürt.

Mich hat mit Sicherheit jemand wiedererkannt und geredet. Das war ja auch leicht, schließlich war ich im regionalen und im nationalen Fernsehen aufgetreten, und mein Photo war in allen großen Zeitungen erschienen. Selbst wenn ich woanders hingezogen wäre, es hätte sich immer eine gute Seele gefunden, um mich bloßzustellen. So etwas heißt dann »Wiederanpassung« an die Gesellschaft ... Es ist manchmal bitter.

ELFTES KAPITEL

Nachdem ich in diesem frommen Hause soviel Ärger gehabt hatte, wollte ich herausfinden, ob meine Erfahrung eine Ausnahme war. Ich begann, ehemalige Prostituierte zu befragen, die jetzt im »Nid« mitarbeiteten oder ihm nahestanden. Das Ergebnis war niederschmetternd: die Öffentlichkeit verhinderte nicht nur die Resozialisierung von ehemaligen Prostituierten, sondern machte sie praktisch unmöglich. Die Leute wollen einfach nicht glauben, daß sich jemand ändern kann, und so verdammen sie kategorisch jede Frau, die auch nur einen Schritt auf dem Strich gemacht hat.

Wenn eine Prostituierte in Lyon aussteigen will, muß sie zuerst zur Polizei gehen und ihr Vorhaben mitteilen, damit die Registrierung gelöscht wird. Der Bulle vom Dienst grinst nur und zerreißt vor ihren Augen irgendein Stück Papier, womit aber noch lange nicht bewiesen ist, daß die ganze Akte vernichtet wurde. Die Polizei hat gar nicht die Absicht, so eine Frau zu vergessen. Und das wird ihr auch ganz klar gesagt: »In ein paar Monaten sehen wir uns wieder, da bin ich sicher.« Oder: »Du hörst auf? Na, wir sprechen uns noch.« Der erste Schritt ist also schon nutzlos und entmutigend. Seit der Revolte vom Juni 1975 weigern sich die Prostituierten von Lyon, die aussteigen wollen, sich auf dem Kommissariat zu melden. Weil Registrierung ohnehin illegal ist, lehnen sie auch die Verpflichtung ab, ihre Daten in der Kartei löschen zu lassen. Sie beschlossen ein für alle Male, die Sittenpolizei über den Anwalt des Kollektivs telefonisch zu benachrichtigen. Anfangs protestierten die Bullen: »Sie müssen selber kommen, wir sind dazu verpflichtet, die Karte vor Zeugen zu vernichten.« Aber ihre Komödie war umsonst.

Inzwischen ist klar, daß die Listen oder Karteien in Archiven aufbewahrt werden.

Der Beweis ist, daß eine ehemalige Prostituierte, wenn sie zufällig wieder mit der Polizei zu tun hat oder in der Presse erwähnt wird, sei es wegen einer Geschwindigkeitsüberschreitung oder wegen irgendeinem Zwischenfall, wie durch ein Wunder mit dem Etikett »Frau X, Ex-Prostituierte« oder »ehemalige, der Polizei wohlbekannte Prostituierte« behaftet wird. Diese Auskunft aus einer Phantom-Kartei fällt doch wohl nicht vom Himmel!

Hier ein neues Beispiel, was die Behörden unter Resozialisierung von Prostituierten verstehen. E. hörte im Januar 1975 mit der Prostitution auf und zog nach Paris, wo sie eine Arbeit fand. Von Bußgeldern überhäuft, wie wir alle, bat sie ihren Anwalt, zu beantragen, daß sie ihr erlassen werden. Das haben wir im lezten Jahr durch die Vermittlung unseres Anwalts Boyer alle so gemacht. Was dann passierte, erzählt sie selbst:

Am fünfzehnten Dezember finde ich in meinem Briefkasten eine Vorladung zum Revier: »Sie werden gebeten, wegen Sie betreffender Angelegenheiten unverzüglich vorzusprechen.« Ich ahne Schlimmes, rufe dort an und erfahre, daß ich wegen sechs unbezahlten Bußgeldern zur Zahlung und zu zwölf Tagen Haft verurteilt bin! Die Polizei werde in ein bis zwei Stunden bei mir eintreffen, und alles weitere erklären. Eine Katastrophe. Der Schrecken fährt mir in die Glieder. Ich bin am Boden zerstört und außer mir vor Wut. Ich sehe mich blitzartig wieder auf dem Strich stehen. Und »sie« sind es, die uns wieder dahin bringen. Wenn man bedenkt, was ich alles getan habe, um da rauszukommen, welche Energie es mich gekostet hat, um zu vergessen, und welchen Mut ich aufbringen mußte, um ein neues Leben zu versuchen, und jetzt kommen die daher und werfen einem einfach brutal die ganze Vergangenheit an den Kopf! So läuft das also, ihr »Gefängnis als abschreckende Maßnahme«!

Ich rufe Freunde vom »Nid« an. Einer von ihnen, den ich noch von früher kenne, ist an diesem Abend gerade in Paris. Sie kommen sofort zu zweit, und kurz darauf treffen vier (mehr nicht) Polizisten ein. Zum Glück hatte ich gerade noch Zeit, meinen kleinen Sohn ins Bett zu bringen; was für Ängste hätte das Kind ausstehen müssen, wenn es diese Szene mitbekommen hätte?

Den verantwortlichen Polizisten scheint die Anwesenheit dieser beiden Herren nervös zu machen. Hält er sie etwa für Zuhälter? Er fragte mich: »Können wir vor diesen Herren sprechen?« »Aber sicher«, sage ich, »ich habe sie extra kommen lassen.« Er beginnt also mit der Verlesung des Haftbefehls, wird jedoch von meinem Freund vom »Nid« unterbrochen, der die genauen Daten wissen will, da ich seit fast einem Jahr ausgestiegen war. »Monsieur, wer sind Sie eigentlich?« fragt der Polizist. Und ich antworte ganz schnell: »Das ist mein Onkel!« Zum Glück schaltet sich jetzt der andere Freund ein: »Wir sind beide Mitglieder des ›Nid‹ und kennen diese Frau sehr gut. Wir kennen in Paris viele Frauen, denen es ähnlich geht. Meinen Sie nicht, daß ein solches Vorgehen nicht gerade dazu beiträgt, diesen Frauen ein neues Leben zu ermöglichen, wie wir alle es ja wollen?« Die Polizisten stimmen zu, wenden jedoch ein: »Wir führen nur unsere Befehle aus.« Ich versuche daraufhin meinen Antrag auf Erlaß der Bußgelder heraus und lege ihn vor. Leider hat sich auf dem Amtswege alles verzögert ... so sehr, daß die Polizei von dem laufenden Verfahren nichts wußte. Bleibt also nur, Widerspruch einzulegen. Daraufhin setzt der Polizist ein Protokoll auf, das ich dann unterschreibe, sodaß ich am nächsten Tag gleich meinen Anwalt die notwendigen Schritte unternehmen lassen kann.

Schließlich ist der Polizist beruhigt und möchte sich von seiner menschlichen Seite zeigen. Er fragt mich nach meinem kleinen Sohn, der tief schläft. » Wo geht er denn zur Schule?« Zufällig ist es dieselbe Schule, in die sein einer Sohn geht, er ist fast genauso alt. »Heißt er vielleicht M.?« – »Ja, genau.« – »Na, das ist doch der beste Freund von meinem Sohn, er erzählt zuhause immer von ihm!« Kaum zu glauben, das ist fast wie in einem Roman! Soll man nun weinen oder lachen? Mein Freund vom »Nid« sagt abschließend: »Nun stellen Sie sich doch mal vor, das Kind hätte diese Szene miterlebt! Dann hätte er morgen früh zu Ihrem Sohn gesagt, du, gestern ist dein Vater gekommen und hat meine Mutter verhaftet!« ... Und der Polizist war völlig betreten ...

Femmes et Mondes, Juni 1976

Im Oktober 1975 ging ich als Barbara zusammen mit einer Gruppe von Frauen aus Lyon und Paris in das Büro von Guy Pinot. Wir kamen alle aus der Prostitution und hatten eine Dokumentation über unsere Schwierigkeiten bei der Resozialisierung zusammengestellt, mit präzisen Vorschlägen für sofortige Verbesserungsmaßnahmen. Diese erste Reise war leider eine große Enttäuschung für uns. Monsieur Pinot war nicht da, und der Beamte, von dem wir empfangen wurden, lachte uns praktisch ins Gesicht. Er gehörte zu dieser weit verbreiteten Kategorie von Männern, die uns sagen: »Sie sind ja außergewöhnlich mutige Frauen, aber Sie sind Ausnahmen! Die Mehrheit der Prostituierten fühlt sich doch wohl da. Warum sollte man ihnen etwas erleichtern, wenn sie es gar nicht wollen?« Von dieser Unterredung kam ich wütend zurück. Meine Befürchtung hatte sich bestätigt, daß man sich in diesem Ministerium einen Dreck um die Frauen scherte und in Wirklichkeit klammheimlich eine Reform zur Legalisierung der Prostitution vorbereitete. In der Dokumentation, die wir damals übergaben, gingen wir vor allem auf zwei Punkte ein: auf die vernichtenden Vorurteile in der Bevölkerung und auf die Nicht-Anwendung der Verordnungen von 1960. Diese Verordnungen dienen der Resozialisierung von Prostituierten und beinhalten vorbeugende Maßnahmen gegenüber Personen, die von der Prostitution gefährdet sind.

DISKUSSIONSPUNKTE AUS MEHREREN TREFFEN IM HINBLICK AUF DIE UNTERREDUNG MIT MONSIEUR PINOT IN PARIS

Dienstag, den 21. Oktober 1975

I. ARBEIT

Wir sind ehemalige Prostituierte und möchten zunächst einmal darauf hinweisen, wie groß die Schwierigkeiten sind, mit denen wir zu kämpfen haben, um eine anständige und gut bezahlte Arbeit zu finden. Angesichts einer Million Arbeitsloser in Frankreich sind wir sicher nicht die einzigen mit diesen Problemen, aber für uns sind die Schwierigkeiten noch zehnmal größer:

- *weil die Frauen zwischen zwanzig und dreißig am stärksten von der Arbeitslosigkeit betroffen sind* (vgl. die offiziellen Statistiken des Ausschusses für Frauenarbeit im Mai 1975);
- weil die meisten von uns *keinerlei* Berufsausbildung haben; meistens geht es für uns nicht darum »wieder anzufangen«, sondern wir müssen überhaupt bei »Null anfangen«, ohne irgendetwas vorweisen zu können;
- weil wir keine *Gehaltsbescheinigungen* eines früheren Arbeitgebers haben, mit der wir eventuelle Bedenken bei der Einstellung zerstreuen könnten. Was sollen wir wohl antworten, wenn man uns fragt: »Woher kommen Sie? Wo haben Sie bislang gearbeitet?«

Wenn wir diese Schwierigkeiten aufzählen, wird uns erwidert: aber es stehen ihnen doch Möglichkeiten offen, in eigens dafür bestimmten Heimen eine Berufsausbildung in Anspruch zu nehmen. Das ist richtig. Aber wir möchten auch auf Folgendes hinweisen:

– *nur allzuoft entspricht die angebotene Berufsausbildung nicht unseren Fähigkeiten.* Wegen einer ungenügenden Schulbildung haben manche nie gewagt, überhaupt nur anzufangen, und andere haben mittendrin aufgegeben. Im übrigen sind die Beihilfen, von denen wir in der Ausbildungszeit leben müssen, sehr gering und völlig unzureichend, vor allem, wenn davon noch ein Kind ernährt werden muß.
– Zu den Übergangsheimen möchten wir folgendes sagen: natürlich konnten die Frauen, die dort aufgenommen wurden einfache Arbeiten erlernen und eine erste Gehaltsbescheinigung bekommen. Mit dieser regulär erworbenen Bescheinigung konnten sie sich danach in einer Firma bewerben. Sie waren wieder bei der Krankenkasse gemeldet und hatten Anspruch auf Sozialleistungen.

Aber wir möchten den Verantwortlichen in den Ministerien folgende Fragen stellen:

1. *Gibt es genügend Heime,* um alle Frauen aufzunehmen, die eines Tages mit der Prostitution aufhören wollen? Soviel wir wissen, gibt es in Frankreich immer noch sehr wenige. Und sollte man sich nicht verstärkt darum bemühen, allen Frauen, die es wünschen, eine Aufnahme in diesen Heimen zu ermöglichen?

2. Andererseits ist ein solcher Aufenthalt im Heim nicht für jede Frau das richtige. Es gibt sehr viele Frauen, die sich nur mit großen Schwierigkeiten allen Zwängen des kollektiven Lebens unterordnen können. *Müßte man nicht auch versuchen, andere mögliche Formen der Unterstützung bei der Resozialisierung zu finden,* wie zum Beispiel die Einrichtung von offenen Heimen, Kontaktstellen mit Sprechstunden von kompetenten Sozialhelfern?
3. Damit diese Formen von Unterstützung bei der gesellschaftlichen Wiedereingliederung erarbeitet werden können, *sind Untersuchungen und Subventionen notwendig.* Nur so können die Verordnungen von 1960 eine bessere Anwendung erfahren.

Zum Thema Arbeit möchten wir abschließend noch auf *zwei andere Schwierigkeiten* hinweisen, von denen wir besonders betroffen sind:

- *Schwierigkeiten, die mit einer gewissen Form der Unstetigkeit verbunden sind.*
  Wir müssen uns plötzlich auf regelmäßige und normale Arbeitszeiten umstellen; wir müssen uns an einen Lebensrhythmus gewöhnen, der neu für uns ist (zum Beispiel an feste Schlafzeiten). Dafür brauchen wir eine bestimmte Umgebung und eine Arbeitsstelle in der Nähe unserer Wohnung.
- Schwierigkeiten im Zusammenhang mit der *Gefahr des Alkoholismus.* Wir wollen nicht verallgemeinern, müssen aber feststellen, daß viele von uns mit diesem Problem konfrontiert waren oder sind. Auf dem Strich gewöhnt man sich das Trinken an. Der Alkohol

machte es uns möglich, bestimmte Situationen zu ertragen, weil er uns Mut einflößte. Wir wissen heute, daß er eine Droge ist, von der viele nur schlecht loskommen. Er ist auch heute noch manchmal eine Zuflucht. Deswegen brauchen viele von uns eine Entziehungskur. Wissen Sie, was die kostet? Manche von uns können sich einfach nicht dazu entschließen. Auf jeden Fall kommt Alkoholismus den Staat teuer zu stehen. Wäre es da nicht in seinem eigenen Interesse, die Bekämpfung des Alkoholismus zu unterstützen und zu fördern?

II. FAMILIE – KINDER

Viele Prostituierte sind Mütter und müssen ihre Kinder großziehen. Wird dem in der heutigen Gesetzgebung und vor allem in ihrer Anwendung genügend Rechnung getragen? Könnte man nicht einer Frau, wenn sie mit der Prostitution aufhört, die notwendigen Gänge zu Behörden erleichtern?

Die Wartezeiten sind viel zu lang. Es ist zum Beispiel unmöglich, ganz schnell *Kindergeld* zu bekommen, obwohl wir es dringend brauchen. Im Gegenteil, überall haben wir es mit einer *schleppenden Verwaltung* zu tun, die für die Bearbeitung unserer Akten sechs bis zwölf Monate braucht. Das wirkt sich *äußerst entmutigend* auf eine Frau aus, die gerade die Prostitution aufgegeben hat und nun *in ständiger Angst* lebt, nicht mehr zu wissen, wie sie ihre Kinder ernähren soll. Wir kennen mehrere, die ihren mütterlichen Verpflichtungen nicht gerecht werden konnten und leider wieder in die Prostitution zurückgekehrt sind. Solche Tatsachen müssen einfach öffentlich gemacht und berücksichtigt werden.

Meistens ziehen wir unsere Kinder *allein* groß. Wie wird dieser Situation, der *Frau als Familienoberhaupt,* Rechnung getragen? Und warum halten jene, die über die Höhe der Beihilfe zu entscheiden haben, für richtig, diesen Frauen erst einmal lange Zeit gar nichts zukommen zu lassen? Wir fordern die unverzügliche Einleitung von Maßnahmen, damit diese Frauen in kürzester Frist die Unterstützung erhalten, auf die sie ein Anrecht haben, das heißt, sobald sie wieder anfangen zu arbeiten.

Bezüglich der *Krankenkasse* ist zu sagen, daß einer Frau, die schon seit Jahren die Prostitution aufgegeben hatte, die ihr zustehenden Tagegelder erst Monate später ausgezahlt wurden. Warum gibt es *immer diese endlosen Verzögerungen, die sich gerade für Personen so katastrophal auswirken,* die keine anderen Einkünfte haben?

Abschließend möchten wir noch anmerken, daß es heute immer noch Personen gibt, die zu keiner sozialen Kategorie gehören und deshalb keinerlei Anspruch auf Unterstützung haben. Sie können sich also nur an Wohltätigkeitsverbände wenden, bis ihnen eine Sozialhilfe (wenn das überhaupt möglich ist!) genehmigt wird. Ist sowas normal?

III. DAS WOHNUNGPROBLEM

Hat man daran gedacht, wie schwierig es ist, eine passende Wohnung zu finden, wenn keine Gehaltsbescheinigung da ist?

Dabei ist es gerade für eine Frau, die die Prostitution aufgibt, besonders wichtig, sofort eine Wohnung zu finden, um sich wieder in die Gesellschaft eingliedern zu können. Für uns besteht die *zwingende Notwendigkeit, mit dem Milieu zu brechen.* Und dieser Bruch muß sofort passieren. Die geringste Verzögerung kann katastrophale Folgen haben, denn die Frau läuft Gefahr, entweder durch Erpressung oder die Lebensumstände wieder ins Milieu zurückgeholt zu werden.

Wie soll sie aus diesem Teufelskreis: »Keine Arbeit: keine Wohnung« – »keine Wohnung: keine Arbeit« je herauskommen? *Im Rahmen der Verordnungen von 1960 müßte eine Dienststelle zur bevorrechtigten Wohnungszuteilung eingerichtet werden,* sonst besteht die Gefahr, daß alles nur schöne Worte und leere Versprechungen bleiben.

IV. DIE FINANZIELLEN SCHWIERIGKEITEN

Macht man sich auch nur annähernd eine Vorstellung davon, mit welchen Problemen wir konfrontiert sind, sobald wir den Strich verlassen?

Wir sind es nicht gewöhnt, unser Geld einzuteilen, und stehen von einem Tag auf den anderen vor Geldproblemen. Eine von uns hat kürzlich gesagt: »Ich habe mit 4000 Francs im Monat gelebt und nun soll ich es plötzlich schaffen, mit 100 Francs zwei Wochen lang auszukommen.«

Und eine andere: »Wie soll man das denn überhaupt hinkriegen, wenn man aufhören will und kein Geld mehr hat? Viele Leute denken, eine Prostituierte hätte viel Geld. Das ist ein Märchen! An dem Tag, wo sie aufhört, hat sie keinen Pfennig in der Tasche.«

V. DER SCHLECHTE RUF, DER UNS VERFOLGT

Ob man es wahrhaben will oder nicht, ob man es bedauert oder nicht: trotz der angeblich von offizieller Seite ergriffenen Maßnahmen zur Vernichtung der Akten über ehemalige Prostituierte wissen wir leider nur zu gut, *daß unser Ruf uns immer anhängt.* Unter der Hand oder telefonisch weitergegebene Auskünfte erleichtern uns nicht gerade die Wiedereingliederung in die Gesellschaft.

Mehreren von uns ist eine Arbeit verweigert worden, weil der Arbeitgeber Auskünfte eingeholt hatte. Die Gesellschaft macht uns mit ihrer Verlogenheit das Leben nicht gerade leichter. Uns sind mehrere Beispiele bekannt. So heißt es in einem Brief: ». . . Als ich in die Gesellschaft zurückkehren wollte, wurde ich von ihr abgewiesen! Ohne Freunde, die mir Ratschläge geben könnten waren meine Versuche umsonst, *weil man mir nie vertraute.* So bleibe ich also weiter auf mich angewiesen, mit dem Haß in meinem Herzen auf alle, die mir den Rücken gekehrt haben, als ich sie brauchte . . .«

Eine andere Frau schreibt: ». . . Vier Jahre später kriegt eine Kollegin Schwierigkeiten mit ihrem ehemaligen Vermieter, der die Miete für ein ganzes Jahr von ihr fordert. Tatsächlich hatte er erfahren, daß sie eine Prostituierte gewesen war. Daraufhin hat er ihr »Anträge«

gemacht, die sie jedoch zurückwies. Nun macht er ihr Schwierigkeiten, zitiert sie sogar vor Gericht, und zwingt somit die Frau, die kein Geld hat, sich für ihre Verteidigung einen Anwalt zu nehmen.«

Und noch eine andere: »Eine Frau wollte in ihrer Firma als Betriebsrätin kandidieren, was jedoch von ihrer Gewerkschaft ›aufgrund ihrer Vergangenheit‹ abgelehnt wurde. Und diese Entscheidung wurde auch noch von jemandem getroffen, der sich als Mitglied einer christlichen Organisation ausgibt! Dabei war diese Frau in ihrer früheren Firma schon vier Jahre lang Betriebsrätin gewesen.«

In diesem Zusammenhang protestieren wir aufs schärfste gegen den *totalen Mangel an Diskretion seitens der Polizei,* die noch immer Karteien führt wie in der Vergangenheit. Wenn wenigstens die offizielle Löschung der Karte ein anderes Verhalten uns gegenüber mit sich brächte ... Aber meistens kann davon nicht die Rede sein, für die Polizei sind wir weiterhin die »ehemaligen Prostituierten«, und diesem Ruf fallen wir oft genug zum Opfer.

In diesem Zusammenhang zitieren wir folgenden Bericht: »Vor einiger Zeit erhielt ich eine Zahlungsaufforderung nach der anderen. Jede Woche bekam ich eine ›letzte‹ Mahnung vor der Pfändung ins Haus geschickt, obwohl mein Antrag auf Erlaß schon vor langer Zeit genehmigt worden war. Ich gehe also aufs Polizeirevier. Ich nenne meinen Namen, erkläre meinen Fall und sage: ›Ich kann Ihnen meine Papiere übrigens auch zeigen!‹ Ich suchte in meiner Tasche nach diesem berühmten Antrag auf Erlaß! Ich kann ihn nicht gleich finden und sage deswegen: ›Moment, glauben Sie mir, ich habe ihn bestimmt dabei, ich gebe Ihnen mein Wort!‹ Daraufhin kriege ich zu hören: ›Ha, das Wort einer Nutte!‹ ›Schwein‹, gebe ich zurück. Da haut er mir eine runter. Aber genauso schnell lange ich ihm auch eine. Dann sage ich mit Nachdruck: ›Jetzt können Sie in meine Papiere eintragen «Beleidigung und Widerstand gegen die Staatsgewalt», das ist mir egal, denn zu allererst haben Sie mich weder zu beleidigen noch zu schlagen.‹«

Es ist ein Angriff auf unsere Würde, wenn wir immer wieder an unsere Vergangenheit erinnert werden und wenn wir uns dagegen wehren müssen, daß unser Recht auf »Anerkennung als Person, der wie allen anderen Achtung gebührt«, verletzt wird. Leider sind wir oft schon zu demoralisiert, um uns zu wehren. »Zu dumm, um sich zu wehren«, heißt es in einem Lied. Darum ist es ein gutes Zeichen, wenn man aufmuckt, denn dann fängt man an, den Kopf zu heben, dann fängt man an, da rauszukommen!

Eine andere Kollegin erzählte uns eines Tages: »Die Vergangenheit hängt einem leider immer noch nach! Wenn du einmal getrunken hast, behandeln sie einen heute noch als Säuferin. Neulich gehe ich auf den Markt. Werde von Bullen angehalten: ›Ihre Papiere? Gehaltsnachweis, Krankenkassenausweis?‹ Kurz, alles muß ich vorzeigen. Ich frage sie: ›Was hat das alles zu bedeuten? Müssen alle anderen Leute, die gerade auf der Straße sind, auch ihre Papiere vorzeigen?‹ Warum haben sie gerade mich kontrolliert? Nur mich und nicht die anderen?

Ist mir meine Vergangenheit denn ins Gesicht geschrieben?«

Und viele berichten von den Schwierigkeiten, sich zu verteidigen: »Eine ehemalige Prostituierte geht auf der Straße spazieren. Sie wird von Polizisten kontrolliert und auf die Wache mitgenommen. Sie muß die Witze und Anzüglichkeiten eines der Polizisten über sich ergehen lassen und wird die Nacht über dabehalten. Deshalb kommt sie nicht pünktlich zur Arbeit. Ergebnis: sie verliert ihre Stelle, weil sie noch in der Probezeit ist.«

Wir fordern also, daß man ab sofort auf den Polizeirevieren nicht mehr den Frauen ihre Vergangenheit vorhält, und daß *die Registrierungsakten vernichtet werden, die illegal sind.*

BERICHT EINER FRAU, DIE SEIT SECHS JAHREN »WIEDEREINGEGLIEDERT« WIRD

»Ich war früher Prostituierte. Ich habe im Gefängnis gesessen. Das hat Spuren hinterlassen. Ich habe dort viel durchgemacht. Aber ich wollte um jeden Preis von der Prostitution wegkommen.

Bei all meinem Leid hatte ich das Glück, daß die Sozialarbeiterin im Gefängnis mich angehört und verstanden hat. Ich habe ihr mein Vorhaben mitgeteilt. Sie erzählte mir vom »Nid«, und mit der Zustimmung der Leiterin der Haftanstalt kam ein erster Kontakt zustande. Nach einem Jahr wurde vereinbart, daß ich am Tage meiner Entlassung in ein Heim des »Nid« in Villeurbanne aufgenommen würde.

Als es soweit war, brachte sie mich zum Bahnhof, wo ich in den Zug steigen sollte. Was ging mir nicht alles durch den Kopf während dieser Reise! Es war ausgemacht, daß mich jemand auf dem Bahnhof Lyon-Perrache abholen sollte ... aber das war anders als früher! Ja, es stand tatsächlich eine Erzieherin vom »Nid« dort und wartete auf mich. Die Sozialarbeiterin hatte sie mir ein bißchen beschrieben, damit ich sie erkennen konnte. Sie musterte die Fahrgäste, die aus dem Bahnhof kamen, und mußte gespürt haben, daß ich diejenige war, auf die sie wartete. Sie kommt auf mich zu: ›Sind sie A.?‹ Zum ersten Mal seit zehn Jahren Prostitution werde ich bei meinem richtigen Vornamen genannt. Und dann umarmt sie mich! Das war für mich der Beginn meiner wirklichen Befreiung.

Wir fahren zusammen zum Heim ›Bel-Air‹. Ich hatte mir vorgestellt, daß dort nur strickende Omas sitzen. Welche Überraschung! Es gab stattdessen junge Leute, der Empfang war freundlich und die Atmosphäre angenehm! Da habe ich mir sofort gesagt: ›Jetzt habe ich es geschafft, das ist sicher‹ ... Und das trotz all der Schranken, die sich im Laufe der Jahre vor mir aufgerichtet hatten: die Freundinnen noch auf dem Strich, meine Aufenthalte in den Bordellen, die mich gezeichnet haben, Alkohol, Drogen, der Geldmangel usw. Aber trotzdem bin ich davon losgekommen. Das war 1969 und das ist jetzt schon sechs Jahre her!

Natürlich hat das seine Zeit gedauert, und vor allem in den ersten Tagen brauchten die Erzieherinnen im Heim viel Geduld mit mir. Ganz zu schweigen von meinen Geldproblemen. Da ich damals überhaupt keinen Anspruch auf Unterstützung hatte, mußte mir das ›Nid‹ 2000 Francs für eine dringend notwendige Zahnbehandlung leihen. Das ist nur ein Beispiel, denn wenn man irgendeine Unterstützung beantragt, wird automatisch erst einmal die Familie herangezogen. Meine Familie hatte mich jedoch verstoßen. Was wäre also aus mir geworden ohne diese neue Familie, die das ›Nid‹ für mich war?

Auch heute habe ich noch Schwierigkeiten an meinem Arbeitsplatz! Seit Jahren kämpfe ich darum, meine Stelle zu behalten, aber das ist umsonst. Ich hätte gegen diesen unmenschlichen Arbeitgeber, der sich nicht das geringste um die Atteste meines Arztes scherte, beim Arbeitsgericht klagen können. Aber weil meine Vergangenheit mich so schwer gezeichnet hatte, wollte ich nicht wieder alles aufrühren. Ich habe die Sache lieber auf sich beruhen lassen, obwohl ich im Recht war.

Zum Glück unterstützt uns das ›Nid‹ auch weiter mit seiner sogenannten ›Folgehilfe‹, und wir können immer um Hilfe bitten. Das ›Nid‹ kann uns zwar finanziell aushelfen, aber seine Mittel sind auch begrenzt. Es hilft uns vor allem emotional, weil wir uns dort verstanden und geliebt fühlen, können wir mit den Erzieherinnen alle unsere Probleme besprechen.

Und schließlich gibt es den Freundeskreis des ›Nid‹, dessen Unterstützung und Beistand für alle unersetzbar sind im Sinne einer fortschreitenden Wiedereingliederung in diese Gesellschaft, die uns bisher zurückgestoßen und verachtet hat.«

Schließlich möchten wir noch folgende Frage stellen: Wann wird man endlich unseren Appell hören und verstehen, daß das vertrauensvolle Verhalten einiger Freunde Vorbild für alle Bürger und Bürgerinnen eines Staates sein sollte, der sich seines Namens würdig erweisen will und dessen erste Sorge nicht darin bestehen sollte, Prostitution zu reglementieren, sondern sie vielmehr durch *geeignete Maßnahmen* abzuschaffen?

Eine Gruppe von Lyoner Frauen in der Resozialisation.

Man kann ein Gesetz ändern, man kann es auch anwenden. Die Verordnungen von 1960 stehen überall nur auf dem Papier (außer in fünf Départements (Bouches-du-Rhône, Gironde, Hérault, Nord und Rhône) und sie schreiben vor: »In jedem Département (Verordnung 1246 vom 25. November 1960, Art. 293) ist eine soziale Dienststelle einzurichten, die in Zusammenarbeit mit dem regionalen Gesundheitsamt den Auftrag hat:

– von der Prostitution gefährdete Personen aufzusuchen und aufzunehmen, ihnen die Unterstützung zu geben, die sie brauchen könnten, hauptsächlich durch die Beschaffung einer Unterkunft in den von Art. 185 Abs. 2 des Gesetzes für Familien- und Sozialhilfe genannten Einrichtungen.

– Personen, die der Prostitution nachgehen, jegliche sozialmedizinische Versorgung zukommen zu lassen.

Die Anordnung vom 17. Februar 1961 führt genau die Modalitäten für die Einstellung von qualifiziertem Personal, für die verschiedenen Auffang-, Unterkunft-, und

Übergangszentren und für den ›Nachsorgedienst‹ aus, die eingerichtet werden sollen. Sie bezweckt den Schutz von Minderjährigen und erwachsenen Personen.«

Wer aber wird die Mentalität der Leute ändern, diese öffentliche Meinung, die uns noch Jahre danach daran hindert, zu leben wie alle anderen? Wann endlich wird man Männer nicht mehr sagen hören: »Ja, ein paar von diesen Frauen wollen davon loskommen, sie sind durch irgendein Pech da hineingeraten ... Mein Freund Sowieso, der geht zu den ›Mädchen‹ und der hat mir genau erzählt, was los ist: Flittchen sind das, die jeden Mann vernaschen.« Es ist eine Schande, daß man sich so etwas anhören muß. Nicht für die Prostituierten, sondern für die, die so reden. »Ich zahle und sie sind zufrieden!« Für die meisten Leute ist ein Mann nur ein Mann, weil er einen Phallus hat, dieses Ding da, das ihm zwischen den Beinen hängt und auf das er so stolz ist. Alles andere: Großzügigkeit, Güte, Respekt gegenüber seinesgleichen – das gibt es nicht, das ist Luxus oder Schwäche.

Diese armen Idioten! Diese armen Jämmerlinge! Wenn ich diese Männer sehe, die sich was einbilden auf ihr Sexgeprotze, denke ich immer: »Das heißt doch nicht, ein Mann sein. Von mir aus könnt ihr über zehn Frauen in einer Nacht steigen, ihr bleibt trotzdem Schweine.« Ein richtiger Mann beleidigt eine Frau nicht: er bezahlt sie nicht dafür, daß sie sich seinen Wünschen unterwirft. Er erniedrigt eine Frau nicht zur Ware.

Aber auch die Frauen tragen einen Teil der Verantwortung in diesem Komplott: von klein auf wiederholen Mütter ihren Söhnen, was ihnen ihr Herr und Meister eingetrichtert hat: »Du wirst ein Mann sein, du bist stark und gut gebaut: du wirst Frauen haben!« Und der Sohn glaubt daran, und ist stolz auf seinen kleinen Pimmel! Und später, wenn ihm gesagt wird, daß die Prostituierten aussteigen wollen, daß es ihnen überhaupt keinen Spaß macht, sich zu verkaufen, sich von jedem dahergelaufenen Mann anfassen und ein Geschlecht in sich eindringen zu lassen, das sie nicht ausgesucht haben, dann wird er sich weigern, das zu glauben! Er wird nie zulassen, daß die Prostituierten ihn vor allem als Brieftasche sehen, obwohl er selber die Prostituierten bloß als Möse benutzt.

Zwölftes Kapitel

An einem Tag im Sommer 1975, eine ganze Weile nach meiner Ankündigung, daß ich aussteigen wollte, bemerkte ich durch einen Zufall, wie mein Leben sich verändert hatte. Irgendetwas war ganz von selbst anders geworden. Ich hatte meine Kinder in ein Ferienlager aufs Land gebracht. Bei meiner Rückkehr in die Stadt stieg ich aus dem Bus und suchte ein Taxi. Im Ferienmonat August ist das nicht ganz einfach. Ich setzte mich also auf die Terrasse eines Cafés, um einen Wagen abzuwarten. Und plötzlich wurde mir bewußt, daß ich mich noch vor ein paar Monaten nie auf eine Terrasse gesetzt hätte. Und an diesem Tag genoß ich die Sonne, sah in aller Ruhe die Leute vorbeigehen und hatte Lust zu lachen. Ich lebte endlich!

Ein Mann kam und setzte sich an meinen Tisch. Ich sah ihn an, brach in Gelächter aus und sagte ihm, immer noch lachend, daß er ein armer Kerl sei. Früher hätte ich ihm bestimmt eine Ohrfeige verpaßt und wäre aus der Haut gefahren, weil ich seinen Blick auf diesem Körper gespürt hätte, den ich jeden Abend verkaufte. Das war nun vorbei, endgültig! Er sah mich an, und ich fand das nur komisch.

Mein Körper gehörte mir, ich war mir meiner sicher, ich brauchte nicht mehr anzugreifen, um mich zu verteidigen.

Eines Abends ging ich aus mit einer Freundin und einem Freund, dessen Frau in Urlaub war. Wir wollten ins Restaurant und dann ins Kino gehen, es war meine erste Einladung, seit ich ausgestiegen war! Ich hatte das Restaurant ausgesucht und ich führte diesen Freund an einen Ort, an dem man mich als Prostituierte kannte. Ich wollte sehen, wie er darauf reagierte. Wir traten ein, der Wirt begrüßte mich. Ich sah kurz meinen Freund an, aber er war völlig ungezwungen und natürlich. Er schien nicht im geringsten peinlich berührt zu sein, sondern verhielt sich wie mit irgendeiner seiner Freundinnen. An diesem Abend habe ich mich darauf eingelassen, Hoffnungen in die Zukunft zu setzen, weil man sich meiner nicht schämte.

Seit diesem Sommer war ich über den Berg. Aber vergessen würde ich nichts. Die Prostituierten betrachteten mich nicht mehr als eine von ihnen, und ich litt darunter. Ich war zwar ausgestiegen, aber deswegen war ich noch lange nicht auf die andere Seite übergewechselt. Ich fühlte mich immer noch betroffen: die Ereignisse im Juni mußten doch zu etwas gut gewesen sein. Beunruhigt verfolgte ich, wie sich die Dinge weiterentwickelten.

Man hatte uns einen »Monsieur Prostitution« zugewiesen. Seit Saint-Nizier hatte sich im Kollektiv der Ton geändert. Sie sprachen nicht nur vom Kampf gegen die Schikanen der Polizei, sondern sie wollten gesellschaftlich anerkannt werden. Angesteckt vom Erfolg der Bewegung wollten einige Frauen jetzt ihren Beruf legalisieren. Die

Bezeichnung Beruf machte mir Angst. Für mich bedeutete das nicht, daß wir mit demselben Respekt wie alle anderen Frauen behandelt würden, sondern unter dem Deckmantel einer scheinbaren Sicherheit (Sozialversicherung, Steuern) ein neues Gefängnis.

Ich kämpfte für die Freiheit: für die Freiheit, sich zu prostituieren, und für die Freiheit, wieder auszusteigen. Aber ich sagte in aller Offenheit, ich wünschte, die Prostitution würde verschwinden.

Ich engagierte mich dafür, daß wir mit demselben Respekt behandelt werden wie alle anderen Frauen. Und dafür kämpfte ich noch immer. Diese Haltung wurde von den Prostituierten nicht akzeptiert. Ich wehrte mich dagegen, daß wir Frauen ständig von Männern unterdrückt werden und wollte ihre Vorherrschaft zerstören. Leider weiß man ja nur zu gut, welchen Respekt Prostituierte vor Männern haben: wenn einer nicht das Sagen hat, ist er kein Mann! Ein Mann darf sich alles erlauben, er ist der König. Das machte ich nicht mit. Also war ich eine Revolutionärin, eine »Linke«.

Die Legalisierung der Prostitution wäre für mich der Triumph der Männer über die Frauen. Der Sieg der öffentlichen Meinung: »Prostitution ist ein notwendiges Übel.« Für dieses notwendige Übel zahlen die Frauen den Preis ihrer Entwürdigung.

»Beruf? – Prostituierte.« Wir wären dann schön sozialversichert und zahlten Steuern wie alle Franzosen, aber den Status von Menschen hätten wir noch lange nicht. Wir hätten uns nur einen Zuhälter eingehandelt: den Staat. Der Staat würde seine Zuhälterei nicht mehr hinter Schikanen und Geldbußen verstecken, sondern ihr eine ehrbare Fassade geben. Die Tapeten werden gewechselt, aber die Wand darunter bleibt verschimmelt.

Als ich sagte, daß wir uns vor einer Legalisierung hüten müßten, behandelten sie mich wie eine Miesmacherin. Dann forderten sie mich auf, mich nicht mehr um eine Sache zu kümmern, die ich verraten hätte: ich schaffte nicht mehr an, ich konnte also nur dagegen sein.

Es stimmt, für die anderen Frauen bin ich das »schwarze Schaf«. Ich bin die Prostituierte, die offen sagt: »Ich verabscheue diesen Beruf«, und die Prostituierte, die denkt: »Ich mag die Männer nicht, und will nicht, daß sie für mich entscheiden.« Ich weigere mich, diesen Status der normalen Bürgerin zu fordern. Das alles macht mich verdächtig. In den Augen der anderen machte ich es mir leicht, gegen Sozialversicherung zu sein, ich war ja jetzt Angestellte und hatte alle sozialen Sicherheiten. Was sie damals nicht verstanden, war die Tatsache, daß mit der Sozialversicherung automatisch auch die Steuererklärung kommt. Und mit der Steuererklärung die »Ermittlung des Lebensstandards«. Sie, die nie einen Pfennig in der Tasche haben, würden unglaublich hohe Steuern zahlen müssen (das hatten wir ja gerade erlebt, als einige von uns willkürlich festgesetzte Steuerbescheide ins Haus bekamen und jede mehrere zehntausend Francs bezahlen sollte). Um solche Steuern zahlen zu können, müßten sie noch ein bißchen mehr anschaffen, und diese Mehrarbeit würde eine Erhöhung der Steuern nach sich ziehen. Die Falle wäre offen. Keine Prostituierte wäre mehr frei, das heißt, hätte überhaupt noch die Wahl, ein neues Leben anzufangen.

Ich habe mich daraufhin an Frauen gewandt, die schon ausgestiegen waren. Ich hatte als Barbara bestimmte Vorteile gehabt, um ein neues Leben anfangen zu können. Ich wünschte mir, daß diese Vorteile auch all den Frauen zukommen sollten, die in derselben Lage waren wie ich. Aber auch dabei stieß ich auf Schwierigkeiten. Der Kampf für die gesellschaftliche Wiedereingliederung bedeutete, daß ich mit Frauen zusammentraf, die von der jahrelangen Sklaverei oft noch mehr gezeichnet waren als ich, und die nur noch vergessen wollten. Jetzt, wo sie es geschafft hatten, da rauszukommen – und ich weiß, wie schwer das ist – wollten sie am liebsten, daß es alle Prostituierten genauso machten. Sie hätten sie am liebsten dazu gezwungen! Sie konnten nicht verstehen, warum ich den Kampf des Prostituierten-Kollektivs so hartnäckig verteidigte.

Ich stand genau zwischen den Fronten, noch nicht in die Gesellschaft eingegliedert, aber auch keine Prostituierte mehr. Dieser Zustand hat mich schrecklich deprimiert. Ich hatte das Gefühl, von allen Seiten zurückgestoßen zu werden. Ich war nicht in einem Ausbildungsheim gewesen, wie die meisten anderen, ich hatte mich ganz allein in das Leben hinausgewagt. Ich hatte auch keine Schuldgefühle, weil ich als Prostituierte gearbeitet hatte. Ich wollte zusammen mit den »resozialisierten« Frauen kämpfen, aber nicht als ehemalige Prostituierte, sondern als Frauen gegen die Repression. Auch da saß ich zwischen zwei Stühlen.

Und ich habe die Einsamkeit kennengelernt. Natürlich hatte ich Freunde, meine Kinder und mein Haus. Aber ich wollte kein trautes Heim – Glück allein. Ich wollte vorwärts und mit den anderen weiterkämpfen. Und sie mißtrauten mir.

An manchen Tagen konnte ich einfach nicht mehr. Oft, wenn ich nach einem Tag Waschen und Haushalt, und ohne mit jemandem gesprochen zu haben, ganz allein zuhause saß, bekam ich Weinkrämpfe. Ich dachte dann: »Jetzt ist es aus, mir gehen die Nerven durch, ich kann nicht mehr, es ist einfach zu viel für mich.« Ich kam mir vor wie eine Ertrinkende, die sich mit aller Kraft an einer Planke festklammert und die gleichzeitig vor Erschöpfung nachgeben und untergehen möchte. Aber irgendwo bleibt doch noch ein Funken Lebenswillen und man schwimmt noch ein Stück weiter.

Jetzt wohne ich seit fast zwei Jahren in diesem Haus, ich bin zwar völlig erschöpft, aber ich bin da, trotz meiner Hoffnungslosigkeit, des ewigen Geldmangels, und obwohl ich oft Lust zum Heulen habe. Monatelang trug ich Schuhe mit durchlöcherten Sohlen. Diese Löcher in meinen Schuhen fand ich schrecklich. Ich wußte, daß ich mich nur an meine Ecke zu stellen brauchte und in einer Stunde das Geld für neue Schuhe angeschafft hätte. Aber ich blieb zu Hause.

Ich lieh mir Geld bei meinen Freunden, das ich bis heute noch nicht ganz zurückgezahlt habe. Und es ist mir unangenehm, weil ich nicht gern um etwas bitte. Ich glaube, was mich vor allem davon abgehalten hat, wieder auf den Strich zu gehen, ist die Erinnerung daran, wie ich mich gefühlt habe, als ich Prostituierte war: es war mir damals so schlecht gegangen, daß ich es nicht noch einmal hätte durchmachen wollen.

Man kann mir entgegenhalten, daß es die meisten Leute schwer haben, daß sie in der Fabrik arbeiten und so weiter. Aber wenn eine Frau, die sich daran gewöhnt hat, Geld zu haben und nicht immer rechnen zu müssen, wieder in ein Leben zurückfinden soll, in dem sie jeden Pfennig umdrehen muß, dann geht das nicht von allein.

Als ich Prostituierte war, wurde ich zwar verachtet, aber ich hatte das Geld als Entschädigung. Mit Geld kann man sich viel kaufen, sogar Höflichkeit. Jetzt habe ich kein Geld mehr, und die Leute verachteten mich immer noch.

Meine Kinder haben mir in dieser schweren Zeit sehr geholfen, ohne es zu wissen. Einmal hatte ich ein Gespräch mit meiner siebenjährigen Tochter. Ich erklärte ihr ein bißchen in ihren Worten, was Prostitution ist. Dann fragte sie mich:

»Machen das die Frauen für ihre Kinder?«

»Ja.«

»Und die Kinder, wo sind die in der Zeit?«

»Bei einer Kinderfrau, so wie du und dein Bruder.«

»Glaubst du denn, daß ihre Kinder glücklich sind?«

Dieser Satz war für mich wie ein Schlag ins Gesicht, wie eine Ohrfeige, es war entsetzlich. Mir wurde bewußt, wie recht sie hatte.

Es stimmt, daß wir uns oft für unsere Kinder prostituieren, damit sie gut leben können, genug Geld haben und eine gute Ausbildung bekommen. Damit sie etwas Besseres werden. Aber glücklich sind sie nicht. Ich sehe den Unterschied im Verhalten meines Sohnes bei der Kinderfrau und jetzt bei mir. Er war bei seiner Kinderfrau sicher nicht unglücklich, ganz und gar nicht. Diese Frau hat ihn voller

Güte großgezogen und wie ihren eigenen Sohn behandelt. Aber ich sehe, wie er jetzt auflebt und sich frei und glücklich fühlt. Er fühlt sich in Sicherheit, hat vor nichts mehr Angst, ich kann ihn überall mit hinnehmen. Er besitzt eine Unabhängigkeit und eine Lebensfreude, die ich mir vor einem Jahr bei ihm noch gar nicht hätte vorstellen können.

Viele Leute haben versucht, mir klarzumachen, daß den Kindern ein Vater fehlt und daß sie darunter leiden müßten, nicht »zu sein wie alle anderen«. Sie versuchten, mir Schuldgefühle einzuflößen, weil ich allein lebte. Eine Freundin sagte sogar zu mir: »Du solltest deiner Kinder wegen das Opfer bringen und einen Mann in dein Leben nehmen.« Opfer? Dieses Wort gefällt mir überhaupt nicht. Das klingt nach Mißgunst, und das kann ich überhaupt nicht leiden.

Eine Frau, die durch unglückliche Umstände alleinstehende Mutter geworden ist, die vielleicht von ihrem Freund verlassen wurde, als sie schwanger war, so eine Frau ist zu bedauern. Sie fühlt sich zu kurz gekommen und vom Leben benachteiligt. Sie macht ihre Kinder dafür verantwortlich und läßt sie es ausbaden. Ich wollte mein Kind allein haben und war entschlossen, ohne einen Vater auszukommen. Ich habe solche Probleme nicht, ich fühle mich nicht schuldig, und meine Kinder müssen mich auch nicht für irgendeinen Verzicht entschädigen. Ich lüge ihnen nichts vor, wenn ich jedem von seinem Vater erzähle. Ich beschreibe ihnen ihre Väter, wie sie damals waren, und erzähle von den schönen Sachen, die sie gemacht haben. Von den weniger erfreulichen Dingen spreche ich nicht.

Allmählich begreift auch meine Umgebung, daß meine Kinder nicht gerade den Eindruck machen, ihnen fehlt etwas oder sie haben Komplexe. Jeder kann sehen, wie liebevoll wir alle drei miteinander umgehen. All meine Liebe gebe ich den Kindern. Sie sind mein Körper, mein Fleisch und Blut, mein Leben. Wenn meine Tochter mich streichelt, sich an mich schmiegt und dabei sagt: »Mutti, das ist schön. Mutti, du bist so weich«, wenn mein Sohn mir eine Pusteblume bringt, die er im Hof gepflückt hat und mir entgegenruft: »Die ist für dich Mutti« – dann fühle ich mich wie eine Königin. Und wenn ich vielleicht besser zurechtkomme als andere, dann nur dank dieser Liebe.

Man hat mir auch zum Vorwurf gemacht, daß ich meinen Kindern zuviel Freiheit lasse und daß ich nicht so streng bin wie andere Mütter. Warum? Weil ich nicht verbiete, sondern versuche zu erklären.

An einem Abend hat eine Prostituierte meine Kinder gehütet, an einem anderen eine Nonne. Ich wollte meiner Tochter zeigen, daß die eine so und die andere so ist. Ich bekam zu hören: »Was ist denn der Unterschied zwischen den beiden?« Ich habe versucht, darauf zu antworten. Meine Tochter protestierte: »Ich sehe keinen Unterschied; warum sind die Leute denn böse zu Prostituierten und halten die Nonnen für gut? Ich finde, sie sind gleich. Sie waren beide gleich nett. Die eine hatte Hosen an, die andere einen Rock, das ist alles.«

Ich möchte die Einen und die Anderen um Verzeihung bitten, wenn ihnen dieser Satz mißfallen sollte, aber ich glaube, meine Tochter hat Recht. Den Unterschied, den machen wir.

Genauso machen wir einen Unterschied zwischen Weißen und Schwarzen und trichtern ihn unseren Kindern ein. Wenn man ihnen sagte, daß ein Weißer und ein Schwarzer gleich sind, würden sie den Unterschied nicht sehen. Ich möchte nicht, daß meine Kinder Rassisten werden, weil ich selbst nicht ganz frei von Rassismus bin, zumindest in körperlichen Dingen, auch wenn ich es nicht zugeben möchte. Und ich leide darunter. Ich bin genau wie die Schwachköpfe, die sagen: »Ich bin kein Rassist, ich tue denen auch nichts, aber sollen sie doch woanders hingehen.«

Als meine Tochter mich fragte, warum es Gelbe, Schwarze und Araber gibt, habe ich geantwortet, daß die Erde wie ein riesiger Garten ist. Und so wie in den Gärten alle möglichen Blumen wachsen, so gibt es verschiedene Menschen. Es gibt schöne Blumen, manche riechen gut, andere schlecht. Man muß gut aufpassen: manche Leute finden wir schön, aber sie riechen nicht sehr gut. Andere finden wir nicht so schön, aber dafür dufteten sie. Ich glaube, meine Tochter hat verstanden, was ich damit sagen wollte. Manchmal bringt sie Freundinnen nach Hause, die mir nicht gefallen, ich sehe in ihnen schon die Erwachsenen mit all ihren Fehlern, aber ich verbiete ihr nie den Umgang mit ihnen. Meine Kinder sollen sich ihre Freunde selber aussuchen. Trotzdem freue ich mich, wenn sie mir ein bißchen später erzählt: »Eigentlich verstehe ich mich mit diesem Mädchen nicht; sie sagt Sachen, die ich nicht gut finde.« Ich meine, wir Erwachsenen haben kein Recht zu sagen: »Dieses kleine Mädchen ist nicht gut.« Unsere Kinder müssen lernen, allein zu urteilen und zu entscheiden.

Ich möchte meinen Kindern gern beibringen, frei zu sein. Ich möchte, daß sie später ein Leben in völliger Autonomie führen, in dem Bewußtsein, durch sich selbst zu leben und die Bestätigung der anderen nicht zu brauchen. Ich möchte auch, daß sie den Mut haben, zu lieben und den Leuten ins Gesicht zu sehen, und daß sie ihnen ganz einfach sagen können: ich liebe euch.

Geben können und annehmen können – ich konnte es nie, weil man es mir nie beigebracht hatte. Ich kann kein Geschenk machen, ich fühle mich dabei unbeholfen. Noch viel weniger kann ich etwas annehmen und mich bedanken. Ich kann das einfach nicht. Manchmal möchte ich den Leuten zeigen, daß sie mir nicht gleichgültig sind und ich ihnen gerne eine Freude machen würde. Aber ich kriege es einfach nicht über die Lippen. Niemand hat mir beigebracht, wie man sagt: »Ich liebe dich«, dieses Wort gab es in meiner Kindheit nicht. Es fällt mir leichter aggressiv zu sein als freundlich, ich verstecke mich dauernd vor Gefühlen, obwohl ich doch im Grunde meines Herzens Aggressivität hasse und Herzlichkeit suche. Aber mit dreißig fällt es schwer, plötzlich seinen Gefühlen nachzugeben.

Der einzige Mann, zu dem ich gesagt habe: »Ich liebe dich«, hatte genau solche Angst wie ich. Mir war, als hätte ich damit eine Bombe gezündet. Als ich endlich meine ganze Kraft zusammengenommen, alle meine Schranken überwunden und diesen Satz ausgesprochen hatte, der mir so kostbar zu sein schien, wurde er sehr schlecht aufgenommen. Der Mann hat natürlich kein Wort gesagt, aber ich spürte, wie er sich von mir zurückzog, ein Verhalten, daß ich von mir selber gut kenne. Zum ersten Mal hatte ich es gewagt, diesen Satz auszusprechen, und er war nicht fähig, ihn einfach so anzunehmen. Daraufhin habe ich mich wieder verschlossen. Ich habe nichts mehr gezeigt. Im Gegenteil, ich versuchte mich gleichgültig zu geben. Aber wenn man Lust hat, dem anderen um den Hals zu fallen, ihn in die Arme zu nehmen und zu küssen, dann fällt es nicht gerade leicht, ihm nur steif die Wange hinzuhalten wie jedem anderen Freund und zu fragen: »Na, wie geht's?«, als wäre es der Nachbar.

Man muß sich immer entscheiden: entweder man erstickt den anderen mit einer ungestümen Zärtlichkeit oder man zieht sich zurück, um ihm keine Angst zu machen. Ich habe mein Zärtlichkeitsbedürfnis so lange verdrängen müssen, daß mich heute, wenn ich es einmal zum Ausdruck bringe, eine Zurückweisung härter als jede andere Frau trifft. Die geringste Bemerkung, die geringste ablehnende oder auch nur gleichgültige Geste verletzt mich zutiefst. Gleichzeitig habe ich schreckliche Angst, meine Freiheit zu verlieren, denn ich habe weder zu mir selbst noch zu anderen Vertrauen. Ich glaube, daß Prostituierte besser als alle anderen verstehen können, wie sehr man aufgerieben wird zwischen dem Liebesbedürfnis und dem Verbot, seinen Gefühlen freien Lauf zu lassen. Wir haben zuviel durchlitten, uns mit zu vielen Dingen herumschlagen müssen, um noch spontan Gefühle zeigen zu können.

Manche Frauen könnten jetzt sagen, daß ich mir selbst widerspreche, weil ich mich als »Feministin« bezeichne und gleichzeitig einen Mann liebe, dem gegenüber ich Zugeständnisse mache, um ihn zu halten. Ich sehe keine Schwäche darin, wenn man jemanden liebt und versucht, ihn so zu nehmen wie er ist. Ich fühle mich nicht als Sklavin in dieser Beziehung. Ich beuge mich seinen Wünschen und Ideen nicht. Ich lebe so, wie es mir richtig erscheint, und lasse ihn seinen eigenen Weg gehen. Das ist eine Art von Respekt gegenüber der Freiheit des anderen. Einen Mann zu lieben, hieß für mich noch nie, Tag und Nacht für ihn da zu sein. Über mein Leben bestimme ich ganz allein, ich würde nie auf ein Vorhaben verzichten, nur um ihm einen Gefallen zu tun. Ich würde auch nie seinetwegen ein interessantes Treffen fallen lassen oder auf eine Reise verzichten. Ich muß mein eigenes Leben leben können, und daran wird mich niemand hindern, vor allem kein Mann.

Mein Wunsch nach Unabhängigkeit und meine körperliche Stärke haben mir auch eigenartige Komplimente eingebracht: »Für eine Frau haben Sie aber einen erstaunlichen Willen! Für eine Frau sind Sie aber erstaunlich stark! Für eine Frau sind sie aber sehr groß!« Oder auch – das war das Schärfste! –: »Sie benehmen sich ja wie ein Mann!« Was wollen die Leute damit eigentlich sagen? Was ist denn eine Frau? Ein schwaches Wesen, das Angst vor Mäusen hat und in Ohnmacht fällt, wenn es eine Spinne sieht? Darf man sich nur dann Frau nennen, wenn man sich so verhält? Hat eine Frau etwa nicht das Recht, mit der Faust auf den Tisch zu hauen und zu sagen: »Hier bin ich, hört her, laßt mich reden«? Anscheinend nicht, denn ein solches Verhalten ist beinahe schon anstößig. Ich sage, ich bin eine Frau und deshalb habe ich etwas zu sagen. Ich verachte die Männer nicht, aber bewundern tue ich sie auch nicht. Ich habe nie gesagt: »Ohne einen Mann hätte ich dies oder das nie geschafft.« Ich denke mir lieber: da sind die Männer, es gibt sie und man muß mit ihnen rechnen, aber sie sollen mir nicht auf die Füße treten. Ich wüßte tatsächlich nicht, was ich mit einem Mann zuhause anfangen soll, ich glaube, er würde mich nur stören ... und nach alter Gewohnheit klammheimlich die Macht an sich bringen.

Man sagt »für eine Frau«, man schafft ein Klischeebild Frau. Aber der Mann ist auch nicht freier. Warum darf er nicht weinen? Warum verachtet man ihn, wenn er seine Gefühle zeigt? Es scheint, als seien Gefühle der zarten und empfindsamen Natur der Frau vorbehalten.

Sind wir nicht alle Menschen? Sind wir zwei verschiedene Welten? Die meisten Leute scheinen das wirklich zu glauben. Die Frauen tragen die Folgen, indem sie gehorchen, die Männer, indem sie auf knallhart machen. Ich finde das lächerlich.

Deswegen, denke ich, bin ich Feministin, aber ich glaube auch, daß wir Frauen noch sehr viel lernen müssen, um unsere Freiheit zu erobern. Für mich kann es nicht darum gehen, die Macht an Stelle der Männer zu übernehmen, sondern, daß wir es schaffen, uns gegenseitig als Personen und nicht als Kategorien mit unterschiedlichem Wert wahrzunehmen.

Dreizehntes Kapitel

Trotz meiner »feministischen« Ansichten, trotz des vielen Klatsches und der verlogenen Zeitungsartikel, habe ich doch nach ein paar Monaten wieder einen Draht zum Prostituierten-Kollektiv bekommen.

Zu Beginn des Winters 1975 erschien das von sechs Frauen und Claude Jaget zusammengestellte Buch »Une vie de putain«. Es mußte der Presse vorgestellt und mit den Journalisten diskutiert werden. Ich möchte betonen, daß keiner der Autoren am Verkauf dieses Buches auch nur einen Pfennig verdient hat. Das Geld für die Rechte wurde direkt an das Kollektiv überwiesen, damit die Anwälte, die Reisen und die übrigen Kosten bezahlt werden konnten.

Ich hatte mit meinem eigenen Buch angefangen, hielt es aber für notwendig, an der Bekanntmachung von »Une vie de putain« mitzuarbeiten. Es war die einzige Veröffentlichung, in der unsere Situation als Prostituierte ein bißchen dargestellt wurde. Ulla wollte sich nicht darum kümmern, und so schlug ich dem Kollektiv vor, die Vorstellung dieses Buches zu übernehmen. Ich sprach in einer Sendung im dritten Fernsehprogramm und machte in Zeitungsinterviews darauf aufmerksam. Ich fuhr nach Paris, und das Kollektiv bezahlte mir die Reise. Dabei konnte ich mit einigen Frauen ins Gespräch kommen. Ich glaube, sie haben verstanden, was ich sagen wollte. Andere wollten mich nicht verstehen und werden es wohl auch nie tun; ich kann es nicht ändern.

Als ich jetzt wieder mit den Prostituierten sprach, stellte ich fest, daß sich vieles geändert hatte. Noch sechs Monate vorher hatten sie nichts hören wollen von Resozialisierung und waren nur daran interessiert gewesen, ihre derzeitige Arbeitssituation zu verteidigen. Jetzt sagten sie zu mir: »Jemand muß über die Schwierigkeiten bei der Resozialisierung sprechen. Mach du das, du steckst doch mitten drin.«

Ich war mit zwei anderen Frauen des Lyoner Kollektivs nach Paris gekommen. Durch einen glücklichen Zufall lernten wir Kate Millett kennen, die die französische Ausgabe ihres Buches »Flying« vorstellte.* Ich fand diese Frau wirklich fabelhaft. Sie hörte uns zu und versuchte nie, uns mit ihrem Wissen und ihrer Erfahrung als Feministin zu überfahren. Sie wollte uns nicht belehren, wie so viele andere das tun. Und vor allem war sie, diese Symbolfigur von »Women's Lib«, eine wirkliche, menschliche und aufrichtige Frau. Ich muß an eine Antwort denken, die sie mir gab. Ich erklärte ihr, in Amerika wären die Prostituierten Feministinnen, aber in Frankreich nicht. Sie erwiderte darauf einfach, wir wären die Avantgarde der Frauenbewegung und erklärte: »Die Frauenbewegung ist nicht gegen

* »Flying« erscheint in Deutsch 1981 bei Kiepenheuer & Witsch, Köln

die Männer, sondern für die Frauen; niemand bestreitet euch das Recht, einen Mann zu lieben.«

Ein paar Tage später fand die nationale Tagung über Prostitution in der Mutualité statt. Ich ging nicht hin. Ich gehörte nicht dorthin. Und es ist auch gut, daß ich nicht dort war. Der Generalrat in Lyon hatte mir gereicht. Die Frauen auf dem Podium und ich, wir sprachen nicht dieselbe Sprache.

Seit der Revolte vom Juni 75 hatte sich der Staat tatsächlich äußerst geschickt verhalten. Um den Frauen das Rückgrat zu brechen, wurde die Repression immer schärfer. Während auf höchster Ebene die Lage der Prostituierten untersucht wurde, ging die Repression pausenlos weiter. Am 11. Juli 1975 kommt ein Gesetz zum Vorschein, das anscheinend den Kampf gegen Zuhälterei bei der Wohnungsvermietung vorantreiben soll. Einerseits verdoppelt es die Gefängnisstrafe für Zuhälter, andererseits ermöglicht es die Beschlagnahme des »Betriebskapitals«, wenn ein Hotelbesitzer als Zuhälter gefaßt wird. Daraus leitet sich auch das Recht ab, eine Prostituierte in ihrer Wohnung zu verhaften (wenn ihr die Wohnung gehört) und Wohnung und Auto zu beschlagnahmen, in denen sie arbeitet ... Diese Art der Bekämpfung von Zuhälterei ist schon fast ein Verbot, die Prostitution auszuüben – die Frau wird als ihr eigener Zuhälter angesehen.

Angesichts dieser ständig zunehmenden Schikanen des Staates sind die Frauen mit gesenktem Kopf in die Falle gelaufen. Auf der nationalen Tagung vom 18. November 1975 konnte man zwar folgende Spruchbänder lesen: »GEGEN ZUHÄLTER, GEGEN BORDELLE UND

SPERRBEZIRKE, FREIHEIT UND GERECHTIGKEIT!« Aber viele Frauen forderten auch zu ihrer eigenen Sicherheit, daß die Hotels wieder aufgemacht werden sollten.

Auf dieser nationalen Tagung wurde der Entwurf für ein Statut der Prostitution verabschiedet. Doch von dem Augenblick an, wo die Prostituierten dazu bereit sind, ihre Arbeit als einen Beruf im Sinne des Gesetzes anzusehen, rechtfertigen sie, trotz aller ihrer Proteste, die Einrichtung von Sperrbezirken. Sie werden der Falle nicht entkommen, die der Staat heimtückisch vorbereitet. Bald braucht kein Franzose mehr nach Amsterdam oder Singapur zu fahren, um Prostituiertengettos zu sehen.

Ich frage mich auch, wie man überhaupt »entweder Steuern oder Bußgeld «fordern kann. Es stimmt zwar, daß das heutige Gesetz verlogen ist und dem Staat erlaubt, zweimal zu kassieren: Bußen wegen Kundenfang und ganz normale Steuern. Aber wie kann man nur glauben, daß Prostituierte so frei sein werden, ihre Steuererklärungen von ihrer tatsächlichen Lebenssituation ausgehend zu machen? Man wird sie nach dem Höchstsatz besteuern. Alles andere sind Wunschträume.

Solche Überlegungen gingen mir durch den Kopf, als ich den Bericht über die Tagung in der Mutualité und den vom Kollektiv erarbeiteten Entwurf für ein Statut las. Ich hatte den Eindruck, die Frauen arbeiteten ihrer eigenen Unterdrückung in die Hände. Es war ganz sicher legitim, was sie forderten – im Namen einer scheinbaren Menschenwürde. Aber man wird ihnen diese Würde nur auf dem Papier geben, nicht in der Wirklichkeit.

Ich weiß nicht, was Monsieur Pinot gesagt hat, als er die Delegation der Prostituierten empfing. Ich kann nur wiederholen, was seine Mitarbeiter mir bei meinem ersten Besuch im Oktober 1975 erklärten, als ich mit anderen Frauen in der Resozialisierung bei ihm vorsprach. Nach Meinung dieser Beamten leben wir in einem freien Land und für sie ist Prostitution eben ein notwendiges Übel. Wenn ich diesen Satz nur höre, werde ich wütend. Schon der Begriff »Übel« schreit geradezu nach Repression. Ich erwiderte, wenn das so ist und wenn Not Gesetze macht, dann müßte eben ein Zivildienst eingerichtet werden. Jede Frau, egal aus welcher gesellschaftlichen Schicht, müßte ein Jahr lang als Prostituierte arbeiten, um ihrem Land zu dienen. Warum sollten sich nur die Mädchen opfern, die ohnehin am meisten benachteiligt sind? Jede käme an die Reihe, auf, ihr Bürgerinnen, ihr seid dran! Eisiges Schweigen im Büro.

Ich muß zugeben, daß bei meinem zweiten Besuch Ende November ein anderer Ton herrschte, als wir zu viert von Monsieur Pinot empfangen wurden. Er hat sich mit den von uns vorgebrachten Problemen auseinandergesetzt, vor allem mit den von uns beanstandeten Schwierigkeiten bei der Vorbeugung und bei der Resozialisierung. Aber sein im Januar 1976 vorgelegter Bericht ist immer noch nicht vom Ministerrat geprüft worden. Für März wurde eine Untersuchung angekündigt. Ende Mai sprach immer noch kein Mensch über den Pinot-Bericht, obwohl er bereits Ende März der Presse übergeben worden war.

Daraufhin beschlossen die Prostituierten, etwas zu unternehmen, um sich beim Staat wieder in Erinnerung zu bringen. Und ich war dabei. Am 8. April 1976 gingen fünfzig Frauen des Prostituierten-Kollektivs in Lyon zum Arbeitsamt. Ich unterstützte sie: ich hatte mit ihnen zusammen Flugblätter aufgesetzt und Spruchbänder hergestellt. Gut zwanzig Journalisten und Mitglieder des »Nid« begleiteten uns.

Die Frauen wurden ausgesprochen freundlich empfangen, fast schon ein wenig zu höflich. Die Polizei war auch da, griff aber nicht ein. Einige Polizisten boten sogar ihre Hilfe an, um zusätzliche Tische aufzustellen und den Frauen die zuständigen Büros zu zeigen. Keiner sollte behaupten können, die Regierung verweigert den Frauen das Recht auf Arbeit ... Aber nicht einer der fünfzig Frauen konnte eine Stelle vermittelt werden. Da sie keine Ausbildung hatten, erhielten sie lediglich einen Ausweis als Arbeitssuchende und wurden als »ungelernte Arbeitskraft« eingestuft.

Schon sechs Monate vorher hatte ich an eine solche Aktion gedacht und war froh, daß die Frauen aus dem Lyoner Kollektiv jetzt die Initiative ergriffen hatten. Auf unseren Spruchbändern stand: »SCHLUSS MIT DER HEUCHELEI! GEBT UNS DIE MITTEL, ETWAS ANDERES ZU TUN!« Gleichzeitig gingen auch die Frauen in Montpellier zum Arbeitsamt und kamen mit einem Ausweis als ungelernte Arbeitskraft, aber ohne Arbeit wieder heraus.

Für diese Aktion in Lyon gab es zwei Gründe: zum einen das Schweigen über den Pinot-Bericht und die verschärfte Repression der Polizei. Zum anderen eine Initiative des Lyoner Bürgermeisters Pradel, die mehr als übel war. Unser Bürgermeister hatte sich einen Aprilscherz erlaubt, den wir Frauen gar nicht komisch fanden: er hatte im regionalen Rundfunk angekündigt, in einem alten Haus, das den Jesuiten gehörte, würde ein Eros-Center eröffnet. Er fand seinen Witz gelungen, aber für uns war das eine Beleidigung. Und schon bekamen die Frauen Angst. Aprilscherz oder nicht, es zeigte jedenfalls, was die Regierung mit ihnen vorhatte. Bei der Aktion auf dem Arbeitsamt verteilten wir zwei Flugblätter: in einem protestierten wir gegen »den Scherz von Monsieur Pradel«, im zweiten erinnerten wir daran, daß der Staat immer noch nichts unternommen hatte, um unsere Lage zu verbessern.

Die Arbeitssuche der Lyoner Prostituierten blieb ohne Folgen. Unsere Aktion wurde totgeschwiegen; drei Zeilen in den Zeitungen, eine Minute im Regionalprogramm des Fernsehens. Man wollte von diesen Frauen nichts mehr hören. Sie hatten sich da nicht einzumischen. Der Staat hatte andere Sorgen, und die Öffentlichkeit sollte sich nicht zu sehr für dieses Problem interessieren. Aber die Frauen sind immer noch da, sie kämpfen weiter. Sie müssen sich weiter mit einer Polizei herumschlagen, die ihnen immer mehr Geldbußen anhängt und sie willkürlich in Sicherheitsverwahrung nimmt.

Die Presse schweigt, und man könnte meinen, es herrscht Ruhe im Land. Aber am 15. Mai 1976 wird ein offener Brief an den Staatspräsidenten gerichtet und ein weiterer an die Abgeordneten, die sich daran erinnen sollen, daß die Prostituierten eine Antwort auf ihre Fragen erwarten. Dies ist der zweite Brief:

DAS KOLLEKTIV DER PROSTITUIERTEN VON LYON

15. Mai 1976

An die Vorsitzenden der parlamentarischen Fraktionen in der Nationalversammlung und im Senat

Sehr geehrte Damen und Herren,

Seit einem Jahr konnten sie den Kampf der Prostituierten für ihre Freiheit und ihre Würde verfolgen.

Sie sind darüber informiert, daß der Staatspräsident einen Verwaltungsrat, Monsieur Guy Pinot, damit beauftragt hat, die Lage zu untersuchen, in der wir uns befinden.

Monsieur Pinot hat einen Bericht verfaßt, den er am 1. Januar 1976 dem Staatspräsidenten überreichte. Dieses Dokument sollte veröffentlicht werden. Das ist bisher leider nicht geschehen, und man muß sich sogar fragen, ob dahinter nicht die Absicht steht, ihn totzuschweigen. Mehrere Feststellungen von Monsieur Pinot fallen tatsächlich zugunsten der Prostituierten aus.

Bis heute hat weder irgendeine Behörde noch irgendein Abgeordneter von diesem Bericht Kenntnis erhalten. Uns ist es allerdings gelungen, uns ein Exemplar dieses Berichtes zu beschaffen, und wir halten es für angebracht, Ihnen eine Kopie zukommen zu lassen, damit Sie Ihrerseits mutig zu unseren Problemen Stellung nehmen können, die auch in Ihren Verantwortungsbereich als Politiker fallen.

Wir sind überzeugt, daß Sie bereit sein werden, diesem Bericht und unserer Lebenssituation Ihre Aufmerksamkeit zu widmen und verbleiben hochachtungsvoll

Das Kollektiv der Prostituierten von Lyon

Es ist vielleicht etwas still geworden um die Prostituierten, aber bei der ersten Gelegenheit werden sie sich wieder zusammentun. Sie haben keineswegs den Mut verloren. Und ich sage, Saint-Nizier war nicht umsonst, denn inzwischen sind noch andere Frauen da und werden sie unterstützen.

Und ich, wie steht es mit mir? Ich habe gerade einen Alptraum hinter mir, der mich fast wahnsinnig gemacht und mir meine letzten Kräfte geraubt hat.

Im Februar 1976 war ich überzeugt, ich würde es schaffen. Mit meinem ersten Arbeitgeber hatte es Schwierigkeiten gegeben, als herauskam, daß ich Barbara war, aber davon hatte ich mich nicht entmutigen lassen. Dann traf ich eine Gruppe von Frauen, die sich Feministinnen nannten und sich für die Probleme der Prostituierten engagierten. Sie boten mir eine Arbeit an. Zuerst sollte ein Haus für geschlagene Frauen eröffnet werden. Ich fühlte mich für dieses Vorhaben noch nicht stark genug und schlug deshalb die Eröffnung eines Frauenbuchladens in Lyon vor: ein Treffpunkt für Diskussionen und Begegnungen. Ich bekam grünes Licht und stürzte mich mit Begeisterung in diese Arbeit. Ich fühlte mich selbstsicher: Frauen von der anderen Seite hatten mir vertraut.

Von Anfang an hatte ich mich geirrt. Sie hatten Barbara engagiert, eine Prostituierte, die gerade in Mode war, das Aushängeschild der linken Presse, nicht mich. Und ganz langsam kam ein Prozeß in Gang, der mich fertigmachen sollte. Ich glaubte, ich hätte eine Tätigkeit gefunden, die mit meinen Überzeugungen übereinstimmte, und eine Arbeit, einen Platz in der Gesellschaft. Sie lehnten ab, mich wie eine Angestellte zu behandeln, denn es handelte sich ja um ein »Bewegungs«-Projekt. Na gut. Aber sie vergaßen auch, mich regelmäßig zu bezahlen und meine Gehaltsabrechnungen und Kindergeld-Formulare auszufüllen. Ich lebte also weiter in ständiger Angst vor einer polizeilichen Ermittlung. Den Bullen könnte ich lange erzählen, daß ich arbeitete, sie wollten Belege sehen, die ich nicht hatte.

Man ließ mich glauben, ich trüge die Verantwortung: ich suchte also einen Laden und beauftragte Handwerker mit dem Umbau. Meine Vorschläge wurden jedoch vom Tisch gewischt, und in letzter Minute wurden mir Dinge vorgeschrieben, die den ursprünglichen Entscheidungen entgegengesetzt waren . . . Trotzdem beaufsichtigte ich den Umbau für die neue Buchhandlung, stellte eine Liste der dringlichsten Bücher zusammen und nahm Kontakt zu den Frauengruppen in der Stadt auf. Kurz, ich glaubte alles richtig zu machen. Aber darum hatten sie mich gar nicht gebeten. Sie hatten sich ein Aushängeschild mit Namen Barbara gekauft, und das sollte weiter Reklame machen. Sie hatten ihr ein Almosen gegeben, jetzt sollte sie sich dankbar zeigen und im Hintergrund bleiben.

Nach ein paar Monat war der Umbau fertig. Ich wollte den Buchladen eröffnen. Aber da wurde ich ziemlich hart mit der Wirklichkeit konfrontiert: ich wollte doch wohl nicht etwa im Namen der Gruppe die Buchhandlung leiten? Ich hatte wohl geträumt. Sie gaben mir zu verstehen, daß ich nichts wert war, sie warfen mir Aggressivität vor (weil ich den Fehler machte, zu sagen was ich dachte, und eigene Initiative zu ergreifen). Mit einem Wort, ich war lästig. Sie hätten mich, fügten sie hinzu, aus meinem »schmutzigen Beruf« weggeholt (nicht dem der Prostitution, sondern der Krankenpflegerin), sie hätten mir eine Existenzmöglichkeit verschafft und ich war meinen Wohltäterinnen noch nicht einmal dankbar! Sie hätten genug von mir. Oh nein, gekündigt wurde mir nicht, schließlich war das hier ja kein kapitalistisches Unternehmen. Wie konnte ich es wagen, so etwas vorzuschlagen? Sie sagten einfach, ich sollte gehen.

Nachdem sie mich genügend gedemütigt hatten, beschlossen sie, mir doch noch eine Chance zu geben: nach den Sommerferien würde sich zeigen, ob ich flexibler geworden war. Bis dahin bliebe die Buchhandlung geschlossen. Ich sollte mich nur gedulden.

Ich war wieder in derselben Situation wie bei meiner ersten Stelle: man machte mir das Leben schwer, damit ich von selbst ginge. Aber diesmal war die Verachtung noch perfider: sie hatten einer Prostituierten vertraut und zeigten ihr nun, daß sie eben immer noch bloß eine Nutte war. Ich fand mich wieder allein in Lyon, verzweifelt. Ich empfand keinen Zorn, aber mein Selbstvertrauen war weg. Vielleicht hatten sie am Ende doch recht? Ich war verrückt gewesen, zu glauben, daß ich etwas anderes tun könnte als auf den Strich zu gehen, ich war eben zu nichts nütze.

Es war Juli, ich war allein. Die Kinder waren im Ferienlager, fast alle Freunde waren verreist. Da habe ich die Nerven verloren. Eines Abends habe ich die Hausapotheke ausgeräumt und alle Schlaftabletten geschluckt. Aber ich wachte am nächsten Morgen wieder auf. Es hatte nicht geklappt. Ich nahm ein Messer und schnitt mir die Pulsadern auf. Ich wickelte eine Comping-Gasflasche in ein Laken, hielt meinen Kopf dagegen und öffnete den Hahn.

Gegen Mittag wurde ich gefunden, weil mein Hund im Hof heulte.

Der Sommer ging vorüber. Ich hatte keine Kraft mehr. Meine finanzielle Situation war überhaupt nicht rosig. Ohne jede Erklärung bekam ich seit Juni weniger Gehalt überwiesen, ungefähr soviel wie die Arbeitslosenunterstützung. Das war die letzte Bestrafung, eine vergiftete Geste der Barmherzigkeit. Sie warfen mir Geld zu wie einer Bettlerin, und das konnte ich nicht ertragen. Ich wollte arbeiten, nicht Almosen empfangen. Jedesmal, wenn ich am Buchladen mit den heruntergelassenen Jalousien vorbeikam, gab mir das einen Stich. Aber es blieb noch ein ganz kleiner Funke in mir, der Wunsch zu kämpfen. Ich war nicht gerade der Inbegriff von Militanz, aber ich wollte verhindern, daß – nur weil ich zu feige war – eine andere Frau sich von dieser Frauengruppe so ungerecht behandeln lassen mußte. Alle Frauen kämpften für ihre Freiheit und ihre Rechte, und in diesem Kampf stand auch ich. Kein normaler Arbeitgeber hätte es gewagt, mich so zu behandeln, wie sie es getan hatten. Ich mußte etwas unternehmen.

Anfang Oktober nahm ich meinen Mut in beide Hände und beschloß, nach Paris zu fahren und meine Arbeitgeberinnen zur Rede zu stellen. Sie hatten auf keinen meiner Briefe geantwortet. Sie hatten mich abserviert, und nun stand ich in der Wüste, ohne Sozialversicherung und ohne Kindergeld. Auf eine Zusammenarbeit mit der Gruppe machte ich mir keine großen Hoffnungen mehr. Aber ich wollte nicht stillschweigend vor die Tür gesetzt werden. Denn es wäre zu leicht für sie gewesen, alles Mögliche über mich zu erzählen und vor allem mir all die Fehler anzuhängen, die man gewöhnlich Prostituierten vorwirft: Unehrlichkeit, Faulheit und so weiter. Ich bat ein paar Freundinnen, als Zeuginnen mitzukommen, denn diese Unterredung versprach schwierig zu werden.

Wir gingen an einem Morgen zu dritt hin. Bis zum Abend hatten wir noch keine einzige verantwortliche Frau aus der Gruppe gesprochen. Dafür hatten sich aber andere Freundinnen, die im Laufe des Tages vorbeikamen, um sich zu informieren, unserer kleinen Gruppe angeschlossen. Dieses Abenteuer endete am nächsten Tag mit der Besetzung der Pariser Buchhandlung, ohne daß wir das eigentlich vorher beschlossen hätten. Als ich ging, waren meine Papiere in Ordnung, aber eine Antwort darauf, was in Zukunft aus mir werden sollte, hatte ich nicht bekommen. Mir war kein einziger Grund genannt worden, warum sie mich so kaltgestellt hatten, außer: »wir können nicht miteinander«! Drei Wochen später kam der Kündigungsbrief. Auch darin nannten sie keine Gründe. Es war vorbei. Sie hatten mich weggeworfen wie ein Stück Dreck.

Wer kann diesen Schmerz nachempfinden, der einen Tag und Nacht zu ersticken droht, und einen aufheulen läßt wie ein Tier in seinem Todeskampf. Dieser Blick in den Spiegel, aus dem dich eine Fremde, ungekämmt und ungewaschen, ansieht, dieser Schmerz tief innen, das Bedürfnis, sich unter Decken und Kissen zu vergraben, Türen und Fenster zu schließen und das Licht zu löschen, das Telephon leise zu stellen und zu warten. Das Gefühl, dein Verstand verläßt dich, du wirst langsam verrückt, siehst in jedem Menschen einen Feind, alles tut weh, unendlich weh, du hast einen Pfahl im Herzen, der dir den Atem nimmt und dich erstickt. Ich möchte ein Tier sein, wieder ganz klein werden, ein Kind, ein Embryo, im Warmen liegend, geschützt im Bauch seiner Mutter. Ich rufe nach dem Wahnsinn. Endlich verrückt werden, jetzt gleich! Damit sie mich alle in Ruhe lassen!

Die Kinder kommen aus der Schule: »Liebst du mich? Sag, liebst du mich?« Es ist niemand da, dem du sagen kannst: »Das und das tut mir weh; versteh mich.« Nein. Selbst die Menschen, die ich liebe und die meine Freunde sind, verlangen ständig das Unmögliche von mir: »Du mußt es schaffen, du mußt da durch.« In meinem Kopf dreht sich alles: es schaffen, es schaffen, immer und immer wieder. Je mehr ich das gesagt bekomme, umso sicherer bin ich, das ich das nie kann.

Ich werde angerufen und gefragt: »Suchst du Arbeit? Hast du was gefunden? Du mußt was unternehmen, das kommt nicht von allein!« Ich höre zu. Ich kann ihnen nicht sagen: »Hilfe! Ich ertrinke, ich ersticke, mir tut alles weh.«

Ich habe ein Gefühl, als ob eine Bestie in mir ist. Eine wilde Bestie, die mich von innen her auffrißt, die manchmal vor sich hindöst, dann aber wieder wach wird und umso heftiger zubeißt. Ich sehe nur einen Ausweg: auf den Strich zurück, denn nie mehr werde ich akzeptieren, so zu leben wie in den letzten Monaten. Ich wollte mir allein helfen und jetzt bin ich darauf angewiesen, von der Wohltätigkeit anderer Leute zu leben. Ich hatte nur genug zu essen, weil meine Freunde mir halfen und mir einmal Gemüse, ein andermal ein Huhn mitbrachten. Ich lieh mir wieder Geld und trotzdem mußte ich noch erleben, daß meine Kinder nach Essen verlangten und ich oft nichts hatte, was ich ihnen geben konnte. Vielleicht könnte ich eine Stelle als Hilfskraft in einem Krankenhaus finden? Ich müßte morgens ganz früh aus dem Haus und käme abends erst spät wieder zurück, für einen winzigen Lohn. Ich würde mir Sorgen um meine Kinder allein zuhause machen, ich müßte wieder jeden Pfennig umdrehen und in ständiger Angst vor der nächsten Grippe und kostspieligen Medikamenten leben.

Ist das Familienleben? Ich sehe zu viele Männer und Frauen, die mir wie Roboter vorkommen. Ich habe Angst. Ich möchte keine Maschine werden, die keine Zeit mehr hat, die schönen Dinge im Leben wahrzunehmen, die keine Zeit für die Liebe hat, und nicht mehr miterleben kann, wie ihre Kinder wachsen und gedeihen. Ich möchte nicht zu denen gehören, die nur daran merken, daß ihr Kind gewachsen ist, weil es eine neue Hose oder ein neues Kleid braucht. Ich will nicht denken müssen: »Vielleicht werde ich morgen die Kraft haben, mit den Kindern zu reden«; und heute schon wissen, daß die Höllenmaschine nie stillsteht und jeden klammert, der ihr auch nur für zwei Minuten entkommen möchte.

Ameisen und Bienen sind die Insekten, die mich am meisten erschrecken. Ich denke oft, daß wir bald genau so sein werden. Dann sind wir nur noch eine riesige Fabrik, die von einem einzigen Chef geleitet wird. Wir sehen alle gleich aus, und nichts unterscheidet uns mehr. Und eines Tages wird der große Chef zu müde sein. Er wird auf einen kleinen Knopf drücken und die ganze Riesenmaschinerie verschwindet. Und Gott wird alles von vorn anfangen und dieses Mal den Menschen nur die Fähigkeit geben, sich zu lieben, zu lachen, zu singen, zu weinen – auf keinen Fall jedoch die Gabe, Maschinen zu konstruieren. Er hat uns alles gegeben. Wir haben alles kaputtgemacht. Manchmal möchte ich die Leute auf der Straße anhalten und ihnen sagen: »Leben Sie und holen Sie ein bißchen Luft! Passen Sie auf! Sie sind in Gefahr!« Aber versuchen sie doch nur einmal, Ihren Wohnungsnachbarn zu grüßen. Kein Mensch antwortet. Ich kann so nicht leben. Seit wievielen Jahren bin ich in diesen Panzer gesperrt? Wie lange habe ich nicht gelacht? Ich spüre, wie unsichtbare Fäden mich einschnüren, wie mir ein Würgeeisen die Luft abdrückt und wie diese Bestie in meinem Herzen hockt und mich weiter verzehrt.

Ich habe Angst davor, wieder mit normalen Leuten in Berührung zu kommen, die mich nicht kennen und mir weh tun könnten. Ich habe mich mitten ins Leben gestürzt, als ich die Prostitution aufgab. Ich habe alle meine Hoffnungen darauf gesetzt. Man hat mich verletzt, getreten und mir nichts gegeben. Ich möchte nicht mehr allein leben, und kann noch nicht mit anderen leben. Die Bestie in mir flüstert: »Du bist zu nichts nütze, du bist dumm, du bist ein Häufchen Elend, du bist häßlich, häßlich, häßlich.« Ich winde mich, ich versuche, die Bestie auszutreiben, aber an manchen Tagen wird sie sogar noch größer, sie ist zu stark.

Sie hätte mich fast ganz verschlungen. Aber ich spüre, daß ich sie im letzten Augenblick besiegt habe. Sie hat nur eine Wunde in mir hinterlassen, die einzige, die ich hinnehme: den Schmerz, als mein Freund mich verlassen hat. Gegen alles andere werde ich weiter kämpfen. Ich muß gewinnen und ins Leben zurückkehren. Ich habe einen letzten Hilferuf losgeschickt. Ein letztes Mal benutzte ich meinen Decknamen, um Leute in einflußreichen Stellen aufzurütteln und um das Recht von Prostituierten auf gesellschaftliche Wiedereingliederung einzuklagen. Ich schickte Briefe an Françoise Giroud, Nicole Pasquier, Simone Veil und an die Vertreterin des Gesundheitsamtes im Département Rhône. Ich hoffe, mein Schritt wird zu einem Ergebnis führen und den anderen Frauen bei der Rückkehr in die Gesellschaft eine Hilfe sein. Für sie füge ich hier noch einmal einen Auszug ein:

An Madame Simone Veil, Lyon, 20. Februar 1977
Gesundheitsministerin

Sehr geehrte Frau Minister,

Erlauben Sie mir, Ihnen als eine im Juni 1975 an der Kirchenbesetzung von Prostituierten Beteiligte diesen Brief zu schreiben. Ihrem Ministerium untersteht Monsieur Guy Pinot, der vom Staatspräsidenten mit der Untersuchung über die Situation der Prostituierten beauftragt worden ist. Ohne die Allgemeingültigkeit dieses Problems infragezustellen, das so viele meiner Gefährtinnen betrifft, möchte ich Sie heute auf meinen persönlichen Fall aufmerksam machen. Meine Situation entspricht bedauerlicherweise der meiner Gefährtinnen, die denselben Schwierigkeiten ausgesetzt sind. (. . .)

Ich erhielt gerade eine »letzte Mahnung vor Einleitung gerichtlicher Maßnahmen« für Geldbußen und Geldstrafen. Diese Mahnung erreichte mich vor einigen Tagen im Krankenhaus und traf mich wie ein neuer Schlag in meiner ohnedies schon schlechten Verfassung. Eine Fotokopie dieses Schreibens füge ich meinem Brief bei. Abgesehen davon, daß ich im Verlauf des Jahres 1976 keine einzige Zahlungsaufforderung erhalten habe, kann ich mir nicht erklären, wie mir diese Mahnung zugeschickt werden konnte, nachdem ich mich nun schon seit fast zwei Jahren aus der Prostitution zurückgezogen habe. Die Verwaltungsmaschinerie mit ihrer legendären Langsamkeit, an der Sie als Mitglied der Regierung Frankreichs auch Ihren Teil der Verantwortung zu tragen haben, hilft uns kaum bei der gesellschaftlichen Wiedereingliederung! Sie nimmt uns viel mehr den Mut, selbst mit dem Leben fertig zu werden und treibt uns auf den Strich zurück! Auf jeden Fall stellen sich in meinem Fall die Dinge so dar. (. . .)

Trotz aller Schwierigkeiten habe ich bis heute durchgehalten, obwohl ich miterleben mußte, daß meine Kinder nicht genug zu essen hatten. Ich will so etwas nicht noch einmal durchmachen müssen! Ich will auch nicht mehr von Geschenken, Leihgaben, Spenden und Almosen anderer leben und ständig anderen Leuten auf der Tasche liegen müssen. Ich habe auch meine Würde! Für mich ist das eine Frage von Recht und Gerechtigkeit. Doch wenn das nicht möglich ist, dann frage ich Sie, Frau Minister, welche Möglichkeit habe ich noch, außer in die Prsotitution zurückzugehen?

Bitte fühlen Sie sich dadurch weder provoziert noch genötigt. Ich erwähne diese letzte Möglichkeit nur, weil ich keinen anderen Ausweg mehr sehe. Ich begreife sie eher als Todesurteil für mich und für viele meiner Gefährtinnen, die darauf vertraut hatten, daß ich es schaffen könnte. Es wäre wie das Ende eines Traumes und einer großen Hoffnung, die mich bis heute am Leben gehalten hat.

Wird dieser Brief Sie vielleicht dazu ermutigen, mir bei der Suche nach einer Lösung meiner Probleme behilflich zu sein? Von ganzem Herzen wage ich, es zu hoffen. Bitte betrachten Sie diesen Brief als Zeichen meiner letzten Hoffnung und als letzten Hilferuf.

Ich nehme diese äußerst persönliche Bittschrift zum Anlaß, Sie zu fragen, welche Schritte die Regierung, der Sie angehören, im Anschluß an den informativen Bericht von Herrn Pinot zu unternehmen gedenkt...

Mein Platz ist unter euch – ihr Leute der »guten Gesellschaft«, und trotzdem muß ich ihn mir jede Minute erst erobern. Eines Tages werde ich mich unter euch mischen und vielleicht werdet ihr mich sogar grüßen. Ich höre euch sprechen, ich höre euch zu. Ich habe mir nichts vorzuwerfen. Ich habe nie jemandem Schaden zugefügt. Ihr wollt uns Prostituierte fertigmachen. Ihr wollt uns zwingen, uns zu schämen. Nein! Wir haben uns nichts vorzuwerfen. Ihr habt uns zu dem gemacht, was wir sind.

Zweiter Teil

Vor der Prostitution

Erstes Kapitel

»Name des Vaters? Name der Mutter? Familienstand?« Wie oft habe ich dieses Verhör schon über mich ergehen lassen bei Ausweiskontrollen oder vorläufigen Festnahmen auf der Wache.

Es waren nur Formalitäten für hübsche kleine Karteikarten in den Behörden. Trotzdem sind diese Nebensächlichkeiten wichtig, weil sie mein ganzes Leben geprägt haben.

Name des Vaters? Ich weiß ihn nicht. Ich trage den Namen meiner Mutter, die ich nie gekannt habe. Meine Familie ist die Sozialhilfe – sie hat seit meiner Geburt die Rolle von Vater, Mutter, Bullen und Arbeitgeber übernommen.

Vor langer, sehr langer Zeit wußte ich das nicht. Ich lebte in einer Sozialwohnung bei Leuten, die ich für meine Eltern hielt. Ich war sechs Jahre alt und bald war Muttertag. Wie alle Kinder hatte auch ich mein Geschenk vorbereitet: ein Fläschchen billiges Parfüm, winzig und in Seidenpapier eingewickelt, dazu eine kleine Decke, die ich heimlich selbst gehäkelt hatte. Ich war sehr stolz, als ich damit zu meiner Mutter in die Küche kam. Das Sonntagshuhn lag schon im Topf und sollte in den Ofen geschoben werden. Meine Mutter mit ihren Latschen und ihrer verknüllten Schürze, die Haare über den Augen, schien nicht gerade die beste Laune zu haben. Aber ich war schon gewöhnt an ihr ständiges Gejammere, ihre Nervenzusammenbrüche und ihre Ohrfeigen für nichts und wieder nichts. Ich glaubte, Mütter müßten alle so sein, müde, zänkisch und herrisch. Wie oft hatte sie mich angeschnauzt, wenn ich beim Fegen vor mich hinsang. »Mach schneller, du Nichtstuerin, mußt du hier rumspielen, während ich mich für dich abrackere?«

Ich war anscheinend eine richtige Giftschlange, die nie vor Erwachsenen den Blick senkte, nie gehorchte und bei jeder Gelegenheit patzige Antworten gab; kurz, ich hatte kein Herz und machte aller Welt Sorgen. Aber heute war Muttertag, und ich hatte nicht vor, die »Dickköpfige« zu spielen.

Erwartungsvoll hielt ich ihr mein Päckchen hin. Meine Mutter sah mich tiefbeleidigt an, diesen Blick kannte ich nur zu gut und wußte, daß er nichts Gutes bedeutete. Verständnislos blieb ich stehen. Sie nahm die kleinen Päckchen, ging damit zum Mülleimer und warf sie wortlos hinein. Fröhlicher Muttertag! Wie vor den Kopf gestoßen stand ich da, sie drehte sich zu mir um und sagte: »Erstens bin ich nicht deine Mutter. Und der da ist auch nicht dein Vater. Du hast keine Eltern, kapiert? Sei froh, daß du einen Teller und ein Bett hast, verdienen tust du's nicht. Und jetzt hör auf mit deinem Zirkus! Hier bist du gar nichts und du bist auch von niemandem die Tochter.«

Das war für mich wie ein Schlag ins Gesicht. Ich konnte kein Wort herausbringen, ich verstand überhaupt nichts mehr, ich hätte am liebsten losgeheult. Aber ihr Blick war so kalt, daß ich meine Tränen hinunterschluckte, die Zähne zusammenbiß und wie angewurzelt stehenblieb. Dies ist das erste Erlebnis meiner Kindheit, an das ich mich erinnern kann ... Später kamen noch viele andere hinzu, aber es ist nicht der Mühe wert, sie einzeln aufzuzählen, diese lange Kette von Zurückweisungen, Lieblosigkeiten und Schlägen bei jedem kleinsten Fehler. Ich kann mich an keinen einzigen Kuß und kein Streicheln erinnern, aber dafür ist mein Körper übersät von zahlreichen Prügelspuren. Sämtliche Küchengeräte kamen an die Reihe, auf daß sich Madame beim Schlagen auch ja nicht die Hände verletzte.

Unsere glückliche Familie bestand aus vier Personen: meine Stiefmutter (ich kann sie jetzt nur noch so nennen), mein Stiefvater, dick und fast glatzköpfig, einer, der die Auftritte seiner besseren Hälfte dumpf und schweigend hinnahm; schließlich der Dritte, den ich für den Sohn des Hauses hielt, der aber der Liebhaber meiner Stiefmutter war, ein junger Gockel, der sorglos auf Kosten des fügsamen Ehemanns lebte.

Morgens ging mein Stiefvater zur Arbeit, und die beiden machten es sich zuhause gemütlich. Ich versorgte den Haushalt, spülte das Geschirr und wusch die Wäsche. Im Alter von sechs Jahren war ich bereits eine perfekte kleine Hausfrau, mit Fußtritten und Ohrfeigen dazu erzogen. Manchmal ging ich auch zur Schule, das war ja Pflicht, aber ich fühlte mich dort nicht viel wohler als zuhause. Schmutzig, ungekämmt und wild wie ich war, mochte mich niemand besonders gern. Mit meinem ungewaschenen Gesicht und den ausgeleierten Strümpfen wurde ich für ungezogen gehalten und besonders gern bestraft. Dabei war es doch nicht meine Schuld, wenn sich meine »Eltern« nicht um mich kümmerten, aber denen hat das, glaube ich, nie jemand gesagt. Selbst wenn die Nachbarn meine durchdringenden Schreie hören konnten – meinen »Eltern« hat nie jemand gesagt, sie sollten nicht so stark zuschlagen. Die braven Leute von nebenan stellten einfach das Radio lauter oder machten das Fenster zu. Schließlich ging sie das ja nichts an, nicht wahr?

Später kam es mir so vor, als würde hinter meinem Rücken über mich geredet und als zeigten die Leute mit dem Finger auf mich: »Das ist die Kleine, die die Familie X bei sich aufgenommen hat.«

Langsam fing ich an zu glauben, was meine Stiefmutter gesagt hatte, wurde feindselig und verabscheute sie.

Als der Sommer kam, wurde ich in die Ferien aufs Land geschickt. Bei meiner Rückkehr holte meine Stiefmutter mich auf dem Bahnhof ab. Eine dunkelhaarige, geschmacklos gekleidete Frau hatte mich zum Zug gebracht, und abholen tat mich jetzt eine aufgedonnerte Blondine in einem schicken Kleid. Sie hatte sich sehr verändert. Ich habe sie damals fast nicht wiedererkannt und ich weiß nicht warum, aber von diesem Tage an habe ich geglaubt, was sie mir erzählt hatte: sie war nicht meine Mutter, ich hatte keine Eltern, ich war ein Findelkind.

In diesem Sommer begann ich mich zu verschließen und mir einen Panzer anzulegen, um mich vor diesen Leuten zu schützen. Ihre Böswilligkeit machte sie mir verhaßt. Jedes Mal, wenn ich wieder verprügelt wurde – und die Schläge kamen immer häufiger – hatte ich einen herausfordernden Blick und sah allen dreien direkt ins Gesicht. Ich wollte ihnen die Genugtuung nicht gönnen, mich weinen zu sehen. Ich lernte auch zu lügen, war ständig auf der Hut und mißtraute jedem. Jede freundliche Geste wies ich zurück, ich sah darin nur Mitleid und war überzeugt, alle Welt wüßte, daß »ich nicht wie die anderen war«. Im Grunde schämte ich mich, anders zu sein, und nahm es der ganzen Welt übel. In der Schule begann ich Geschichten über meine Eltern zu erfinden. Ich erzählte, daß es bei uns zu Hause jeden Tag Kuchen gäbe, daß mein Vater mir immer Geschenke mache, und daß er mich noch nie geschlagen hätte. Oh, dafür war er viel zu lieb! ... Und trotzdem war ich weiter die dreckigste von allen und bekam nie etwas zum Naschen für die Pause mit. Eine Lehrerin mußte etwas gemerkt haben, denn sie fing an, regelmäßig ihr Schokoladenbrötchen mit mir zu teilen. Sie bot es mir nie direkt an, ich wäre zu stolz gewesen, es anzunehmen. Aber sie fand jedesmal einen Vorwand, um mir ein Stück abzugeben: mal hatte sie keinen Hunger, dann hatte sie gerade etwas gegessen, und bevor sie es wegwarf ... usw.

Es stimmte schon, daß mein Stiefvater mich nicht oft schlug, aber dafür hatte er auch gute Gründe. Er kaufte mich lieber, damit er sich in aller Ruhe auf zweifelhafte Art mit mir vergnügen konnte. Die 50 Centimes für das Geschenk zum Muttertag hatte ich nicht gestohlen, er hatte sie mir gegeben. Dieser Ehemann war durch den jungen Mann aus dem Bett seiner Frau verjagt worden, aber in dem kleinen Mädchen hatte er eine Möglichkeit gefunden, sich zu befriedigen: »Wenn du nichts sagst, kriegst du Geld.« Er rieb sich an mir, bis er seine Lust gehabt hatte. Ich verstand überhaupt nichts, ich wußte nur, daß ich nichts darüber sagen durfte, und glaubte, daß alle Erwachsenen so etwas machten. In der Klasse erzählte ich nichts, dachte aber, daß meine Mitschülerinnen ihr Geld für Bonbons auch so bekamen.

Eines Tages wollte mein Stiefvater mit mir allein spazierengehen. Er war also katzenfreundlich zu mir und nahm mich mit. Als wir nach einer Weile außer Sichtweite waren, knöpfte er seine Hose auf und schlug mir so lange an den Kopf, bis ich hinkniete und ihm seinen Schwanz lutschte. Lachend sah er zu, wie ich das Gesicht verzog, weil ich etwas herunterschlucken mußte, das ich nicht kannte und vor dem ich mich ekelte. Wieder habe ich zu niemandem etwas gesagt. Er hatte mir gedroht: paß bloß auf, sonst gibt's kein Geld mehr! Dieser Mann war mein erster Freier.

Seine Frau war auch nicht viel besser. Sie machte ihrem jungen Galan eine Szene nach der anderen, entweder hatten sie Krach oder es war die große Leidenschaft. Sie machten niemals die Tür zu, wenn sie es nachmittags miteinander trieben. Sie hatte Spaß daran, es vor mir zu machen, und machte sich dabei über mich lustig. Vielleicht hat es sie auch aufgegeilt, dabei beobachtet zu werden?

Drei Jahre Prügel von der einen und Schweinereien von der anderen Seite. Allmählich hatte ich nur noch einen Gedanken im Kopf: abhauen. Sobald ich aus der Wohnung rauskonnte, um einzukaufen oder in die Schule zu gehen und zuhause niemand auf mich wartete, rannte ich zum

Bus. Ich fuhr so weit wie möglich, bis nach Paris; dort lief ich die ganze Zeit durch die Straßen. Mit der Metro fuhr ich nie. Ich hatte Angst vor den langen Schächten.

Und nachts war ich allein in den Straßen von Paris; ich ging einfach weiter, irgendwohin, ich fürchtete mich, aber ich hatte auch endlich meine Ruhe. Natürlich landete ich unweigerlich auf einem Polizeirevier. Entweder lasen die Polizisten mich von der Straße auf, oder ich flüchtete mich in einen Hausflur, und wenn die Leute nach Hause kamen, wunderten sie sich über das Kind, das dort ganz allein hockte, und brachten mich auf das nächste Revier. Dort mußte ich meinen Namen sagen (damals hatte ich noch den meiner Pflegeeltern) und wurde über Nacht dort behalten, bis sie meine Adresse herausgefunden und meine Eltern benachrichtigt hatten.

Diese Nächte auf der Wache, wo ich zusammen mit Pennern und Prostituierten in eine Zelle eingesperrt wurde, sind die einzigen Augenblicke meiner Kindheit, in denen ich ein wenig menschliche Wärme zu spüren bekam. Dort fühlte ich mich sicher, die Frauen schenkten mir Süßigkeiten, streichelten mich und vor allem hörten sie mir zu. Wenn ich erzählte, warum ich von zuhause weggelaufen war, runzelten die Polizisten die Stirn, aber die Nutten sagten nichts. Sie hatten einfach schon zuviel erlebt; für sie war ich nicht verdorben, sondern nur ein unglückliches kleines Mädchen, das viel Zärtlichkeit brauchte.

Am nächsten Morgen erschien dann mein Stiefvater. Er war wütend, weil er meinetwegen bei der Arbeit fehlte, und zog die Nummer des ehrbaren Bürgers ab. Er war korrekt gekleidet, benahm sich höflich, übte einen anständigen Beruf aus und hatte damit mir gegenüber alle Trümpfe in der Hand. Immer, wenn der Wachtmeister etwas davon andeutete, was ich erzählt hatte, wie ich zuhause behandelt wurde oder warum ich ausgerissen war, reagierte mein Vater empört.

»Wo denken Sie hin, Herr Wachtmeister, das sind doch alles Lügen! Was soll ich denn nur mit dieser mißratenen Göre anfangen? Meine Frau gibt sich wirklich redlich Mühe, damit etwas Anständiges aus ihr wird! Aber dieses Balg hat das Laster im Blut. Man muß sich nur mal vorstellen, was für abscheuliche Sachen sie über mich zu erzählen wagt, dabei bin ich so ein friedliebender Mann! Diese Kleine ist heimtückisch, das weiß ich schon lange. Wie oft habe ich sie dabei erwischt, wie sie meine Frau und mich im Badezimmer beobachtet hat . . .«

Der Polizist, von seiner Ehrlichkeit überzeugt, beruhigte ihn: »Wir kennen das, Monsieur, solche Blagen landen alle in der Besserungsanstalt. Sie sind wirklich tapfer, daß Sie sich so um sie kümmern.«

Nach diesen freundlichen Worten ging es nach Hause, wo die unvermeidlichen Prügel warteten. Kaum war ich wieder da, kamen alle Nachbarn angelaufen, wegen der Kleinen, die sich wieder herumgetrieben hatte. Sie tuschelten untereinander, bedauerten meine Stiefmutter und machten beim Weggehen Bemerkungen über »diese Kinder, von denen man nicht weiß, woher sie kommen«. Meine Stiefmutter sang jedesmal das alte Lied von der »heiligen Hausfrau und Märtyrerin«, kostete ihre Rolle voll aus, fühlte sich ganz als der Star des Tages und übertrieb maßlos. Und dann schloß sich die Tür hinter den letzten Neugierigen. Blieb mir also nur noch, die Zähne zusammenzubeißen und abzuwarten.

Dann kam die Zeit mit dem »Onkel«, das war ihr Bruder. Er kehrte heim aus Indochina und wohnte eine zeitlang bei uns. Die Wohnung war klein, deshalb wurde sein Bett bei mir im Zimmer aufgestellt. Diesen Mann habe ich jede Nacht masturbieren müssen. Ich verabscheute ihn und wollte nicht mehr neben ihm schlafen müssen. Ich habe dann versucht, vor allen anderen zu sagen, wozu er mich zwang. Die Antwort ließ nicht lange auf sich warten: ich bekam eine deftige Ohrfeige. Wie kam ich dazu, solche Geschichten zu erzählen? Wenn ich so weitermachte, würde ich eines Tages noch in der Gosse landen! Auch dieses Mal wollte mir niemand glauben, aber das war einmal zu viel.

Meine Krallen waren stumpf geworden, ich war nur noch verzweifelt. Ich wußte, daß man mich bei jedem Fluchtversuch wieder schnappen würde, ich hatte genug von den Schlägen und den Gemeinheiten. Ich wollte sterben. Ich war acht Jahre alt.

Von diesem Zeitpunkt an wechselten sich Ausbrüche und Selbstmordversuche ab. Das erste Mal wollte ich mich mit einer Flasche Desinfektionsmittel umbringen. Man hatte mir immer verboten, an die Fläschchen mit einem roten Etikett zu gehen, weil sie Gift enthielten. Ich leerte das ganze Fläschchen. Ich wurde aber nur krank daran. Damit ich schneller gesund würde, verprügelte meine Mutter mich mit dem Bügeleisen. Das zweite Mal schluckte ich Äther. Danach mußte ich mich übergeben. Das brachte mir Schläge mit der Schöpfkelle ein, mein Ellenbogen war ausgerenkt. Ich versuchte mich zu verarzten, so gut es ging. Ich band mir ein Tuch um den Arm, um ihn ruhig zu halten. Aber als mich meine Stiefmutter mit dem Verband sah, riß sie alles herunter und machte sich über meine Unbeholfenheit lustig.

Ich weiß, daß sich inzwischen die Situation für die Kinder von der Fürsorge geändert hat. Aber meine Erlebnisse sind fünfundzwanzig Jahre alt. Damals gab es die strengen Kontrollen der Sozialarbeiterinnen nicht, ein Kind von der Fürsorge galt nicht als normal; es war Abschaum und später Arbeitskraft, auf keinen Fall jedoch ein menschliches Wesen, das man respektierte. Außerdem gab es diese hartnäckigen Vorurteile: keine Familie – da war bestimmt etwas faul, wahrscheinlich war der Vater ein Säufer und die Mutter eine Nutte, also: von Anfang an mißraten. Ich galt als verdorben, und das hatte man sooft wiederholt, bis man aus mir ein aufsässiges Kind gemacht hatte; Ausreißen und Selbstmordversuche sind schließlich Kindern nicht angeboren! In Wirklichkeit wollte ich nur in Ruhe gelassen werden und versuchte deswegen mit allen Mitteln, dieser Familie zu entkommen.

Die Stimmung wurde immer haßerfüllter und bösartiger. Nach jeder Tracht Prügel sah ich ihnen geradeheraus ins Gesicht, ohne eine Träne zu vergießen. Ich wußte, dieser Trotz brachte sie zur Weißglut. Ich wartete, bis ich allein war, um zu weinen, aber das waren keine Tränen aus Schmerz oder Kummer, es waren Tränen der Wut und der Ohnmacht, weil ich die Schwächere war, und weil ich ihnen ihre Gemeinheiten nicht heimzahlen konnte.

Eines Tages zog meine Stiefmutter, von ihren beiden Männern umgeben, wieder einmal ihre Lieblingsnummer ab: Vorwürfe, Jammern, Nervenzusammenbruch. Sie tat so, als könne sie dieses dreckige Gör nicht mehr ertragen, das ihr immer contra gab und sie nicht respektierte. Sie beklagte sich darüber, daß die beiden Männer ihr nicht halfen. Ihnen wäre es ja völlig egal, wenn sie vor lauter Arbeit draufginge. Eines Tages würde sie sich vor lauter Kummer noch umbringen.

Ach so, sterben wollte sie! Das brauchte sie nicht zweimal zu sagen. Wortlos nahm ich einen Stuhl, schleifte ihn ins Badezimmer und kletterte hinauf, damit ich an das Schränkchen kam. Mit dem Rasiermesser meines Stiefvaters in der Hand kam ich in die Küche zurück; es war ein altes Modell, das man damals »Säbel« nannte. Ich hielt es meiner Stiefmutter entgegen. Dafür bekam ich eine denkwürdige Tracht Prügel. Aber das war mir egal. Ich war zufrieden, daß ich diese Frau endlich beim Wort genommen und ihr gezeigt hatte, wie wenig ich mich um ihre Auftritte scherte.

Ich war neun Jahre alt und konnte kaum lesen. Und ich war allein mit meinem Haß, meiner Verzweiflung und der Verachtung der Leute. Wenn ich ein Stück Zucker klaute, bekam ich eine Ohrfeige, damit ich mir das Stehlen abgewöhne. »Es wundert einen gar nicht, daß sie stiehlt, man weiß ja nicht mal woher sie kommt.«

Eines Tages war ich mit meinem Stiefvater allein in der Wohnung. Er kam in mein Zimmer und machte ganz ruhig die Tür zu. Er fing an, sich die Hose auszuziehen, und lächelte dabei. Ich sah ihm zu und fragte mich, was er sich jetzt wieder ausgedacht hatte. Dann ging alles sehr schnell, er stieß mich aufs Bett und fiel über mich her. Sonst erinnere ich mich an nichts mehr, außer grauenhafter Schmerzen im Bauch.

Als ich wieder zu mir kam, lag ich völlig nackt im Treppenhaus. Es war niemand mehr da. Ich mußte wohl geschrien und geweint haben, ich weiß es nicht mehr. Auf jeden Fall habe ich Lärm gemacht, denn der Nachbarssohn, der ungefähr dreizehn Jahre alt war, hat mich gefunden und in seine Wohnung gebracht. Seine Eltern wickelten mich in eine Decke und trugen mich nach unten zum Apotheker. Der wußte sofort, was los war. Er verarztete mich notdürftig und rief dann die Polizei an. Dort stellten sie mir Fragen. Aber ich stand so unter Schock, daß ich kein Wort hervorbringen konnte. Sie mußten mich ins Krankenhaus oder ich weiß nicht mehr wohin bringen.

Ich erinnere mich an einen Raum, der nicht sehr groß war. Ich lag in einem Bett. Leute kamen, um nach mir zu sehen. Ich hatte Angst. Ich brüllte jedesmal sofort los, wenn jemand kam. Ich fauchte und biß jeden, der in meine Reichweite kam. Schließlich banden mich die Krankenschwestern am Bett fest, wie in der Irrenanstalt.

Ich war wie ein gefährliches Tier. Ich hatte Schaum vor dem Mund, verweigerte das Waschen und pinkelte ins Bett. Dabei war ich bei Bewußtsein, denn ich erinnere mich an den Raum, an Leute, die mich anstarrten und an Polizisten, die versuchten, mich zum Reden zu bringen. Ich sehe noch die Gesichter um mich herum und die Krankenschwestern, die mich festhielten, damit ich nicht um mich schlug. Wenn ich losgebunden wurde, kauerte ich mich in eine

Ecke, bereit jeden anzuspringen, der mich anfassen wollte. Ich beantwortete keine einzige Frage. Einem Polizisten biß ich sogar in die Hand, als er mich zum Trost streicheln wollte.

Damals hätte ich jeden umbringen können. Ich bestand nur noch aus Haß und Schmerz. Irgendwo tief in mir lebte mein Haß und hielt einen kleinen Funken Klarsicht am Leben, so daß ich nicht den Verstand verlor. Ich schwor mir, so schnell wie möglich den Mann zu töten, der mich zerfetzt hatte. Nur unter dieser Bedingung war ich bereit, weiterzuleben.

Ich war neun und hatte nur noch einen einzigen Gedanken: Rache. Und ein einziges Gefühl: Verweigerung. Für mich hatten sich alle schuldig gemacht: mit ihrer Verachtung, ihrer Gleichgültigkeit und ihrer Lieblosigkeit. Man hatte mir alles genommen.

Am Tag der Verhandlung erschien mein Stiefvater als typischer Durchschnittsfranzose und trat mit seinem verschämten Blick vor Gericht. Nach einer Stunde ging alles durcheinander und niemand wußte mehr, wer hier eigentlich Täter und wer Opfer war. Nach all dem Gerede sah es so aus, als ob der arme Mann lediglich einen Augenblick lang den Verstand verloren hätte. Am Schluß war ich auch noch verantwortlich für seinen »Ausrutscher«. Daß ich jahrelang seine Streicheleien geduldet hatte, bewies doch, daß es mir nicht unangenehm gewesen war. Und außerdem hatte ich mich ja nie über sein Treiben beklagt.

Was niemand vor Gericht gesagt hat, ist, daß ich mehrmals versucht hatte, es in der Familie zur Sprache zu bringen, daß mich aber niemand hatte anhören wollen. Immer wurde mir der Mund verboten und ich wurde beschimpft als verlogen und verdorben, wie bei dem Onkel aus Indochina. Seine Frau konnte sich heute natürlich auch nicht mehr an das bißchen erinnern, das ich damals darüber sagen konnte, oder sie wollte es nicht. Die Ehre der Familie stand auf dem Spiel und dafür sollte ich bezahlen.

Ich sah nur die Glatze dieses Mannes, wie sie unter der Lampe glänzte. In meinen Alpträumen sehe ich ihn immer noch so.

Jahrelang, sogar nach meiner Zeit im Gefängnis, konnte ich auf der Straße oder in der Menschenmenge keine dicke, glatzköpfige Gestalt sehen, ohne vor Angst zu zittern. Mit einem Schlag kam alles wieder: das Entsetzen, der Haß und der Ekel. Noch heute erlebe ich diese Vergewaltigung im Traum wieder. Dieser Alptraum, der meine ganze Jugend vergiftet hat, überfällt mich noch heute manchmal. Dann wache ich schweißgebadet und tränenüberströmt auf.

Mich verfolgt immer noch die Angst vor diesen beiden, die meine Kindheit zerstört haben. Manchmal träume ich, daß sie bei mir zuhause auftauchen und sagen, ich müßte mit meinen Kindern fort und ihnen Platz machen. Mein Sohn fängt an zu weinen, und wir fliehen über die Felder. In der Hand meines Sohnes glänzt eine Kupfermünze, die hat mein Stiefvater ihm gegeben, damit er ihn nicht verrät.

Ich weiß noch, wie ich am Ende der Verhandlung losgeschrien und mich auf meinen Stiefvater gestürzt habe. Die Bullen haben mich abgefangen und zu Boden geworfen. Ich wälzte mich hin und her, verfluchte ihn und stieß all die schlimmen Worte hervor, die ich damals kennen konnte. Und dann – nichts mehr. Ich mußte das Bewußtsein verloren haben.

Das Gericht verkündete das Urteil. Dieser arme Mann hatte einen Fehler gemacht, den er zutiefst bereute, und dieser Frau rutschte vermutlich leicht die Hand aus – mein Körper trägt immer noch die Spuren davon – aber schließlich war ich ja ein problematischer Fall, ein elternloses Kind, mit schwierigem Charakter und verhaltensgestört. »Ein jeder muß das verstehen und verzeihen, meine Herren Geschworenen.« Und ein jeder verstand: anderthalb Jahre Gefängnis mit Bewährung für den armen Büßer.

Auch ich hatte verstanden, ein für alle Mal. Ich wußte nun, daß man nur mit Lügen weiterkam, wenn man in Schwierigkeiten war. Ich habe gelernt, daß man mit Falschheit und Krokodilstränen das Mitleid der Leute gewinnen kann. In meinem Herzen gab es nur noch Haß, und er vernichtete jedes Bedürfnis nach Zärtlichkeit – einer Zärtlichkeit, die man mir immer verweigert hatte. Ich habe auch begriffen, daß Freundlichkeit immer ihren Preis hat. Nichts war umsonst.

Soeben hatte ich am eigenen Leib erfahren: es gibt immer einen Verlierer, das ist der Schwache, und einen Gewinner, das ist der Lügner. Und ich schwor mir, daß ich nie mehr der Verlierer sein wollte. Mit zehn Jahren bedeutete ein solcher Entschluß Gewalttätigkeit und Haß auf die ganze Welt.

Es fehlte nicht viel, und ich wäre durchgedreht nach alldem, was geschehen war. Aber meine Rachsucht wurde für mich ein lebenswichtiger Instinkt: ich habe nie wirklich den Verstand verloren. Allmählich überwand ich diesen Zustand der totalen Gebrochenheit. Meine Gewaltausbrüche wurden seltener. Ich wollte aus meiner Verzweiflung wieder auftauchen und kämpfen.

Seitdem habe ich nie aufgehört, mich gegen jede Art von Unterdrückung aufzulehnen. Das hat mich schließlich in die Kirche Saint-Nizier geführt, und ich bereue es nicht. Hätte ich kapituliert, wäre aus mir bestimmt diese Schwachsinnige geworden, wie man sie den Geschworenen beschrieben hatte. Statt dessen hat mich mein Widerstand stark gemacht. Ich war nicht dumm, ich war schwierig: diese Ruppigkeit, die man mir vorwarf, hat sich weiter ausgeprägt. Ich konnte mich nicht anders verteidigen.

Später galt ich als straffällig. Aber mit Ausnahme von ein paar verständnisvollen Erziehern fällen immer die Leute Urteile, die keine Ahnung haben. Es gibt in Frankreich immer noch Kinder, wie ich eins war, die Hunger haben, die geschlagen und gequält werden oder die für die Bedürfnisse ihrer »potenten« Väter herhalten müssen. Die Zeitungen berichten darüber immer wieder unter »Vermischtes«. Aber man kann sich ja schließlich nicht um jeden kümmern, nicht wahr? Und eines Tages stellt man dann höchst überrascht fest, daß aus diesen Kindern Jugendliche geworden sind, die Brüche machen, auf den Strich gehen oder Zuhälter sind ... Aber ich wiederhole, sie werden nicht so geboren. Sie haben alle versucht, sich zurechtzufinden in einer Umgebung, die sie ständig vor die Tür setzt. Sie wissen nur, »wie man sich durchschlägt«, und sie kennen die Einsamkeit. Sie gehören zu denen. die zu fünfzehnt in einer Zweizimmerwohnung leben.

Was für Möglichkeiten haben solche Eltern denn schon? Meistens ist der Alkohol der einzige Ausweg, um zu träumen und sich ein reiches Leben auszumalen. Bis die Flasche leer ist, kann man sich viele Dinge vormachen: eine Vierzimmerwohnung, ein Badezimmer, die Innentoilette ... Der reine Luxus! Aber danach gibt es jedesmal ein hartes Erwachen, und die Kinder sollten einem dann lieber nicht zu nahe kommen. Da ist die Straße sicherer. Und die Straße – das ist die Schule der Kriminalität.

Ich habe eine andere Schule kennengelernt, die auf ihre Art auch sehr lehrreich war: die Anstalten des »Guten Hirten«. Geschlossene Erziehungsanstalten zur Vorbeugung gegen Kriminalität.

Bevor ich in diese respektablen Anstalten kam, hatte ich mehrere Monate lang im Krankenhaus dahinvegetiert. Äußerlich war ich scheinbar ruhiger geworden, aber ich sprach immer noch nicht. Die Nonnen, die mich betreuten, brachten mich bei Bauern in Ostfrankreich unter. Ein Jahr lang lebte ich also auf dem Land. Das ist die einzige Zeit in meiner Kindheit, die ich noch heute als erträglich in Erinnerung habe. Zumindest konnte ich auf dem Hof beinahe alles machen, was ich wollte, und war ständig im Freien. Kein Mensch kümmerte sich richtig um mich, und ich hatte meine Ruhe. Trotzdem war es nicht gerade ein Paradies, verglichen mit dem Leben »normaler« Kinder.

Für einen Teller Kartoffeln mit einem Stück Speck sparte ich ihnen praktisch die Kosten für eine Landarbeiterin: ich mußte Tiere hüten, Ställe säubern, Schweine füttern und Geschirr spülen. Behandelt wurde ich dabei nach der Devise: soviel Arbeit und Tritte wie möglich, so wenig Essen wie nötig. Auf jeden Fall war für uns »Fürsorgekinder« schon der Kanten Brot zu viel, den wir aufs Feld mitbekamen. Die Leute meinten es wirklich nicht schlecht mit uns, aber wir waren für sie einfach keine normalen Menschen: schon gar nicht so ein stummes und verstocktes Gör wie ich. Wir wurden geduldet, vorausgesetzt, daß wir uns nützlich machten.

Wer kennt nicht die Kinder in kleinen Dörfern, vor denen alle sich ein bißchen in acht nehmen, und die von den anderen gehänselt werden, weil sie keine Eltern haben. Die anderen Kinder hatten alle einen beruhigenden Status: »Das ist der Sohn von ...«. Aber wir, wir waren Fundsachen, mehr nicht. Nichts lag also näher, als aus uns Sündenböcke zu machen. Ging ein Eimer verloren oder ein Werkzeug kaputt, dann waren es wieder die von der Fürsorge gewesen. Wenn schon unsere Eltern uns nicht wollten, dann waren wir auch sonst an allem schuld.

Ausgeschlossen aus dem Familienleben, entwöhnt von jeder Zärtlichkeit und behandelt wie Knechte oder Mädchen für alles, rückten wir von der Fürsorge näher zusammen und gehörten nun erst recht nicht mehr dazu. Als Rache dachten wir uns die tollsten Geschichten aus: »Wenn ich groß bin, verdiene ich ganz viel Geld. Dann komme ich ins Dorf zurück und baue mir ein größeres und viel schöneres Haus direkt nebenan. Und die da, die jetzt so stolz tun, sind hoffentlich bis dahin Penner oder Säufer. Und wenn sie mich um Essen bitten, dann gebe ich ihnen kein bißchen.«

Aber bis dahin, ließen wir keine Gelegenheit aus, um ihnen eins auszuwischen. Ich erinnere mich daran, wie die erste Kommunion gefeiert werden sollte. Ein großes Fest stand bevor, zu dem die ganze Nachbarschaft eingeladen war. Die Bäuerin hatte schon mehrere Tage im Voraus das Essen vorbereitet. Die Speisekammer quoll über von allen möglichen Kuchen, Würsten und Fleischwaren. Und wir wußten, daß wir nicht mitessen durften, sondern die Tiere hüten oder das Geschirr spülen mußten. Deshalb beschlossen wir, ihnen dieses Fest zu verderben. Heimlich schlich unsere kleine Bande in die Speisekammer, und kaum waren wir drin, tobten wir uns ordentlich aus: wir bissen in alles; in jeder Torte und jeder Wurst hinterließen wir die Spuren unserer Zähne. Wir haben diese Gelegenheit nicht einmal ausgenutzt, um all diese guten Sachen zu essen, uns ging es nur ums Kaputtmachen. An der ausgiebigen Tracht Prügel mit Brennesseln konnten wir hinterher sehen, daß unser Streich gelungen war. Die Haut brannte uns zwar noch tagelang, aber wir waren zufrieden.

Die Leute liebten uns nicht, und wir taten alles, damit sie uns haßten. Und wieder schloß sich der Kreis. Sie behandelten uns wie Rüpel, und wir wurden deshalb auch so, dabei wären wir für einen Kuß, für ein Lächeln oder eine Zärtlichkeit bis ans Ende der Welt gegangen. Aber daran dachte niemand. Haben Fürsorgekinder etwa auch ein Herz? Sicher nicht, dazu sind sie zu bösartig. Anscheinend ist Liebe etwas für Kinder mit vollem Magen, einem weichen Bett und netten Eltern.

Diese Kinder beneideten wir. Wir sagten: »Ich hasse dich«, weil wir das Wort lieben nicht kannten. Wir weinten und brüllten, weil wir nichts hatten außer unserer Wut und unserer Wehrlosigkeit. Und den anderen wünschten wir nur das Schlimmste.

Den fünfzehnjährigen Mädchen und Jungen, die dort als Lehrlinge oder Dienstmädchen arbeiteten, ging es kaum besser als uns. Sie bekamen die Verachtung auf andere Weise zu spüren, sie wurden in jeder Hinsicht wie Objekte behandelt. Ihre einzige Lebensberechtigung in den Augen der Arbeitgeber war ihre Arbeitskraft. Ansonsten konnte man sie gefahrlos und gratis für das eigene Vergnügen benutzen. Wenn ein Mann über die Tochter seines Nachbarn steigt, kann der Vater ihn immer noch zur Rechenschaft ziehen. Aber wer stellt sich vor ein Mädchen von der Fürsorge? Der Inspektor vielleicht? Alles hängt davon ab, wie der ganze Vorfall behandelt und geschildert wird. Und was wiegt die Aussage eines Mädchens gegenüber der ihres Chefs?

Nichts einfacher, als einem Dienstmädchen Rotwein einzuflößen und sie dann in einer Ecke zu bumsen. Niemand fand das schlimm. Sie war ja sowieso nie etwas gewesen. Alle wußten, daß sie es nie wagen würde zu behaupten, sie wäre gezwungen worden. Und wenn die Unglückliche zufällig schwanger wurde, konnte man sie schon irgendwie loswerden. Die Fürsorge nahm sie wieder auf, und die Sache war erledigt. Man verständigte den Inspektor, damit er in seinen Bericht schrieb, diese freche Dirne sei völlig verdorben und laufe allen Männern im Dorf nach. Und als erste würden das die Ehefrauen der Vergewaltiger bezeugen. So hatten sie endlich Gelegenheit, ihre Eifersucht auszulassen, und konnten gleichzeitig die schmeichelhafte

Rolle der ehrbaren Gattin spielen, deren Gastfreundschaft mißbraucht worden war: »Herr Inspektor, diese freche Göre läuft unseren Männern nach. Und ein Mann ist ein Mann – da kann man nichts machen.« Und sie mußten es wissen, mit ihren zehn Kindern, diesem lebenden Beweis der Potenz ihrer Ehemänner. »Es ist doch wohl normal, wenn er am Sonntag in die Kneipe einen trinken geht. Von Zeit zu Zeit wird man sich doch wohl auch etwas gönnen dürfen. Dann kommen sie nach Hause und was sehen sie? Dieses Luder, das ihnen seine Beine zeigt oder noch ganz andere Sachen! Wenn dann die Natur sich meldet, darf man den Männern das doch nicht übelnehmen. Das geschieht der ganz recht, die ist ja eh nichts wert.«

Oh ja, und die Natur meldete sich oft. Die Natur des Mannes, die Macht, sich für seine Lust jede zu nehmen, weil man ja ein Mann ist.

Einer Frau, die unter dem Deckmantel der Ehe diese Brutalität zu erdulden hatte, blieb nur eine Möglichkeit, sich selbst zu verherrlichen, an der Macht teilzuhaben und sich zur Komplizin zu machen. Die Mädchen standen ganz allein da und mußten die Folgen tragen. Der Mann wurde niemals zur Rechenschaft gezogen. Das Mädchen von der Fürsorge mußte also gehen, sie war schuldig, weil sie zu niemand gehörte, zu keiner Familie, die sie mit dem Etikett der Ehrbarkeit ausgestattet hat, und zu keinem rechtmäßigen Besitzer, der sie verteidigen würde. Man steckte sie in ein Heim für ledige Mütter. Dort bekam sie ihr Kind, das sie meistens auf den guten Rat der Betreuerin hin weggab, und kehrte ein Jahr später zurück – völlig gebrochen und vernichtet durch die Demütigung, die sie durch die »Gastfreundschaft« ihres Hausherrn erlitten hatte – und alles fing wieder von vorne an. Irgendwann galt sie als ein für allemal verdorben und wurde, ohne überhaupt gefragt zu werden, die Prostituierte in diesem Dorf, eine, die man »Marie-leg-dich-hin« nennt. Manche hatte diese Verachtung stumpfsinnig gemacht, sie wurden wie Tiere behandelt und schließlich wirklich völlig schwachsinnig. Sie hatten nicht die Kraft, sich gegen die Leute zu wehren, die sie behandelten wie Objekte, und verloren das Gefühl, ein menschliches Wesen zu sein.

Und die Jungen? Auch sie hatten kein leichtes Leben. Mit diesem entwürdigenden Etikett »Fürsorge« wurden sie wie Landwirtschaftsmaschinen behandelt. Unter Umständen durften sie auch als Lustmaschinen für die sogenannten ehrbaren Frauen herhalten, die ein bißchen Abwechslung suchten. Das war völlig ungefährlich, so ein Junge war ja nicht wirklich ein Liebhaber, er war nichts wert, und außerdem konnten sie ihn sofort loswerden, wenn er ihnen lästig wurde.

Man traf also Vorkehrungen, um mit dem Jungen im Pferdestall oder auf dem Heuboden schäkern zu können, und wenn er zu frech wurde oder einfach nicht mehr so anziehend war, konnte sich die Frau immer bei ihrem Mann beklagen, daß dieser Nichtsnutz die Herrin des Hauses nicht genügend respektiere. Der arme Teufel erhielt eine deftige Tracht Prügel vom Herrn des Hauses, wenn ihn der Bauer nicht sogar anzeigte. In diesem Fall nahmen sich die Gendarmen seiner an. Und die Ordnung war wiederhergestellt.

Mein Jahr auf dem Land verlief nur deswegen einigermaßen friedlich, weil mich die Leute, bei denen ich wohnte für einfältig hielten. Nach und nach fand ich mein Gleichgewicht wieder. Ich fing wieder an zu sprechen. Aber ich versteckte meinen Haß: ich wartete auf meine Stunde. Ich wußte, daß ich mich rächen würde, und die Gewißheit hielt mich am Leben.

Diese Vergewaltigung hat mich für immer gezeichnet. Dieser Mann hatte mir nicht nur den Unterleib zerfetzt – ich mußte operativ wieder zusammengeflickt werden – sondern er hat das Wissen um diesen unauslöschlichen Makel fest in mir verankert! Ob ich will oder nicht, jeder Mann verschafft mir instinktiv das Gefühl des Bösen, Schmutzigen, das mich nicht berühren darf. Ich versuchte, mich davon zu befreien, aber es war nicht leicht. Deswegen habe ich irgendwann einmal gesagt, ich wünsche mir, daß meine Tochter als Jungfrau in die Ehe geht. In meiner Vorstellung war dieses Bild der Braut in Weiß immer gleichbedeutend mit dem einzigen Ehemann, dem »einen« Mann im Leben. Und ohne mir darüber klarzuwerden, glaubte ich, daß meine Tochter dank dieser Beschwörungsformel nur von einem Mann berührt, das heißt beschmutzt werden könnte. Die Vorstellung, mein Kind könnte mit einem Mann zusammensein, machte mir Angst, nicht weil sie mich deshalb verlassen wird, sondern weil ich befürchtete, daß sie dasselbe durchmacht wie ich. Jeder Kontakt mit dem Mann oder dem Männlichen hat für mich einen Beigeschmack von Gewalt und Unglück. Und trotzdem liebe ich jetzt einen Mann und respektiere ihn ... Aber in meiner Wohnung ist kein Platz für einen Mann. Ich habe nie heiraten wollen, auch nicht nach der Geburt meiner Kinder; ich hatte Angst um meine Tochter. Sie wird größer, sie ist jetzt schon sehr hübsch, und der Mann, lebte ich mit einem zusammen, würde sie heranwachsen und erblühen sehen. Wenn ich nur daran denke, sehe ich meinen Stiefvater vor mir und habe Angst.

Zweites Kapitel

Nach einem Jahr schien ich geheilt. Ich wurde von der Fürsorge wieder abgeholt und in ein von Nonnen geleitetes Schulheim für Mädchen gebracht. Es nannte sich zwar Schule, war aber in Wirklichkeit eine dieser Anstalten der »Guten Hirten« für schwererziehbare Kinder.

Als ich noch bei meinen Stiefeltern lebte, hatte man mir prophezeit, daß ich eines Tages in einer Besserungsanstalt landen würde. Jetzt war ich da.

Zuerst mußte ich unbedingt lesen und schreiben lernen. Ich war elf Jahre alt und konnte nichts. Die Schule hatte ich nicht allzuoft von innen gesehen, und durch den erlittenen Schock waren auch noch die wenigen Kenntnisse, die ich hier und da aufgeschnappt hatte, wie weggewischt. Ich war fast froh, wieder in die Schule zu gehen. Meine Begeisterung ließ aber schnell nach. Die Nonnen hielten mich von Anfang an für eine »zukünftige« Kriminelle. Ich war für sie nicht etwa ein Kind, das einer Vergewaltigung zum Opfer gefallen und deshalb besonders hilfsbedürftig war, sondern ein kleines Luder und schuldig, weil es mit einem Mann Verkehr gehabt hatte. Ob ich dazu bereit gewesen war oder nicht, diese Frage wurde nicht einmal gestellt. Ich war mit der Sünde in Berührung gekommen; ich war unrein. Gleich in den ersten Tagen wurde ich ganz nach hinten gesetzt, abseits von allen anderen. Ich stellte für die anderen Kinder eine Gefahr dar, und man verbot ihnen, mit mir zu sprechen.

Die Nonnen hatten eine sehr klare Vorstellung von der Sünde: alles was mit dem Körper zu tun hatte, war verdächtig. Buchstabengetreu befolgten sie das Gebot: »Wenn deine rechte Hand Böses tut, so hacke sie ab.« Ihre Praxis sah so aus, daß sie den Stein des Anstoßes in Quarantäne steckten und auf körperliche Züchtigungen zurückgriffen. Das war das einzige Mittel zur Erhaltung eines aufrechten und reinen Geistes.

Dafür hatten sie jedoch ein anderes Gebot ihrer Religion vergessen: die Liebe. Sie bestraften jedes Vergehen, die Tugenden der Weichherzigkeit, der Liebe und der Vergebung jedoch waren ihnen unbekannt. Vielleicht schenkten sie sie anderen, auf keinen Fall aber den Kindern der Sünde, diesen Dickköpfen, die gebessert werden mußten.

Später habe ich auch das richtige Gefängnis erlebt. Aber bei den Nonnen habe ich schon damals gelernt, was Freiheitsberaubung sein kann. Auch die Wohltaten der Disziplin bekam ich zu spüren. Wann begreifen die Leute endlich, daß Repression kein Mittel gegen das Böse ist?

Ich kam geradewegs vom Land und fühlte mich in diesen schmalen Schlafsälen, in die wir eingepfercht wurden, von Anfang an eingesperrt. Alle Türen waren verriegelt. Eine Aufsicht ging mehrmals in der Nacht durch die Räume, um zu kontrollieren, ob wir ruhig waren. Morgens weckte sie uns, indem sie uns brutal die Decken wegzog. Dahinter steckte der Wunsch, die Mädchen zu erwischen, die möglicherweise »schlimme Neigungen« hatten. Mich hatten sie natürlich besonders im Auge. Statt Nachthemden trugen wir eine Art groben Leinensack, den wir zugeteilt bekamen. Ich konnte diesen Stoff nicht auf meiner Haut ertragen, er kratzte überall. Kaum war das Licht gelöscht, zog ich diesen Kartoffelsack schnell aus. Was für ein Verbrechen! Ich schlief nackt. Am nächsten Morgen mußte ich auf Befehl der Nonne auf einen Stuhl steigen, damit die anderen »dieses Luder« sehen konnten, »das seine Kleider auszieht, um seinen Körper zu spüren«! Außerdem war mein Pech, daß ich frühreif war. Meine Brüste waren eine Schande. Die Nonnen legten mir einen strammen Verband um, damit niemand sie sehen konnte. Ich schämte mich und damals fing ich an, meinen Körper zu verabscheuen. Die anderen zeigten auch mit dem Finger auf mich und flüsterten untereinander, weil ich als einzige in der Klasse schon meine Regel hatte. Ein weiteres Zeichen der Sünde. Kurz, es durfte über nichts gesprochen werden, wir mußten unsere Körper verstecken und durften vor allem keine Frauen sein. Ich wußte überhaupt nicht mehr, was mit mir los war und glaubte, anders zu sein als die anderen.

Schon beim ersten Gespräch mit der Mutter Oberin merkte ich, welcher Ton hier herrscht. Sie empfing mich mit den Worten: »Hier werden wir dich zurechtbiegen, meine Kleine. Wir werden ein wachsames Auge auf dich haben. Wir sind schon mit ganz anderen Mädchen fertig geworden, und auch du wirst dich fügen müssen. Und jetzt: auf die Knie mit dir, und sag ein Gebet, damit dir verziehen wird.«

Was sollte mir verziehen werden? Daß ich nie geliebt wurde, daß ich vergewaltigt worden war? Nein! Nie! Ich war außer mir, und von diesem Tag an herrschte Krieg. Ich befand mich in Feindesland, blieb mir also nur, mich zu verteidigen. Ich sträubte mich gegen jede Disziplin und prügelte mich mit den Mädchen, die mich behandelten, als wäre ich ein fremdartiges Tier. Wenn eine von ihnen sich mir auch nur näherte, hielt ich das schon für eine Provokation. Damit machte ich die Sache nur noch schlimmer. Man hatte ihnen erzählt, daß ich etwas mit einem Mann gehabt hätte, sie wußten zwar nicht so recht, was das bedeuten sollte, aber ich gehörte von da an für sie zu den »schlechten« Mädchen. Und ich schrie nur herum, spuckte ihnen ins Gesicht und sprang sie bei jeder Gelegenheit an.

Aber in dieser respektablen Anstalt wurde überhaupt nichts »für gut« befunden, außer die Augen zu senken. »Ja, Mutter Oberin« zu flüstern und zu beten. Freundschaften durften wir nicht haben. Man brachte uns bei, uns gegenseitig zu mißtrauen. Jede zärtliche Geste, der kleinste Kuß oder ein Streicheln wurde sofort als Verdorbenheit ausgelegt, vor allem wenn die Mädchen älter waren. Die Sünde, die wir in uns trugen, mußte im Keim erstickt werden. War sie etwa vererbt? Und wir wurden ständig ausgehorcht: »Was hat die mit dir gemacht? Antworte, ich habe euch zusammen gesehen. Hat sie dir unter den Rock gefaßt? Das ist Sünde!« Und wir kleinen Mädchen, die doch nur ein bißchen Wärme suchten, stellten uns sofort die schlimmsten und geheimnisvollsten Dinge vor. Und beim nächsten Mal waren wir dann natürlich neugierig, was es da unter dem Rock der anderen gab, das so verboten war.

Die Nonnen, die uns angeblich vor der »Sünde« bewahren wollten, erreichten damit letztendlich nur, daß unsere Phantasie angeregt und alles für uns schmutzig wurde: sich nackt zu zeigen, ist eine Sünde, ein Kuß ist etwas Gefährliches, und so weiter. Wir hatten Angst vor uns selbst und vor den anderen. Unsere Sehnsucht nach Liebe versteckten wir voller Scham. Von Anfang an als mißratene Brut behandelt und ständig Strafen ausgesetzt, paßten wir uns schließlich mit perfekter Heuchelei an und lebten in der Vorstellung, auch für Dinge schuldig zu sein, von denen wir gar nichts wußten. Was kann man in dieser Athmosphäre der ständigen Verdammung und des Herumspionierens eigentlich anderes erwarten als Auflehnung oder Heuchelei? Die Nonnen predigten uns das Christentum, lehrten uns das Leben Christi und die Gebote des Evangeliums: »Gott ist Liebe und Barmherzigkeit. Du sollst deinen Nächsten lieben wie dich selbst.« Bis zum Erbrechen mußten wir uns ihre Predigten über Wohltätigkeit und Gnade anhören, aber ihr Handeln uns gegenüber stand im krassen Widerspruch zu dieser Lehre. Wo war sie denn, die Liebe, von der sie soviel erzählten? War sie vielleicht nur den vollkommenen und ehrbaren Menschen vorbehalten? Wir dagegen, die künftigen Sünderinnen, mußten also schon jetzt anfangen, unsere Vergehen abzubüßen, und wurden deswegen ständig schikaniert und mißhandelt.

Man lehrte uns auch die Demut, diese äußerst wichtige Tugend in einer Welt, in der das Gesetz des Stärkeren herrscht! Wir lernten alles hinzunehmen, und wurden so auf unsere Rolle als Sklavin oder Dienstmädchen vorbereitet, die unsere Herkunft uns bestimmt hatte. Unsere Erziehung hatte das einzige Ziel, aus uns perfekte Hausfrauen zu machen, auf keinen Fall aber Intellektuelle.

Mit dreizehn konnte ich halbwegs lesen und rechnen. Was wollte ich mehr? Mich auf einen Schulabschluß vorzubereiten, kam gar nicht in Frage. Was hätte ich mit einem Zeugnis schon anfangen können? Dann hätten mich ja die Leute, bei denen ich demnächst untergebracht würde, nur höher bezahlen müssen ... Dafür konnte ich allerdings perfekt nähen, sticken, stopfen, kochen, Wäsche waschen, putzen, bügeln ...

Eine Besserungsanstalt für mittellose junge Mädchen, die sich als Hauswirtschaftsschule ausgab – dort verbrachte ich meine Jugend. Die Nonnen hielten uns unermüdlich vor, daß wir lernen müßten, einen Haushalt zu führen, die wichtigste Tugend einer Frau. Für den unwahrscheinlichen Fall, daß ein junger Mann die Güte hätte, uns eines Blickes zu würdigen und uns zu heiraten, uns, die Kinder der Sünde, die wir ja gar nichts wert waren, müßten wir gerüstet sein, die Pflichten einer ehrbaren Frau zu erfüllen.

Ich habe also gelernt, was eine richtige Frau ist: sie wird in Unwissenheit gehalten und schämt sich ihres Körpers. Sie ist entsetzt bei dem bloßen Gedanken an Lust (die unweigerlich in die Hölle führt), und bereit, sich versklaven zu lassen zu einer Hausarbeit, mit der sie ihren großzügigen Mann dafür entschädigt, daß er sie in seinem Haus aufnimmt.

Diese Gefängnisatmosphäre, diese Härte, diese Verachtung, all das konnte ich nicht mehr ertragen. Schlägereien mit anschließenden Wutanfällen. Immer wieder stieg die Wut in mir hoch und staute sich auf, bis ich nicht mehr atmen konnte. Als ich an einem Tag besonders jähzornig gewesen und über ein Mädchen hergefallen war, die sich über mich lustig gemacht hatte, steckten mich die Nonnen in den Bau. Diese Strafe fanden sie aber noch nicht hart genug, also rasierten sie mir vorher den Kopf. Damals hatte ich sehr lange Haare und war sehr stolz darauf. Mir die Haare abzuschneiden, war eine Verstümmelung. Aber der Stolz muß an der Wurzel gebrochen werden. Gesagt, getan, schon war ich kahlrasiert und saß zwei Wochen im Bau.

Als ich wieder rauskam, sah ich mich zufällig in einer Scheibe: das sollte ich sein, dieses magere Mädchen mit den kurzen Stoppeln? Angst überfiel mich. Hinter mir hörte ich Gelächter. Ein Mädchen lehnte in der Tür und lachte und weinte gleichzeitig. Und ich, die ich zum ersten Mal seit meiner Ankunft in diesem Bau gewesen war, brach weinend zusammen. Schließlich richtete ich mich wieder auf, und ich fiel – besinnungslos vor Zorn wegen des Gelächters – über sie her. Ich wurde auf der Stelle wieder in den Bau gesteckt, damit ich zur Vernunft käme! Und dieses Mädchen bekam den Befehl, mir mein Essen zu bringen. Nach einer Weile sprach sie mich an. Man hatte auch ihr einmal den Kopf geschoren, sie wußte genau, wie entsetzlich das war, und ihr Gelächter war nur Ausdruck ihrer eigenen Verzweiflung gewesen, als sie mich genauso zugerichtet gesehen hatte. Sie war später meine einzige Freundin. Wir sprachen nur selten zusammen, wir waren zu ungeschickt und zu verhärtet, um unsere Freundschaft zum Ausdruck bringen zu können, aber wir halfen uns bei jeder Gelegenheit, so gut wir konnten.

Und dann stieg sie eines Tages auf das Dach der Anstalt. Sie schrie ihre ganze Verzweiflung über eine Welt heraus, in der niemand sie liebte, und dann stürzte sie sich hinunter. Sie war nicht tot. Ich erfuhr später, daß sie an den Rollstuhl gefesselt war. Ich konnte nicht weinen, es tat einfach zu weh. Die Nonnen warfen mir Herzlosigkeit vor. Für sie war ich ein verdorbenes Kind und zu keiner Gefühlsregung fähig. Sie haben überhaupt nichts verstanden.

Ich wußte doch, daß Tränen nichts nützten. Ich war zwölf. Meine Kraft zum Überleben bezog ich aus Schlägereien.

Meine lieben Nonnen, eure Erziehung hat noch ein bißchen mehr meinen Haß und meine Auflehnung geschürt, etwas anderes habe ich nie gekannt. Das Gebot »Liebe deinen Nächsten, wie dich selbst« habt ihr vergessen: ihr habt uns Waisenkinder nie geliebt, und das habe ich euch heimgezahlt. Ich habe euch gehaßt, und ihr habt mich sehr subtil dafür bestraft.

Bei soviel Gewalt mußte ich irgendwann zwangsläufig in der Psychiatrie landen. Die Gelegenheit, mich dorthin zu schaffen, bot sich eines Tages, als ich in blindem Haß einen Briefbeschwerer nach der Mutter Oberin warf, die mich wieder einmal bestraft hatte. Ich traf nur knapp daneben. Ich flüchtete durch die Flure, und schlug alles kurz und klein, was mir in den Weg kam: Vasen, Blumentöpfe, Statuen, alles mußte dran glauben. Die Nonnen konnten mich nur zu viert bändigen und ins Krankenzimmer einsperren.

Danach das Krankenhaus: ich wollte sterben. Ich stahl Tabletten, um mich zu vergiften. Ich konnte einfach nicht mehr. Ich kam von einem Gefängnis ins nächste, ich sah keinen Ausweg mehr.

Alle Methoden wurden an mir ausprobiert: die Zwangsjacke, weil ich übererregt war, die kalten Duschen und die Beruhigungsspritzen. Sogar zwei Schlafkuren mußte ich machen: ich wachte jedesmal danach aufgedunsen, verängstigt und verwundet wieder auf, aber nicht entspannt.

Der Psychiater stellte mir dauernd Fragen, die ich völlig idiotisch fand, als ob mein Problem mit Tintenklecksen und Steckspielen zu lösen wäre. Ich antwortete übrigens grundsätzlich irgendwas, klammerte mich immer an eine Lüge und wäre lieber tot umgefallen, als daß ich erzählt hätte, was mit mir los war. Warum hätte ich ausgerechnet diesen Leuten vertrauen sollen, die jetzt die Nachfolge der Nonnen antraten und die mir nicht helfen oder mich verstehen, sondern mich nur wieder brav und ruhig machen wollten, damit ich wieder ins Heim zurück konnte.

Meine widersprüchlichen Antworten machten die Ärzte zornig. Sie merkten, daß ich nicht dumm war und sie nur verschaukelte, aber sie konnten den Bruch in meiner Entwicklung nicht finden. Sie überwachten mich auf Schritt und Tritt und warteten auf den nächsten Wutausbruch. Nicht eine Sekunde ließen sie mich aus den Augen.

Um ihrer ständigen Wachsamkeit ein Schnippchen zu schlagen, tat ich so, als stünde ich noch immer unter der Wirkung der Beruhigungsmittel und wäre völlig abgestumpft und apathisch. Kaum drehten sie mir den Rücken zu, fiel ich über sie her, schlug sie und warf ihnen alles mögliche an den Kopf.

Die Fragen nahmen überhaupt kein Ende. Die Psychiater kamen immer wieder auf die Vergewaltigung in meiner Kindheit zurück. Ich lebte den ganzen Alptraum wieder durch. Sie wollten alles wissen und zwar ganz genau. Welche Zärtlichkeiten mein Stiefvater von mir verlangt und was ich dabei empfunden hatte. Und was sonst nicht alles. Man hätte meinen können, daß diese Geschichte sie geil machte! Auf jeden Fall kam es mir damals so vor. Ich hatte den Eindruck, daß niemand mein Leiden ernstnahm. Sie hatten offensichtlich nur vor, noch tiefer zu bohren und die Wunde wieder aufzureißen. Und so was nennt sich Wissenschaft!

Einige Zeit später, vielleicht waren es ein paar Monate, ich weiß es nicht mehr genau, wurde ich zu den Nonnen zurückgeschickt. Das Urteil lautete: dieses Kind ist nicht verrückt, aber es braucht ständige Kontrolle. Die Nonnen ließen es sich natürlich nicht nehmen, mir den Befund in seiner ganzen erstaunlichen Wahrheit vorzulesen: »Überdurchschnittliche Intelligenz, die jedoch auf das Schlechte und Böse gerichtet ist. Das Kind ist gefährlich und muß überwacht werden.«

Angesichts solcher Empfehlungen verloren die Nonnen auch noch die letzten Bedenken, mich zu bestrafen. Von jetzt an verbrachte ich die meiste Zeit im Bau. Eigentlich habe ich auch alles getan, um dahin zu kommen, denn da hatte ich wenigstens meine Ruhe. Da konnte ich wenigstens frei atmen, ohne dauernd fragend oder vorwurfsvoll angestarrt zu werden.

Mit dreizehn mußten wir anfangen zu arbeiten, um niemandem mehr zur Last zu fallen. Mit der Wohltätigkeit war es jetzt vorbei. Wir mußten unser Bett und unser Essen selbst verdienen. Zusammen mit anderen Mädchen kam ich in einer Kartonagenfabrik unter. Ich weiß nicht mehr, welchen Lohn man uns für unsere Arbeit gab, aber ich kann mich noch genau erinnern, daß jede von uns die enorme Summe von 8 Centimes pro Stunde als Taschengeld bekam. Der Rest ging an die Anstalt, die uns an die Firma geliefert hatte. Die Nonnen bezogen also Provision für das Arbeitsvieh, das sie lieferten. Damals kannte ich zwar das Wort Zuhälter noch nicht, aber ich verstand genau, worum es ging: von der Arbeit anderer Leute leben.

Der Chef belästigte die Mädchen und lauerte ihnen im Flur auf. Eines Tages packte mich die Wut über dieses Schwein, das uns ständig nachstellte, ich stieß ihn in einen großen Karton und den dann die Treppe hinunter. Die anderen Mädchen lachten und freuten sich, auf diese Weise gerächt zu werden.

Ich wurde auf der Stelle zu den Nonnen zurückgeschickt. Aber der Chef konnte mich nicht anzeigen. Er durfte sich kein polizeiliches Verfahren leisten, denn er beschäftigte Mädchen, die noch unter den Jugendarbeitsschutz fielen. Bei dem geringsten Fehler wären seine Machenschaften aufgeflogen. So entging ich dem Jugendrichter und kehrte wieder zurück in den Bau.

Später, als ich fünfzehn war, brachten mich die Nonnen des »Guten Hirten« als Verkäuferin in einem Milchladen unter. Damals war es mein Traum, eine Arbeitsstelle mit Kost und Logis zu finden. Das hätte mir erspart, jeden

Abend in dieses verdammte Heim gehen zu müssen, in dem die »untergebrachten« Mädchen wohnten: dieses Heim war auch nur dem Namen nach anders, nicht aber hinsichtlich der Disziplin. Ich hatte Glück, aber es dauerte nicht lange. An einem Samstag wollte ich unbedingt das Meer sehen. Ich fuhr per Anhalter nach Deauville. Es war schön. Ich fühlte mich frei. Ich kam erst am Dienstag zurück. Als ich ins Geschäft trat, konnte ich meinem Chef schon ansehen, was mir blühte: »Raus! Wir brauchen Sie nicht mehr!« Vor lauter Wut fing ich an, mich um meine eigene Achse zu drehen, ich hatte meine Reisetasche am ausgestreckten Arm. Alle Stapel fielen zusammen: Eier, Yoghurts und Butter, der ganze Boden war voll. Im Polizeigriff brachten sie mich zu den Nonnen zurück. Jetzt war ich reif für die Besserungsanstalt: angeblich hatte ich Geld aus der Kasse gestohlen ...

Es war schwierig, eine Arbeit zu finden, ich war kein nettes und zartes junges Mädchen. Ich wollte mich durchsetzen, und ich war groß und kräftig. Mit dem ersten bißchen Geld kaufte ich mir schwarze Stiefel. Ich mimte die Erfahrene mit Minirock, toupierten und hochgesteckten Haaren und schwarz umrandeten Augen. Ich kam den Leuten verdächtig vor. Und vor allem war ich immer mittendrin, wenn irgendwo eine Prügelei in der Luft lag. Ich hätte gern zu den Halbstarken-Banden des Viertels gehört, denn die bewunderte ich.

Ich ging damals schon auf die Demonstrationen der Linken. Es war die Zeit des Algerienkrieges und ich verstand nicht, warum man die Algerier nicht in Ruhe lassen konnte. Ich wurde wütend, wenn ich mit ansehen mußte, wie die

Bullen mit ihnen umsprangen. Ich ging bei den Demonstrationen mit, um die Algerier zu rächen und die Bullen »in Stücke zu hauen«. Ich konnte einfach nicht mitansehen, wie Leute zusammengeschlagen wurden, nur weil zu zufällig die Schwächeren waren. Im Grunde hatte ich keine konkreten politischen Vorstellungen, aber die brauchte ich auch nicht, um einen Ausbeuter von einem Ausgebeuteten zu unterscheiden. Meine eigene Erfahrung hatte mich das gelehrt.

Mit sechzehn mußten wir uns für einen Beruf entscheiden, wobei es sich selbstverständlich nur um die typischen Berufe für weibliche Fürsorgezöglinge handeln konnte, also entweder Mädchen für alles oder ungelernte Arbeiterin. Bei der Ausbildung, die uns die Nonnen gnädigerweise hatten zukommen lassen, gab es für uns keine andere Wahl. Selbst außerhalb des Heimes waren wir gebrandmarkt als Fürsorgekinder. Eventuellen Arbeitgebern flößten wir nicht gerade Vertrauen ein, aber sie nahmen uns als billige Arbeitskräfte. Wir wurden schlechter bezahlt als die anderen – deren Eltern Einspruch erheben konnten – und mußten immer länger arbeiten. Auf jeden Fall hatten wir kein Recht, unsere Meinung auch nur zu äußern – unsere Aufgabe war klar umrissen: wir machten die Dreckarbeit. »Arbeiten und Maulhalten«, und danke sagen zu Leuten, die das Risiko auf sich nahmen, in ihrem Haus Mädchen zu beschäftigen, von denen man nichts wußte.

Wenn ich den Begriff »Mädchen für alles« verwende, um unsere Arbeit in den sogenannten gutbürgerlichen Häusern zu beschreiben, dann meine ich das wörtlich. Wir waren nicht nur Haushaltshilfen, wir mußten alle Arbeiten machen, ob sie leicht oder schwer waren und obendrein durften wir noch die Wünsche des Hausherrn befriedigen. In gewissen Kreisen schien es völlig normal zu sein, sich das Dienstmädchen »zu nehmen«; sie war dafür da, genauso wie für alles andere. Wieder einmal Ehebruch ohne Risiko. Wenn wir uns sträubten oder auch nur den geringsten Unwillen zeigten, genügte ein Anruf, in dem behauptet wurde, wir wären faul, frech und unehrlich, und wir kehrten sofort ins Heim zurück.

Ohne jede Rücksicht zogen unsere Arbeitgeber über uns her, während wir daneben standen. Das ging dann so: »Die können wir unmöglich behalten. Von diesen Fürsorgemädchen ist eins verlogener und fauler als das andere. Unter uns gesagt, alles muß abgezählt werden. Die lassen alles mitgehen, was sie kriegen können, da bin ich ganz sicher. Diese Gören, die sehen einen nur frech an und geben nie eine Antwort. Da ist man mit einer Ausländerin doch besser dran, wenn die schweigt, stört das wenigstens nicht so.« Bei soviel Verachtung kommt einem die Galle hoch und man möchte nur noch zuschlagen. Gegen solche Bösartigkeit kann es nur Haß geben. Mein Haß wurde immer größer und immer schlimmer, ließ mich nachts aufschrecken und mit den Zähnen knirschen.

Irgendwo tief in mir lebte immer noch der Wunsch, mich an dem Mann zu rächen, der alles in mir zerstört hatte. Seinetwegen hatte ich beinahe den Verstand verloren. Mein einziger Trost in diesem erbärmlichen und einsamen Leben war der Gedanke, daß er dafür eines Tages bezahlen würde. Und dieser Tag rückte näher.

Drittes Kapitel

Ich war ungefähr siebzehn Jahre alt, als ich beschloß, daß seine Stunde gekommen war. Dieser Gedanke verfolgte mich nun schon fast neun Jahre. Jetzt mußte ich handeln. Ich brauchte diese Rache, um leben zu können.

Ich hielt es so nicht mehr aus; ich mußte mir diesen Haß austreiben, indem ich diesen Mann bestrafte, und zwar ganz schnell. Die Justiz hatte ihn verschont. Ich würde nicht so nachsichtig sein, es ging um meinen Körper und um mein Leben.

Damals arbeitete ich außerhalb des Heimes in einem Geschäft und konnte in meiner freien Zeit in Paris hingehen wo ich wollte. Ich kehrte also zurück in den Vorort meiner verwünschten Kindheit. Sie wohnten immer noch dort. Mein Stiefvater hatte immer noch dieselbe Arbeitsstelle und denselben Weg. Als ich ihn das erste Mal in einem Metro-Ausgang wiedersah, wurde mir plötzlich schwarz vor Augen und ich war überwältigt von Angst und Ekel. Ich kehrte in mein Zimmer zurück und brach dort weinend zusammen. Aber ich hatte etwas beschlossen: ich würde es tun. Ich hätte sonst keinen Grund gehabt, neun Jahre lang mit diesem Haß zu leben.

Ich kaufte mir ein Messer, ein Fleischermesser. Ich ging meinem Stiefvater auf dem Nachhauseweg nach, trat hinter ihm in den Hausflur und dort rammte ich ihm das Messer in die Geschlechtsteile. Viele Leute werden mich deswegen verurteilen und eine Mörderin nennen. Aber ich sage es noch einmal: ich mußte es tun. Dieser Mann hatte mich aus dem Gleichgewicht geworfen und geistig und körperlich verstümmelt. Mit sechzehn hatte ich noch einmal operiert werden müssen, damit meine Gebärmutter funktionierte. Mein Unterleib tat mir immer noch weh. Und seither fehlte mir jedes Gefühl für menschlichen Kontakt. Der Blick eines Unbekannten in der Metro brachte mich schon aus der Fassung. Es passierte mir sogar, ihn oder sie einfach anzugreifen, nur weil sie mich ansahen; ich war eine einzige offene Wunde.

Mein Stiefvater hatte mich zu schlimm zugerichtet. Ich mußte diese Vergewaltigung auslöschen, die mich ständig verfolgte; und der einzige Weg, sie auszumerzen, war die Ursache des Übels zu vernichten. Ich gebe zu, ich verspürte eine große Erleichterung, fast eine sexuelle Lust, als ich ihm das Messer in den Unterleib stieß. Der Alptraum hatte ein Ende. Ich tötete ihn an der Stelle, mit der er mich geschändet hatte.

In Wirklichkeit hatte ich ihn nicht getötet. Er wurde ins Krankenhaus gebracht, und ich erfuhr während des Prozesses, daß er anstelle seines Glieds jetzt einen Plastikschlauch hatte. Aber diese Nebensächlichkeit berührte mich nicht, im Gegenteil: mit so einer Verstümmelung würde er sein Verbrechen doppelt bezahlen. Für mich war die Sache damit erledigt und ist es noch heute. Ich habe getan, was ich tun mußte, ich bedaure es nicht. Ich habe einen Strich unter die Vergangenheit gezogen. Gleich nach meiner Tat ging ich auf das nächste Polizeirevier und stellte mich. Als ich erklärte, was passiert war, wollte mir der wachhabende Beamte nicht glauben. Ich mußte regelrecht darauf bestehen, mit dem Inspektor zu sprechen und etwas zu Protokoll zu geben. Ich hätte fliehen können, statt zu den Bullen zu gehen, aber mir war es egal, daß ich dafür bezahlen mußte. So wie die Dinge für mich standen, konnte mir das Gefängnis keine Angst mehr machen. Für mich war nur eins wichtig: mein Stiefvater und ich, wir waren quitt. Endlich fühlte ich mich erleichtert und ruhig. Bis heute habe ich meine Meinung nicht geändert. Wenn es sein müßte, täte ich es noch einmal, denn ein Kind zu vergewaltigen ist das scheußlichste Verbrechen, das ich kenne. Wenn irgendjemand je meine Tochter anfassen sollte – ich würde ihn genauso vernichten, wie ich meinen Stiefvater vernichtet habe. Und ich kenne das Gefängnis, ich habe genug darunter gelitten. Trotzdem!

Nachdem ich meine Aussage unterzeichnet hatte, wurde ich in Untersuchungshaft genommen. Dort blieb ich bis zum nächsten Morgen; dann brachte man mich nach Fresnes in den Trakt für minderjährige Mädchen und schwangere Frauen, wo ich auf mein Urteil warten sollte. Tatsächlich blieb ich sieben Monate in Fresnes. Nach Ablauf dieser Zeit war ich »strafmündig« und wurde nach La Petite Roquette überführt.

Fresnes war mir wie eine Art Heim vorgekommen, die Disziplin war dort kaum härter als in den Anstalten der Fürsorge, die ich gewöhnt war. Bei meiner Ankunft wunderte ich mich sehr über die obligatorische Dusche. Kein Mädchen wurde in den Trakt geschickt, ohne daß man sie vorher von den Haarspitzen bis zu den Fußsohlen geschrubbt hätte. Abgesehen von diesen Vorschriften bin ich sonst nie schikaniert oder besonders schlecht behandelt worden. Und in meiner Naivität nahm ich an, daß ich meine Strafe unter diesen Bedingungen ziemlich gut aushalten würde. Ich hatte vorher Schlimmeres durchgemacht.

An meinem achtzehnten Geburtstag war die Angelegenheit immer noch nicht vor Gericht verhandelt worden. Ich mußte also in ein Frauengefängnis verlegt werden. Von La Petite Roquette hatte ich noch nichts gehört und war also unbesorgt. In Fresnes hatte ich mich mit niemandem angefreundet und so verließ ich den Ort ohne Bedauern. Hier oder woanders, in diesem oder jenem Gefängnis – was machte das schon aus!

Ich stieg mit meinem Bündel ins Polizeiauto. Ich wußte nicht, wie diese Gefängniswagen von innen aussehen. Sie legten mir Handschellen an und sperrten mich in einen kleinen fensterlosen Kasten. Er war von außen verriegelt. Dort saß ich in völliger Dunkelheit. Bewegen konnte man sich in diesem Schrank nicht. Außerdem wäre ich fast erstickt. Ich hatte den Eindruck, ich werde behandelt wie der Staatsfeind Nummer eins.

Ankunft in La Petite Roquette. Nach der Finsternis im Wagen blendet mich jetzt das gleißende Licht im Gefängnishof, und ich kann nichts erkennen. Der Bulle, der uns bis hierher gefahren hat, gibt der Aufseherin am Eingang unsere Kennkarten. Diese Frau sieht aus wie ein Eisblock, sie ist dunkelblau gekleidet. Kein Blick, gar nichts.

Wir gehen hinein. Ich habe im selben Moment begriffen, daß ich in der Hölle gelandet bin. Die nächsten vier Jahre würde ich im schlimmsten Frauengefängnis von ganz Frankreich zubringen müssen. Vier grauenvolle Jahre, so grauenhaft, daß ich sie selbst heute noch nicht richtig beschreiben kann. Jede Minute der reinste Alptraum, dieses Leben auf engstem Raum, die Kälte, der Hunger und die endlosen Schikanen. Ich weiß nicht, wie ich da lebend wieder rausgekommen bin. Die Leitung der Haftanstalt gab ihr Ziel offen zu: uns so lange zu erniedrigen, bis wir »Unterfrauen« geworden waren. Es fing bei meiner Ankunft mit der Durchsuchung an – wir mußten uns nackt auf einen Tisch stellen, die stahlharten Finger der Aufseherinnen wühlten uns in der Vagina herum – und reichte bis zu dem wilden Haß, den uns diese Wärterinnen entgegenbrachten, die mit Frauen nur dem Namen nach etwas gemein hatten.

Manche Gefangene versuchten sich bei ihnen einzuschmeicheln, indem sie sich ganz klein machten, sie anlächelten und dauernd mit »Frau Chefin« anredeten. Ich sprach kein Wort. Ich hatte wieder meine alte Taktik aus der Kindheit übernommen: Zähne zusammenbeißen und direkt in die Augen sehen, mit all dem Stolz, der mir noch blieb. Einige Aufseherinnen reagierten sehr empfindlich auf die Verachtung, die ihnen von den Stärksten entgegengebracht wurde. Innerlich hatten wir jedes Mal einen Sieg errungen, wenn wir merkten, daß wir sie verunsichert hatten. Unser einziger Trost!

Bei unserer Ankunft wurde uns alles abgenommen: der Schmuck – natürlich. Die Photos, die wir auf ein Stück Pappe geklebt hatten, die gefütterten Briefumschläge und unsere Eßsachen bekamen wir total zerstückelt zurück; schließlich hätten wir in den Keksen oder in den Umschlägen etwas verstecken können. Man konnte den Aufseherinnen regelrecht ansehen, mit welch sadistischem Vergnügen sie unsere paar Sachen kaputtmachten!

Das Gebäude von La Petite Roquette bestand aus einem runden Turm mit Höfen für die Rundgänge. Die Frauen waren Abteilungen zugeordnet, zu jeder Abteilung gehörte jeweils eine bestimmte Anzahl Zellen, eine Werkstatt und ein Hof. Wir waren nicht nach einer bestimmten Ordnung aufgeteilt. Eine Frau mit einer geringen Strafe konnte in der Werkstatt ohne weiteres neben eine Schwerverbrecherin gesetzt werden; ebensowenig spielte das Alter eine Rolle bei der Einteilung. Ich habe in diesem Gefängnis vor allem darunter gelitten, daß wir so zusammengepfercht waren. Dauernd herrschte Kriegsstimmung, und die ging nicht nur von den Wärterinnen aus. Die Gefangenen selbst hatten untereinander eine Rangordnung etabliert, in der das Gesetz der Stärke herrschte. Die Anführerinnen gaben den Ton an und ließen ihre Macht an den Schwächeren aus.

Am ersten Tag wurde ich in eine Werkstatt gebracht, die von jungen, völlig gleichgültigen Nonnen überwacht wurde. Es war vollkommen still im Saal, und man merkte sehr schnell, daß nur einige Frauen arbeiteten. Ich mußte mich also sofort mit der Anführerin in dieser Werkstatt auseinandersetzen. Aber ich wußte mich zu behaupten: Sie mochte von mir aus eine anerkannte Autorität sein, aber ich würde nicht hinnehmen, daß mir jemand Schwierigkeiten machte. Ich war bereit, mich für meine Unabhängigkeit zu schlagen.

Die Verhältnisse waren schnell klargestellt. Sie hat mich seitdem ziemlich in Ruhe gelassen.

Meine erste entscheidende Prügelei ließ trotzdem nicht lange auf sich warten. Es war Essenszeit, wir gingen gerade in die Kantine, und eine Frau drängelte sich genau vor mich, nur um zu testen, wie ich darauf reagieren würde. Niemand rührte sich, alle sahen dieser Auseinandersetzung scheinbar gleichgültig entgegen, aber ich spürte, daß alle Augen auf mich gerichtet waren. Ich wußte, daß ich ein für alle Male hier im Gefängnis ausgespielt hatte, wenn ich zurückgetreten wäre und ihr meinen Platz überlassen hätte. Ich mußte mich also prügeln, um mir Achtung zu verschaffen.

Ohne zu zögern trat ich aus der Reihe und packte sie. Zum Glück kam ich gerade aus Fresnes, wo es besseres Essen gegeben hatte. Ich war körperlich fit und gewann. Es war eine offene Schlägerei mit Fausthieben und Fußtritten, keine Rauferei, bei der man sich nur bissig die Augen auskratzen will. Zum Schluß waren wir voller blauer Flecken, aber wir hatten uns beruhigt und empfanden keine gegenseitige Verachtung. Niemand hatte versucht, uns auseinanderzubringen. Wenn zwei Frauen miteinander abrechneten, bildeten die anderen Frauen einen Kreis um sie herum und paßten nur auf, wie die Wärterinnen sich verhielten. Das war eigentlich gar nicht notwendig, denn die Nonnen, die uns überwachten, mischten sich nur höchst selten in unsere Angelegenheiten. Sie sahen lieber solange woanders hin, bis das Gewitter vorüber war.

Nachdem ich am ersten Tag die Dinge klargestellt hatte, war mir mein Platz zwischen den anderen ohne irgendwelche Scherereien sicher. Alle hatten gemerkt, daß man mir nicht zu nahe treten durfte, aber daß ich mir auch nicht einen besonderen Platz als Chefin erobern wollte. Ich ließ die anderen in Ruhe, und die anderen ließen mich in Ruhe. So war die Situation schon vom ersten Tag an geregelt, und Szenen dieser Art hat es in den vier Jahren kaum noch gegeben.

In La Petite Roquette wie in allen anderen Gefängnissen wurde die äußerst einträgliche Kantinenwirtschaft betrieben. Rechte auf irgendwelchen persönlichen Besitz hatten wir nicht. Sogar unsere Zahnbürste wurde bei der Ankunft eingezogen. Das verschaffte der Verwaltung die Möglichkeit, uns neue zu verkaufen. Das Essen war so abscheulich, daß wir schließlich immer in die Kantine gingen, um etwas zu essen zu kaufen. Dafür brauchten wir allerdings Geld. Sicherlich, wir arbeiteten in der Werkstatt; damals stellten wir Clips zum Verzieren von Damenschuhen her: Schleifen, Blumen, oder Figuren aus Samt. Wir wurden pro Stück bezahlt, das heißt, wir bekamen ein paar Centimes für jedes fertige Paar. Die Gefängnisverwaltung zog einen Teil der Summe für sich ab und behielt einen anderen als Rücklage ein, die bei unserer Entlassung ausgezahlt werden sollte. Was uns blieb reichte gerade für ein Päckchen Gauloises und eine Briefmarke pro Woche. Zum Glück rauchte ich nicht. Ich konnte also meine Zigarettenration an die anderen Frauen weiterverkaufen. Das waren meine einzigen Einkünfte.

Abgesehen von der »Umerziehung durch Arbeit« hatten wir Anspruch auf Unterbringung durch den Staat. In einer Zelle lebten jeweils drei Häftlinge, damit die Moral gewahrt blieb, das heißt, damit homosexuelle Beziehungen vermieden wurden. Ich muß allerdings hinzufügen, daß die Bemühungen um die Moral damit auch schon beendet waren, die Frauen konnten schreien und obszöne Anspielungen machen, so viel sie wollten, sie konnten sich auch gegenseitig totschlagen (eine von ihnen war nach einer Prügelei regelrecht entstellt) – die Wärterinnen haben niemals eingegriffen.

Jeden Abend um sechs Uhr wurden wir mit Wasser versorgt, es gab eine Kelle warmes Wasser und drei Kellen eiskaltes Wasser, das mußte reichen für unsere tägliche Toilette. Einmal in der Woche gewährte man uns den unerhörten Luxus einer Dusche. Zwei hätten uns vermutlich verweichlicht. Jede von uns hatte einen Hygieneeimer (Toiletten gab es in den Zellen nicht) und der mußte jeden Morgen in aller Eile geleert und gesäubert werden. War eine nicht schnell genug damit fertig, dann mußte sie halt bis zum nächsten Morgen warten. Unser allgemeiner Komfort beschränkte sich auf eine Decke und einen Schlafsack, wir lebten in einer ungeheizten Zelle, in der zerbrochene Fensterscheiben grundsätzlich nicht repariert wurden.

Morgens mußten wir um sechs Uhr aufstehen und – noch ganz starr vor Kälte – in die Werkstatt hinuntergehen. Im Winter mußte da erstmal der Kohleofen angezündet werden, und der ging immer sehr schwer an. Ich konnte es nicht ertragen, wie eifrig die »verantwortlichen« Frauen sich zu schaffen machten, eine am Ofen, eine mit dem Kaffee, und wie sie versuchten, sich wenigstens etwas nützlich vorzukommen. Ich wäre damals auf diesen Schwindel nie hereingefallen: »Sie haben in dieser Gemeinschaft eine Verantwortung.« Ich verweigerte jede Annäherung, ob sie nun aus guter oder böser Absicht kam. Und trotzdem verstand ich, daß diese Frauen für ein paar Augenblicke glücklich waren. Während sie das Feuer anzündeten und das Frühstück warm machten, vergaßen sie vielleicht, warum sie in dieser Hölle versackten. Was für eine erbärmliche Komödie! Ich konnte mir nicht selbst etwas vormachen; ich wußte genau, warum ich hier war und was mir bevorstand (das Urteil war immer noch nicht gesprochen), ich machte mir keine Illusionen über die Folgen meiner Tat, aber mir kam es so vor – wie damals bei den Nonnen vom »Guten Hirten« –, als wäre gar nicht ich im Gefängnis, sondern eine ganz andere Person: ich war innerlich wie gelähmt. Keine Träne, keine Angst. Nur Gleichgültigkeit, manchmal Haß auf die, die mich hierher gebracht hatten, und Verachtung für alles um mich herum. Ich war ruhig, denn ich hatte das getan, was ich tun mußte, nicht mehr und nicht weniger, alles andere zählte nicht.

Ein paar Mal bekam ich Besuch, auf den ich gern verzichtet hätte. Im Bewußtsein ihrer Pflicht kamen die lieben Nonnen, um mich zu ermahnen, auf den rechten Weg zurückzukehren. Aber von ihrem rechten Weg wollte ich nichts wissen. Der meine war mir gerade recht, und ich fühlte mich auch mit meinem Herzen im Reinen: es war vielleicht haßerfüllt, aber zumindest nicht scheinheilig. Ich sprach nicht von Liebe, weil ich keine hatte. Ich täuschte nichts vor. Besuche fanden in einem großen Saal statt, der durch einen langen Tisch in zwei Teile getrennt war. Auf der einen Seite saßen die Besucher, auf der anderen die Häftlinge. Am Ende stand eine Wärterin und paßte auf: es war verboten, sich anzufassen oder auch nur leicht mit der Hand zu berühren. Mich störte das nicht besonders, denn den Nonnen, die mich besuchten, war sicher ohnehin jede zärtliche Geste unbekannt.

Als erniedrigend habe ich auch die ärztlichen Untersuchungen im Gefängnis in Erinnerung. Warum mußte der Arzt im Beisein aller Frauen die Untersuchungen vornehmen? Wir lagen nackt auf einem Tisch und mußten die gynäkologischen Tastuntersuchungen über uns ergehen lassen und dabei völlig unpassende Bemerkungen mitanhören. Als bei meiner ersten Untersuchung festgestellt wurde, daß ich seit der Vergewaltigung noch nie mit einem Mann Geschlechtsverkehr gehabt hatte, mußte ich alle möglichen Anzüglichkeiten und Zoten über mich ergehen lassen. Von da an machte es den Frauen besonderen Spaß, mir schmutzige und unflätige Geschichten zu erzählen, über die sie sehr lachen mußten. Ich fand das gar nicht komisch. Ihre schlüpfrigen Details ekelten mich an. Ich hatte in meiner Kindheit zu schlimme Dinge erlebt, um über Sexualität Witze machen zu können. Ich fand das entwürdigend. Die anderen Frauen hielten mich für dumm oder prüde. Sie hatten ja keine Ahnung und freuten sich über jede Gelegenheit, das Thema noch mehr auszuwalzen.

Schließlich kam es zur Gerichtsverhandlung. Mir wurde ein Pflichtverteidiger zugewiesen, da ich nicht die finanziellen Mittel hatte, mir einen Anwalt zu nehmen. Ich muß gestehen, ich habe zu meiner Verteidigung nicht sehr viel beigetragen. Der Anwalt war jung und wußte nicht recht, wie er mein Schweigen und meine Teilnahmslosigkeit durchbrechen sollte. Er hat mich also gar nicht wirklich verteidigen können, denn er kannte seine »Mandantin« nicht und hatte von der ganzen Angelegenheit nicht viel verstanden.

Am Tag der Verhandlung fehlte es nicht an Zeugen. Alle erklärten einmütig: »Sie hatte den Wunsch zu töten in sich, sie war vom Haß besessen.« Die Nonnen, die mich »erzogen« hatten, bewiesen einmal mehr ihre engstirnige Gesinnung. Angeblich empfanden sie keinen Haß mir gegenüber, sondern handelten lediglich nach ihren christlichen Geboten: »Liebe deinen Nächsten wie dich selbst, und vergib dem, der Unrecht getan hat.« Und sie sagten nichts als die reine Wahrheit, als sie von meinen Gewaltausbrüchen und meinem Ungehorsam berichteten. Aber sie sagten nichts über ihr Erziehungssystem und wie das in Wirklichkeit aussah, nämlich ohne Liebe für die Kinder der Sünde. Meine abweisende und verstockte Haltung hat mir natürlich auch nicht gerade weitergeholfen. Die Geschworenen hatten schnell beschlossen, daß ich kriminell war. Schließlich durfte man nicht vergessen, daß ich vorsätzlich gehandelt hatte. Das Urteil war dann auch nur die logische Konsequenz dieser Verhandlung: neun Jahre Gefängnis, davon fünf ohne Bewährung. Ich mußte an meinen Stiefvater denken, der hatte damals ein Jahr mit Bewährung bekommen.

Ich bin sicher, der Richter und auch die Geschworenen haben nach bestem Wissen und Gewissen geurteilt. Sie hatten ein ruhiges Gewissen, sie hatten eine Kriminelle unschädlich gemacht. Ich habe überhaupt nicht reagiert. Mein Gesicht war völlig versteinert. Ob im Gefängnis oder woanders, das war für mich völlig egal.

Als ich ins Gefängnis zurückkam, traf ich eine Entscheidung. Dieses Zusammengepferchtsein konnte ich nicht länger ertragen. Ich wollte meine Ruhe haben. Dafür gab es nur einen Weg: ich mußte einen Antrag auf Weiterbildung stellen. Sobald er bewilligt war, bekam ich eine Zelle für mich allein. So entging ich der Anstaltordnung und den anderen Frauen, zu denen ich keine Beziehung hatte herstellen können. Das Lernen war sehr mühsam, denn ich hatte sehr viel nachzuholen. Ich machte Fernkurse. Mit harter Arbeit schaffte ich schließlich das Abitur. Ich denke jetzt noch, daß es ein Zufall gewesen sein muß, ich hatte so große Wissenslücken!

Tatsache ist jedoch, daß ich es geschafft habe. Von diesem Moment an wandte ich mich mit Briefen an den Direktor der Fürsorge und bat ihn, mir für die Zeit nach meiner Entlassung eine Stelle als Volksschullehrerin zu besorgen. Während der letzten Monate im Gefängnis habe ich ihn mit Briefen geradezu bombardiert. Ich klammerte mich regelrecht an die Idee. Weil ich selbst eine sehr harte Erziehung hinter mir hatte, wollte ich wenigstens einigen Kindern ein ähnliches Schicksal ersparen.

Dank des Studiums und meiner Einsamkeit waren die restlichen Jahre in La Petite Roquette weniger unerträglich als die erste Zeit. Aus mir war eine Statue geworden. In meinen Bewegungen und meinem Gesichtsausdruck suchte man vergeblich auch nur nach einer Spur von Gefühlen. Das Gefängnis hatte aus mir eine lebende Tote gemacht. Ich bin sicher, daß mich die Mädchen, mit denen ich früher zusammen war, nicht wiedererkannt hätten. Es kam mir vor, als hätte ich jede Sensibilität verloren. Nichts konnte mich berühren. Und so weit ich mich erinnere, dauerte dieser Zustand sehr lange, eigentlich bis zur Geburt meines ersten Kindes. La Petite Roquette hatte mich vernichtet, oder vielmehr in Eis gepackt.

Viertes Kapitel

Meine vielen Briefe an den Direktor der Fürsorge führten schließlich zu einer positiven Antwort: über seine Vermittlung bekam ich bei meiner Entlassung eine Stelle als Volksschullehrerin in einer Privatschule für behinderte Kinder.

Ich war sehr glücklich, als ich in dem kleinen Dorf in den Alpen eintraf. Ich hatte noch immer den abweisenden Blick, das Gefängnis hatte mich nicht gerade zutraulich gemacht. Aber all meine Gedanken waren auf diese Kinder gerichtet. Ich wollte mich um sie kümmern und ihnen die Liebe geben, die ich selbst nie bekommen hatte. Ich wußte sehr genau, daß ich diese Erzieherinnenstelle nur aus Mitleid bekommen hatte oder aus Resignation angesichts meiner Hartnäckigkeit, aber das war mir völlig egal.

Dort in den Alpen wußte niemand, woher ich kam, und von mir würden sie es bestimmt nie erfahren. Ich machte mich an die Arbeit; die Kinder waren natürlich schwierig und unruhig, aber sie sehnten sich vor allem nach Zärtlichkeit, und davon hatte ich mehr als genug. Nicht für die Erwachsenen, die hatten mir zu weh getan, aber diese wehrlosen Kleinen erinnerten mich an meine eigene qualvolle Kindheit.

Nach zwei Wochen wurde ich zur Direktorin gerufen, die einiges richtigstellen wollte. Diese Dame fand, ich ginge mit den Kindern zu sanft und mütterlich um. Wir hatten keine Zeit mit Zärtlichkeit zu verlieren; es kam darauf an, daß die Kinder genug aßen, Gesundheit war die Hauptsache. Für das Geld, daß die Eltern an die Schule zahlten, erwarteten sie zumindest gut aussehende Kinder. »Verstehen Sie, meine Kleine, wir haben ja gar nicht die Zeit, uns um jedes Kind einzeln zu kümmern, es reicht vollkommen, wenn sie das tun, was ihnen aufgetragen ist. Die Kinder sind krank, und daran können wir auch nichts ändern.«

Für diese Frau bestand die Aufgabe des Erziehers allein darin, die Zöglinge mit Kartoffeln und Nudeln vollzustopfen, damit niemand behaupten konnte, sie würden vernachlässigt. Alles andere war im Preis nicht inbegriffen. Langsam verlor ich die Illusionen, die ich mir beim Lernen in der Zelle gemacht hatte. Ich begriff, daß von mir erwartet wurde, auf die andere Seite überzuwechseln. Ich, die ich so oft in der gleichen Lage wie die Kinder gewesen war. Es war immer dasselbe Lied: lieben darf man immer nur die Seinen und nicht jene, mit denen man sein Geld verdient! Ich wollte unbedingt in dieser Schule bleiben, und deshalb sagte ich der Direktorin nicht, was ich von ihr hielt. Ich behielt meine Meinung für mich und versuchte, meine Zuneigung für die Kinder weniger deutlich zu zeigen.

Von diesem Augenblick an begann ich, mir ein Kind zu wünschen, ein Kind für mich, dem ich all meine Liebe geben könnte, ohne mich schämen oder es verbergen zu müssen.

Ich dachte in diesen paar Monaten immer häufiger daran. Ich lernte dort auch, frei zu leben, ohne Aufseherin. Ich entdeckte, daß man Freunde haben, lachen, tanzen, sich amüsieren und zu einer Gruppe von jungen Leuten gehören kann, aber auch, daß diese Beziehungen sehr oberflächlich sein können.

Ich war einundzwanzig, groß, schlank und hatte grüne Augen. Ich sprach nicht viel, aber die Jungen aus der Gruppe liefen mir nach. Alle machten sich über mich lustig, weil ich sehr zurückhaltend war und niemanden zu nahe an mich heranließ. Einer der Jungen aber war mir aufgefallen, er war hübsch, strotzte vor Gesundheit, und ich dachte mir, daß ein Kind von ihm sicher schön sein müßte.

Eines Abends dann, als ich nach einem Essen mit Freunden wohl ein bißchen angetrunken war, stand ich auf und sagte: »Na gut, damit ihr aufhört, euch über mich lustig zu machen, werde ich heute abend mit Soundso schlafen.« Und das habe ich dann gemacht. Es war auch ein bißchen Provokation dabei, aber im Grunde genommen wollte ich es auch, weil ich dieses Kind wollte, von dem ich träumte.

Zwar war der Junge tatsächlich hübsch, dafür aber nicht besonders zärtlich und einfühlsam. Meine Verwirrung hat er nicht verstanden, er hat einfach nur die Situation ausgenutzt. Man könnte auch sagen: »er hat seine Nummer geschoben«. Kurz, fürs erste Mal war es nicht gerade das, was man sich erträumt.

Und natürlich, wie in einem schlechten Roman, wurde ich gleich beim ersten Mal schwanger. Von Empfängnisverhütung hatte ich keine Ahnung und ich hatte auch nichts getan, um mich zu schützen; was meinen Gelegenheits-Don-

Juan betrifft, so glaube ich, daß für den Aufpassen überhaupt nicht zur Debatte stand.

Aber ich war begeistert: ich würde ein Kind haben! Jetzt fing mein Leben endlich richtig an. Ich würde mich schon zurechtfinden, Hauptsache, ich war nicht mehr allein.

Ich teilte dem Jungen die Neuigkeit mit. Da er aus gutem Hause kam, hat er sich nicht aus dem Staube gemacht, wie es die meisten anderen getan hätten. Er hat mich seiner Familie vorgestellt und angeboten, mich zu heiraten. Die Eltern machten ein dummes Gesicht und sahen mich schief an. Wer war denn diese junge Person, die sich ihren Sohn geangelt hatte und geheiratet werden wollte? Die verfänglichen Fragen ließen nicht lange auf sich warten: »Sie sind die Freundin unseres Sohnes, aber wir kennen sie ja gar nicht. Was machen ihre Eltern? Wo wohnen sie? usw. . . .« Da geriet ich einfach in Panik. Hätte ich ihnen die Wahrheit sagen können? Sie würden mir doch ins Gesicht spukken. Das wollte ich nicht noch einmal durchmachen, das saß mir schon zu tief in den Knochen.

Auf der anderen Seite hatte ich die Direktorin am Hals, die mich mit ihren verachtugsvollen Blicken am liebsten getötet hätte. Ein anständiges junges Mädchen wird nicht schwanger! In ihren Augen war ich ein Flittchen, und das ließ sie mich eindeutig spüren. Wenn es da einen Mann gab, dann gab es da auch noch andere. Sie sprach damit nur aus, was alle anderen dachten: »Wer ein Ei stiehlt, der stiehlt auch die Henne.«

Und dann platzte der Skandal: ich dankte dem Jungen, lehnte seinen Heiratsantrag ab und packte meine Koffer.

Als ich der Direktorin mitteilte, daß ich gehen wollte, bekam ich alles Erdenkliche zu hören: Was! Ich hatte gewagt, einen Heiratsantrag auszuschlagen! Ich, der sie ihr Vertrauen geschenkt und die Kinder überlassen hatte, für die sie die Verantwortung trug, ich führte mich auf wie eine Dirne und hätte auch noch die Stirn, darauf stolz zu sein! Ich wäre nichts, als ein eingebildetes kleines Miststück, das sich für wer-weiß-was hält. Ich hätte hier nichts mehr zu suchen. Für Mädchen meines Schlages wäre sowieso der Strich die passendste Umgebung.

Der Strich! Dieses Lied kannte ich nun auch schon langsam. Es ging alles wieder von vorne los: weil ich keine Tränen der Reue vergoß, weil ich ein Almosen namens Muß-Ehe zurückwies, weil ich den Leuten weiterhin gerade ins Gesicht sah, war ich reif für die Straße.

Hätte ich die Augen niedergeschlagen, hätte ich zugegeben, daß ich eine Dummheit gemacht hatte, hätte ich geweint, kurz – hätte ich mich schuldig bekannt, dann hätten sie mich mit offenen Armen aufgenommen als die arme Kleine, die zwar ein bißchen leichtsinnig, aber im Grunde nicht schlecht ist. Und man hätte mir ein mitfühlendes Lächeln geschenkt. Hätte ich gesagt, ich wäre verliebt gewesen und betrogen worden, hätte ich die traditionelle Rolle der schwachen Frau gespielt, dann hätten sie mich bedauert und mir helfen wollen – nur um sich selbst ein ruhiges Gewissen zu verschaffen.

Aber ich hatte meinen Stolz, ich wagte es, offen zu erklären, daß ich dieses Kind haben wollte und auf den Vater getrost verzichten konnte. Ich wollte unabhängig sein. Das war unverzeihlich.

Blieb mir also nur, meine Sachen zu packen und unauffällig zu verschwinden. Ich hatte keinen Pfennig Geld. Ich fuhr so überstürzt weg, daß ich mir nicht einmal mehr mein Gehalt auszahlen ließ und mit fünf Francs in der Tasche bis nach Paris kommen mußte. Paris war die einzige Stadt, in der ich mich auskannte. Ich fuhr per Anhalter. Es war kurz vor dem Mai 68, als ich in Paris eintraf. Obwohl ich arbeitslos war und keine Arbeitspapiere hatte, bekam ich ein Zimmer in einem Heim für ledige Mütter; ich mußte allerdings meine Unterkunft bezahlen. Jetzt begann die Zeit der Gelegenheitsarbeiten: Briefumschläge schreiben, hier und da ein paar Stunden putzen. Später fand ich eine Stelle als Verkäuferin in einem Supermarkt.

Dann brach der Mai 68 aus. Ich rannte auf die Straße. Genau darauf hatte ich die ganze Zeit gewartet! Ich war in den ersten Monaten schwanger und fühlte mich großartig. Voller Leidenschaft stürzte ich mich ins Geschehen. Diese Wochen behalte ich immer als wunderbar in Erinnerung. Die Leute konnten plötzlich miteinander reden, man war nicht mehr allein. Ich habe fabelhafte Menschen kennengelernt, denen ich unter anderen Umständen nie begegnet wäre. Es war wunderbar, aber es dauerte nicht lange.

Nach dem Mai ging ich zu einer Teilzeit-Agentur. Ich hatte Abitur, und so vermittelten sie mich als Laborgehilfin in ein Forschungslabor, wo ich den ganzen Tag Ratten sortieren mußte. Dann arbeitete ich mehrere Monate in der Binderei einer Druckerei. Aber ich mußte bald meine Arbeit aufgeben und ins Heim zurück, um die Geburt meines Kindes abzuwarten. Ich war viel zu dick geworden, hatte

Atembeschwerden und war ständig erschöpft. Ich konnte mich kaum bewegen. Die Nonnen erklärten sich bereit, mich bis zur Geburt zu behalten. Um mein Zimmer und das Essen zu bezahlen, arbeitete ich ein paar Stunden pro Tag als Putzhilfe im Heim.

Endlich wurde das Kind geboren. Es war ein Mädchen. Meine Tochter: sie war blond, schön und kerngesund. Ich glaubte zu träumen. Es war die größte Freude meines Lebens. Seit diesem Tag habe ich meinen harten Blick verloren, meine Gesichtszüge sind sanfter geworden. Endlich wußte ich, warum ich lebte. Ich wurde zugänglicher. Dieses kleine Mädchen entschädigte mich für meine ganze Kindheit und Jugend; sie schenkte mir die Freude und das Leben. Ich lernte wieder lächeln, indem ich sie ansah.

Dabei war das alles nicht einfach gewesen. Zum Glück hatte ich mein altes Mißtrauen nicht allzu schnell abgelegt: ich war während der Schwangerschaft zum Standesamt gegangen und hatte mir mein zukünftiges Kind zusprechen lassen. Und ich hatte gut daran getan, diese Vorsichtsmaßnahme zu treffen, denn die Familie des Vaters hatte mich nicht vergessen. Aus irgendeinem obskuren Besitzinstinkt heraus betrachteten sie dieses kommende Kind als das ihre und wollten es dieser Rabenmutter entreißen, die ich ja bestimmt sein würde. Über gemeinsame Bekannte, die ich unvorsichtigerweise in Paris aufgesucht hatte, machten sie mich ausfindig und kurz nach der Geburt tauchten sie auf, um mich dazu zu bringen, daß ich auf meine Rechte verzichtete. Sie versuchten sogar zu beweisen, daß ich gar nicht in der Lage war, mein Kind großzuziehen, und hetzten mir mehrere Monate lang Inspektoren und Sozialarbeiter ins

Haus. Aber es war meine Tochter und niemand konnte sie mir wegnehmen.

Ich wohnte mehrere Wochen in einem Mütterwohnheim. Dort war es sauber und komfortabel, das muß ich zugeben, aber keine der Mütter hatte irgendwelchen Kontakt zum Personal, weder zu den Säuglingsschwestern noch zu anderen. Wir blieben eine Nummer auf den Armbändern unserer Kinder. Wir arbeiteten alle außerhalb, um unsere Unterkunft zu bezahlen, und kamen erst abends zurück in das Wohnheim. Ich war in einer Fabrik, die zum Fernmeldeamt gehörte. Von morgens bis abends mußte ich winzige Drähte löten, dazwischen fünf Minuten Pinkelpause am Vormittag und fünf Minuten am Nachmittag! Um sechs Uhr abends war ich völlig fertig wegen der nervlichen Belastung. Schließlich wurde ich regelmäßig ohnmächtig.

Eines Abends kam ich besonders erschöpft nach Hause und fand meine Tochter schreiend in ihrer Wiege. Ich band ihre Windeln los, weil ich dachte, daß vielleicht eine Nadel sie sticht, denn sie war weder mit Essen noch mit Streicheln zu beruhigen. Dabei mußte ich feststellen, daß man ihr seit dem Morgen nicht mehr die Windeln gewechselt hatte; und als ich ihr die schmutzigen Windeln abnahm, löste sich die Haut mit ab. Völlig außer mir vor Wut stürzte ich sofort in den Aufenthaltsraum der Säuglingsschwestern und warf der diensthabenden Schwester die Windeln ins Gesicht. Ich alarmierte alle anderen Mütter und forderte, daß für den nächsten Tag eine Versammlung einberufen wird, auf der wir der Direktorin unsere Beschwerden vortragen würden. Ich habe meine Worte nicht auf die Goldwaage gelegt ... Überflüssig zu sagen, daß meine Tage in diesem Haus gezählt waren! Nach einer solchen Beleidigung der Obrigkeit mußte ich schnell meine Koffer packen.

Zum Glück hatte ich mich während der Zeit im Heim ganz gut organisieren können. Ich hatte nun eine Tochter und mußte mein Leben planen. Ich fand ein möbliertes Zimmer, eine Kinderfrau und eine neue Arbeit, die nicht so aufreibend war. – Und das alles in Rekordzeit. Ich war glücklich, alles ging gut. Ich hatte gerade genug zum Leben, aber das spielte keine Rolle, ich hatte ja das Kind! Anderthalb Jahre später wechselte ich meine Arbeit. Eine Stelle als Serviererin wurde mir angeboten. Mit den Trinkgeldern dort, würde ich mehr Geld verdienen.

Und nach und nach lernte ich die Leute aus dem Barmilieu kennen. Ich traf einen Mann – nichts Außergewöhnliches – aber er war nett und vor allem schien er meine Tochter gern zu haben. Ich blieb mit ihm zusammen und wurde kurz danach dummerweise wieder schwanger. Dieses Mal war ich entschlossen, abzutreiben. Ich hatte nicht die Mittel, zwei Kinder großzuziehen, meinen Freund wollte ich nicht heiraten, er hatte keine ganz weiße Weste und vor allem hing er ständig in Kneipen herum. Ich fühlte mich bei ihm nicht in Sicherheit. Schließlich blieb mir keine andere Wahl; dieses Mal mußte ich meine Kinderliebe zurückstellen.

Die Abtreibung war grauenhaft! Der Besuch bei der Engelmacherin war nicht das Schlimmste, sie ging zwar nicht gerade zartfühlend vor, aber sauber. Aber was danach passierte, macht mich heute noch unglücklich. Von Anfang an blutete mir das Herz, weil ich das Kind gerne behalten hätte. Als ich dann nach Hause gehen und ganz allein die ersten Wehen abwarten mußte, fing der ganze Alptraum an. Ich mußte allein ins Krankenhaus und wurde alles andere als freundlich aufgenommen ... Ich erinnere mich noch an die Verachtung von seiten der Krankenschwestern; sie ließen mich leiden, als wollten sie mich bestrafen. Ich war im vierten Monat. Als alles vorbei war, verkündeten sie mir sadistisch, es wäre ein Junge gewesen, und um mir Angst zu machen, erzählte mir die Krankenschwester, er würde ins Familienbuch eingetragen werden. Warum erzählte sie solche Gemeinheiten? Ich war schon unglücklich genug. Mit welchem Recht wollte sie mich dafür bestrafen, daß ich dieses Kind nicht hatte haben können? Sie verurteilte mich, ohne mich im geringsten zu kennen, dieses Luder, und sie hat es sogar geschafft, mir auch noch Schuldgefühle einzutrichtern.

Noch heute denke ich an dieses Kind, das ich nicht behalten konnte. Ich bedaure es und leide darunter. Vielleicht wäre es unter Umständen nur eine unangenehme Erinnerung geblieben. Aber so trage ich es mit mir herum wie eine große Schuld. Und bei dem Wort Abtreibung zucke ich unwillkürlich zusammen.

Mein Freund kam mich besuchen; er hatte begriffen, daß ich das Kind seinetwegen und wegen seines Lebenswandels nicht wollte. Er machte mir tausend Versprechungen, aber ich konnte nicht daran glauben: er wollte arbeiten gehen, sich ändern und mir ein angenehmes Leben bieten. Aber ich liebte ihn nicht genug, um mich auf ein gemeinsames Leben mit ihm einzulassen. Ein paar Monate blieb ich mit ihm befreundet, lehnte es jedoch ab, mit ihm zusammenzuziehen. Ich verweigerte jede enge Bindung mit ihm.

Kurze Zeit später war ich wieder schwanger. Diesmal beschloß ich, das Kind zu behalten, aber wegzuziehen. Irgendwie würde ich das Geld schon auftreiben. Eine zweite Abtreibung kam für mich nicht mehr in Frage. Die erste hatte zuviel gekostet: 6000 Francs und eine Narbe in meinem Herzen. Ich machte mir noch immer Vorwürfe. Ich wollte das nicht noch einmal durchmachen.

Ich verließ meinen Freund ohne Kummer und großes Bedauern. Ich glaube übrigens, daß er fast froh war. Er hatte mich langsam satt. Ich langweilte ihn. Seine Freunde hauten auf den Putz, tranken und drehten manchmal krumme Dinger. Ich mochte mich da nicht anpassen, ich war zu ernst und ich konnte nicht mit dem Leben herumspielen. Ich lachte nie und erst recht nicht über ihre Witze. Ich war noch immer zu verletzt. Die einzigen, die mich wirklich laut zum Lachen bringen konnten, waren meine Kinder: sie machten sich nicht lustig, sie lachten aus reiner Freude am Leben und nicht aus Bosheit, wie die Erwachsenen.

Ich mußte also wieder einmal in eine andere Stadt gehen und Arbeit finden. Meine Tochter kam wieder zu einer Kinderfrau. Es fiel mir schwer, mich von ihr zu trennen, aber ich mußte Geld verdienen und hätte keine Zeit für sie gehabt.

Ich fand eine Stelle als Serviererin in einem Restaurant. Der Geschäftsführer tat sich keinen Zwang an und bot mir in Kürze eine Gehaltserhöhung ... gegen gewisse Dienste meinerseits. Damals war ich allein schon bei dem Gedanken empört, mit einem Mann für Geld zu schlafen. Wie alle Welt glaubte auch ich, daß mir so etwas nie passieren könnte; ich dachte statt dessen, daß ich immer andere Mittel und Wege finden würde, um zurechtzukommen. Ich blieb also hart, nahm mein Gehalt und ging woanders arbeiten. Am Ende der Schwangerschaft war ich total erschöpft und ging wieder in ein Mütterheim. Meine Tochter lebte bei einer wirklich guten Frau, um sie brauchte ich mir keine Sorgen zu machen. Danach würde ich einen Weg für uns alle suchen müssen.

Mein Sohn kam drei Jahre nach meiner Tochter zur Welt. Auch er war strohblond, und ich war stolz, ich hatte es geschafft, zwei kerngesunden Kindern das Leben zu schenken. Mir kam das vor wie ein Wunder angesichts der beiden Operationen, die ich in meiner Jugend hatte überstehen müssen, nur damit mein Uterus geheilt wurde, den mein Stiefvater zerstört hatte. Es ist mir ein Rätsel, wie ich zwei Kinder habe austragen können ...

Aber nach der Geburt meines Sohnes ging plötzlich alles bergab. Zwei Kinder und kein Mann, das war nicht seriös. Einer alleinstehenden Mutter traut man ebensowenig wie einem Fürsorgekind. Ich merkte, daß ich immer noch gezeichnet war und wie mir das Schandmal auf der Stirn brannte.

Für eine alleinstehende Mutter ist es sehr schwierig, eine Wohnung zu finden, vor allem, wenn sie keine feste Arbeit nachweisen kann. Von der Arbeit selbst ganz zu schweigen, noch nicht mal ein paar Stunden als Putzfrau waren leicht zu finden. Glaubten die Frauen, bei denen ich mich vorstellte etwa, daß ich ihnen den ehrbaren Gatten abspenstig machen wollte? Ich hatte wirklich andere Sorgen, aber sie mußten wohl denken, daß ich keine anständige Frau sein konnte, weil mich kein Mann geheiratet hatte. Niemand kaum auf die Idee, die eigentlich ganz naheliegt, nämlich daß ich es war, die die Ehe nicht wollte.

Eines Tages endlich, als ich in reiner Verzweiflung die Tageszeitung durchblätterte, stieß ich auf folgende Anzeige: »Nachtclub sucht Hostess«. Ahnungslos wie ich war, hielt ich eine Hostess für eine Art Platzanweiserin. Ich stellte mir vor, daß ich die Leute begrüßen, sie an einen Tisch führen und vielleicht ihre Bestellungen aufnehmen müßte, auf jeden Fall rechnete ich mit einer anständigen Arbeit. Ich merkte schnell, daß ich ein bißchen naiv gewesen war.

Die Arbeit als Animierdame ist schlimmer als eindeutige Prostitution, sie ist einfach ekelhaft. Ich begrüßte den Gast zwar zunächst so, wie ich es mir für eine Hostess vorgestellt hatte, doch danach mußte ich mit ihm trinken und dafür sorgen, daß er so viel wie möglich bestellt. Dazu mußte ich »nett« sein, wie der Chef es nannte. Tatsächlich mußte ich mich betätscheln lassen und so tun, als machte mir das Spaß. So eine widerliche Komödie braucht eine Nutte nicht mitzumachen.

Bezahlt wurde pro »Korken«, das heißt, ich bekam einen bestimmten Prozentsatz von jeder Flasche. Für eine Sektflasche zu 50 Francs gab es 5 Francs. Ich brauchte das Geld wirklich zu dringend, um auf diese Stelle verzichten zu können, aber ich litt entsetzlich darunter. Zu spüren, wie diese betrunkenen Männer sich an mich hängten, mich anfaßten, manchmal auch küßten, und ich mußte dann auch noch mit ihnen flirten ... Puhh! Das Schlimmste war, mit den Gästen zu tanzen. Dabei tanzte ich so gern, aber hier ...

Ich mußte diesen Männern gestatten, sich an mir zu reiben, fühlte, wie sie ihr Glied gegen mein Kleid preßten, und lächelte weiter. Ein Gast hätte nur eine schlechte Bemerkung über mich fallenlassen müssen, und schon hätte ich gehen können. Ich mußte also mitspielen und mein Zartgefühl an der Garderobe abgeben.

Nach einem Monat fand ich eine Tagesmutter in der Nähe meiner Arbeitsstelle. Ich freute mich darauf, meine Kinder wiederzusehen, denn sie fehlten mir sehr. Ohne sie hätte ich keinen Mut mehr gehabt. Allein der Gedanke, sie bei mir zu haben, ließ mich das elende Leben in diesem Schuppen fast vergessen. Außerdem brauchten sie dringend Tapetenwechsel. Sie hatten einen so traurigen Ausdruck in den Augen, und das gefiel mir überhaupt nicht.

Eines Morgens nach der Arbeit machte ich mich also auf den Weg. Es war fünf Uhr früh, und ich mußte mehrere hundert Kilometer weit trampen. Zurück würden wir mit dem Zug fahren ... Ich wagte nicht einmal, mir einen Tag frei zu nehmen, aus Angst, bei meiner Rückkehr könnte meine Stelle anderweitig vergeben sein.

Jetzt, wo wir alle drei zusammen waren, glaubte ich fest, daß alles gut werden würde. Ich dachte, uns könnte nichts Schlimmes passieren, wenn wir nur zusammenhielten. Ich habe tatsächlich sechs Monate lang durchgehalten, bis ich endlich begriff, daß ich es so nicht würde schaffen können. Wenn man nach Korken bezahlt wird und ein bißchen Geld verdienen will, muß man sehr viel trinken. Und ich hatte das Pech, keinen Alkohol zu mögen. Ich bekam überhaupt kein Fixum, und so hing alles von meiner Geschicklichkeit ab. Das Ergebnis war, daß ich nie ein regelmäßiges

Einkommen hatte. Ich mußte mir Geld leihen, um die Tagesmutter zu bezahlen und Kleider zu kaufen. Die Schulden häuften sich bedrohlich, und ich sah bald keinen Ausweg mehr. Die Situation war so hoffnungslos, daß ich daran dachte, uns alle umzubringen. Ich habe diesen Selbstmord schließlich auch begangen, aber anders, als man vielleicht vermuten würde.

Der Gedanke, mich selbst mit der Flasche gleich mitzuverkaufen, war mir immer noch unerträglich. Ich war stattdessen kühl und mißtrauisch, und das Geschäft ging denkbar schlecht. Wenn ein Mann etwas von mir wollte, sah ich ihn so eiskalt an, daß er nicht weiter darauf bestand. Aber er fühlte sich in seinem Stolz gekränkt. Und ich mußte mich beschimpfen lassen: »Hochnäsig, Rühr-mich-nicht-an, usw. . . .« Ich wurde gefragt, für wen ich mich eigentlich hielt, daß ich es wagte, die Herren zurückzuweisen. Hätte ich in alles eingewilligt, hätten sie mich wie eine Nutte behandeln können, jetzt, wo ich mich widersetzte, spuckten sie mich an.

Ich glaubte wohl, ich könnte mir alles herausnehmen. Na und? Eine anständige Frau, das heißt eine verheiratete Frau mit ein bißchen Geld, hat ein Recht auf Respekt, aber eine Barfrau oder eine dahergelaufene Animierdame sollte überhaupt dankbar sein, wenn man sich für sie interessierte. Es verstand sich wohl von selbst, daß ich ein leichtes Mädchen sein mußte, wenn ich schon in so einer Bar arbeitete. Zimperlichkeit konnten sich die Reichen leisten, aber nicht ich.

Diese alte Leier kannte ich auswendig. Seit meiner Kindheit kämpfte und rebellierte ich dagegen, aber es half nichts. Die Männer, in Anführungszeichen, waren überall dieselben, ich lernte sie jeden Tag besser kennen und immer mehr verachten. Das Geld, das Geld, summte es mir in den Ohren. Gab es denn nichts anderes, was sie uns geben konnten?

Eines Tages bot mir ein Kunde 500 Francs dafür an, daß ich die Nacht mit ihm verbringe. Ich war am Ende, meine Tochter hatte gerade eine schwere ansteckende Krankheit hinter sich, für deren Behandlung ich hohe Schulden gemacht hatte, ganz zu schweigen von meiner Angst um sie. Ich hatte alle Möglichkeiten, mir Geld zu leihen, ausgeschöpft. Ich war allein und diesmal fürchtete ich mich.

Ich habe das Angebot angenommen, oder besser gesagt, alles mit mir machen lassen. Der Abend verging, und schließlich nahm mich der Herr mit zu sich. Ich hatte an diesem Abend sehr viel getrunken, und es ging mir ziemlich schlecht, aber ich mußte bis zum Schluß durchhalten, denn mit 500 Francs könnte ich ein paar Schulden abbezahlen. Als es dann so weit war und ich mit diesem Mann schlafen mußte, hatte ich das Gefühl, ich sterbe. Er lag auf mir, ich weinte und konnte nicht wieder aufhören, ich hatte das Gefühl, in ein tiefes Loch bis auf den Grund zu fallen und da nie wieder herauszukommen. Er hatte nichts gemerkt und nichts verstanden. Er hatte bezahlt, ich war gekommen, alles war in bester Ordnung.

Am nächsten Tag war für mich alles aus. Ich war eine Nutte, ich fühlte mich bis aufs Mark beschmutzt. Ich sagte mir: »Jetzt stehst du auf der anderen Seite, da kannst du nur noch so weiter machen.«

Prostituierte zu werden, ist kein kaltblütiger Entschluß. Früher hätte ich es nie für möglich gehalten, daß ich auch so an der Straße stehen könnte wie die Frauen, die ich auf meinem Heimweg sah. Prostitution war für mich eine andere Welt geblieben, etwas Furchterregendes, etwas, womit ich nie zu tun haben wollte. Ich glaube übrigens, daß alle Prostituierten das denken: bevor man nicht selbst dort steht, hält man es für unmöglich und für das Allerletzte. Niemand entscheidet sich für den Strich wie für irgendeinen beliebigen Beruf – heute hat man nichts damit zu tun, am nächsten Tag ist man drin. Man bereitet nicht sein Leben darauf vor, um auf den Strich zu gehen. Man lehnt es ab, bis zum letzten Moment, und dann kippt auf einmal alles um. Aber im Grunde tragen alle Frauen diesen Gedanken irgendwo versteckt mit sich herum: Männer zahlen für »Sowas«. Außerdem werden Frauen im täglichen Leben ständig darauf hingewiesen. Die Leute sagen so oft: »So, wie Sie aussehen, werden Sie überall zurechtkommen«; ganz abgesehen von dauernden eindeutigen Angeboten im Stil von: »Möchten Sie nicht ein Wochenende mit mir verbringen, ich lade Sie ein?« Oder: »Ich würde Ihnen ja sehr gern helfen, Sie brauchten sich nur ein bißchen erkenntlich zu zeigen.« Aber wer zahlt schließlich dafür? Wir, und wir zahlen in Natura. Und schon ist es passiert. Man will es nicht wahrhaben, weil es so erniedrigend ist, aber an dem Tage, an dem man wirklich in der Scheiße steckt, an dem man nichts mehr zu essen hat für seine Kinder, da vergißt man seinen Stolz.

Vielleicht empören sich die braven Leute jetzt, wenn ich sage, daß schon eine gehörige Portion Mut dazugehört, diesen Schritt zu tun. Man verleugnet sich selbst als Frau, stellt sich mitten in der Nacht auf die Straße – das bedeutet, alles aufzugeben, die Freunde und, in gewisser Weise, auch die Kinder. Man muß wirklich mit dem Rücken an der Wand stehen, um soweit zu kommen. Es hat etwas von einem Selbstmord. An dem Tag, als ich Prostituierte wurde, habe ich meinen Körper und meine Seele vor dem Leben verschlossen, ich habe meinen Körper von meinem Kopf getrennt und die Welt verlassen. Ich wußte, daß ich von nun an ausgeschlossen war und zwar endgültig.

Zugleich lehnte ich mich damit zum letzten Mal gegen all jene auf, die mich seit meiner Kindheit um alles betrogen hatten. Das habe ich erst viel später begriffen, als ich schon ausgestiegen war. Ich hatte eine dicke Mauer gezogen zwischen mir und den Erziehern, den Ärzten, den Bullen, den Wärterinnen, den Chefs und allen, die versucht hatten, mich kleinzukriegen. Ich konnte Befehle und Kontrollen nicht mehr ertragen. Ich tötete mich, um den Chefs und den Bullen zu entgehen.

Keine Bosse mehr – aber ich war auch nicht mehr da.

Wenn man sich zum erstenmal prostituiert hat, versucht man sich einzureden, daß es gar nicht so schlimm war. Schließlich machen anderen Frauen das ja auch, umbringen wird es einen nicht. Man versucht, sich darauf einzustellen und sich in die Lage dieser Prostituierten zu versetzen, die man überhaupt nicht kennt, außer vom Hörensagen. Man sagt sich auch, daß man es nicht lange machen will, sondern nur vorübergehend, bis man aus dem Gröbsten raus ist; bald wird das Geld reichen, und dann hört man auf.

Alle Prostituierten glauben, daß sie bald aufhören damit: »Noch ein Jahr, dann habe ich genug Geld gespart, um mir ein kleines Geschäft zu kaufen, und dann höre ich auf.« Alle sagen sie das, und zehn Jahre später stehen die meisten immer noch auf dem Strich. Ein paar haben versucht auszusteigen, haben es aber nicht geschafft. Nach einem solchen Versuch auf den Strich zurückkehren zu müssen, ist so schwer, daß sie für einen zweiten Anlauf nicht mehr den Mut haben. Das Scheitern ist zu schmerzhaft. Man traut sich nichts mehr zu. Also bleibt man da.

Meine Geschichte hat nichts Besonderes, ich habe sie auch nicht erzählt, damit alle Welt in Tränen ausbricht. Ich bin eine von jenen dreißigtausend Frauen, die mit Gelegenheitsprostitution anfangen, um am Monatsende rumzukommen. Und dann, eines Abends, wird man von der Polizei aufgegriffen und ist registriert. Man ist eine Professionelle geworden und hat verspielt.

Ich kenne eine Frau L., die allein mit ihrer zehnjährigen Tochter lebt. Sie ist geschieden, hat nie Alimente bekommen und verdient 1430 Francs pro Monat. Als Alleinverdienerin bekommt sie vom Staat 37 Francs Zuschuß und eine Wohnungsbeihilfe von 270 Francs. Sie zahlt 539 Francs Miete. Diese Summen zeigen ganz einfach, daß sie mit ihrem Verdienst nicht zurechtkommen kann. Sie hat eine staatliche Beihilfe beantragt, aber die wird nur Müttern mit zwei Kindern bewilligt. Diese Frau sagt sich: »Was bezahlt werden muß, muß bezahlt werden. Die Rechnungen kommen, du zahlst!« Ihr blieb nur übrig, sieben Tage in der Woche zu schuften, bis sie nicht mehr kann und krank wird. Und genau das ist passiert.

Jetzt hat L. einen Freund. Sie läßt sich aushalten. Das ist keine Liebesbeziehung, sie tut das nicht zu ihrem Vergnügen. Es ist auch nicht immer derselbe Mann. Wenn L. Geld braucht, liest sie die Anzeigen: »Solider Herr sucht verständnisvolle Dame«. Das ist Prostitution per Post, sicher weniger unangenehm als der Strich, weil man sich ein bißchen kennenlernt und die Beziehungen nicht so aggressiv sind, aber L. sagt: »Es ist mir unangenehm, weil ich ihn nur für das Geld akzeptiere, das er mir gibt; und außerdem spielt sich das ganze bei mir ab, in meinem Bett.«

Gelegenheitsprostituierte oder Professionelle, wo ist da der Unterschied? Das fragt sich auch diese Freundin. Es gibt nur einen: eine Gelegenheitsprostituierte kann aufhören, wenn sie kein Geld mehr braucht, das heißt, immer mal wieder arbeiten. Ich dagegen bin auf dem Strich gelandet. Ich arbeitete zuerst noch eine Zeitlang in der Bar, nahm wieder ein Angebot von einem Gast an, und auch das nächste. Es war jedesmal gleich schrecklich, im entscheidenden Moment wäre ich immer am liebsten abgehauen, aber es war zu spät, ich mußte durchhalten. Ich trank noch etwas und ging mit dem Mann mit. Eines Morgens wachte ich dann auf mit dem Gedanken: »So kann das nicht lange gutgehen, eines Tages erwischen sie mich. Ich muß die Kinder da raushalten, ich muß sie an einen sicheren Ort bringen und die Sache durchstehen. Ich habe nichts zu verlieren, ich habe schon alles verloren.«

Ich suchte mir eine Frau auf dem Lande, die sich um meine Kinder kümmern konnte, und eine Stadt, in der ich auf der Straße arbeiten wollte. Dieses Mal gab es kein

Zurück. Eine Bekannte, die selbst früher anschaffen gegangen war, gab mir die Adresse einer Pflegemutter, bei der sie ihre Tochter jahrelang untergebracht hatte. Sie wohnte in Südfrankreich. Ich besuchte sie und lernte sie kennen als eine freundliche, herzensgute Frau, die keine Fragen stellte und sehr gut für meine Kinder sorgte. Sie lebte in einem Haus auf dem Land mit einem Garten; sie war Witwe. Kein Mann im Haus, das paßte mir sehr gut, denn meine Kinder hatten selber keinen Vater und sollten auch keinen bekommen, und so würden sie keine Schwierigkeiten haben.

Diesmal war ich fest entschlossen. Ich gab meine Arbeit als Animierdame auf, stieg mit meinen beiden Kindern in den Zug und brachte sie zu der Kinderfrau. Zumindest über diese Entscheidung war ich froh,denn ich hatte in den letzten Wochen das Gefühl gehabt, daß meine Tochter nicht ganz glücklich war. Ich fragte sie, aber sie wollte nichts sagen. Erst viel später, als sie sich in Sicherheit fühlte, bei der neuen Kinderfrau, hat sie es mir erzählt. Die Frau, die sich um sie und ihren Bruder kümmerte, während ich animieren ging, hatte den Kleinen immer festgebunden, um ihn nicht beaufsichtigen zu müssen, und meine Tochter geschlagen, damit sie den Mund hielt und nicht petzte. Und ich hatte von alldem nichts gewußt!

Jetzt, wo ich meine Kinder gut aufgehoben wußte, konnte ich anfangen. Es war hart, aber wenigstens waren die Kinder gut versorgt. Ich fuhr mit dem nächsten Zug nach Lyon. Ich durfte nicht zu lange warten, sonst hätte ich es mir womöglich noch anders überlegt. In diesen letzten Wochen hatte ich mich verhärtet, ich handelte jetzt aus einer eisigen Verzweiflung heraus. Dauernd wiederholte ich mir, daß es jetzt nur darauf ankam, Geld zu machen. Und ich hatte die Mittel dazu. Die Männer würden zahlen.

Und die Männer haben gezahlt, drei Jahre lang. Ich habe in diesen drei Jahren aufgehört zu leben. Dann bin ich ausgestiegen, nach Saint-Nizier, ich verdanke das vor allem Freunden, ein paar Frauen und ein paar Ehepaaren. Sie haben mich so akzeptiert, wie ich bin. Sie wollten, daß ich ich selbst sein konnte. Und alle Leute, die mir heute nahestehen, wollen auch nichts anderes.

Ich weiß nicht ob die Leute, die mir helfen, mich auch mögen; nach all diesen Jahren voller Haß und Auflehnung neige ich immer noch zu dem Gefühl, daß mich niemand liebt und daß ich gar nicht interessant bin. Oft, wenn ich mit Freunden oder Bekannten zusammensitze, halte ich beim Reden inne und sehe mich, wie ich mitten unter ihnen sitze. Warum interessieren sie sich bloß für mich? Ich bin doch nur eine Idiotin. Das kann doch bloß Großherzigkeit sein, sie verschenken ein wenig von ihrer Zeit an eine Frau, die total aufgeschmissen ist; sie tun alle nur ihre gute Tat gegenüber einer Ex-Prostituierten. Selbst dem Mann, mit dem ich befreundet war, konnte ich seine Liebe nicht glauben; ich war überzeugt, daß er nur aus Freundlichkeit blieb, jedenfalls nicht meinetwegen. Was bin ich denn schon? Ein Nichts – in meinem Leben habe ich nichts getan als schreien und mich prügeln.

Bin ich total paranoid? Möglicherweise bilde ich mir das alles nur ein, ich weiß es nicht. Aber ich fürchte, dieser Mangel an Vertrauen in in mich selbst und in andere wird nie verschwinden. Ich kann einfach nicht an die Zuneigung von anderen Leuten glauben. Nur bei meinen Kindern ist das anders. Aber sie sind ein Teil von mir, ich bin ihre Mutter, ein Bild, und sie können nicht sehen, wer ich wirklich bin.

Wenn ich manchmal an den Aufstand der Prostituierten denke, bekomme ich Angst. Daß die Regierung weiter schweigt heißt, daß sie ihre Entscheidung schon getroffen hat. Wir werden mitansehen müssen, wie sie nach und nach Sperrbezirke errichten – nicht mit Gewalt, denn dazu sind die Leute, die uns regieren, viel zu klug, sie werden sie von hintenherum und ganz diskret einrichten. Seit der Schließung der Hotels und seit den Gesetzen gegen Zuhälterei vom Juli 75 werden die Frauen immer mehr in die Enge getrieben. Man wird sie dadurch in bestimmte Viertel drängen, daß man sie in allen anderen Strafe zahlen läßt. Ich sehe die Falle zuschnappen. Man hat den Prostituierten erlaubt, das Wort zu ergreifen, Bücher zu schreiben und zu berichten, wie gefährlich Gangster, Zuhälter und gemeine oder geistesgestörte Freier sind. Diese Gefahren wird man als Vorwand ausschlachten: »Ihr wollt eure Ruhe haben? Dann geht in die und die Straße; da gibt es offene Hotels und keine Zuhälter ...« Ein kleiner Satz aus dem Bericht von Guy Pinot hat mir einen kalten Schauer über den Rücken gejagt. Ein ganz kleiner Satz, der völlig untergeht in den achtunddreißig Seiten seiner sorgfältigen und aufrichtigen Ausführungen: »Dort, wo bestimmte Hotelbesitzer oder Pächter aus dieser Tätigkeit (der Vermietung von Räumen an Prostituierte) einen überhöhten Gewinn erzielen, könnte eine Normalisierung weniger auf dem Wege der strafrechtlichen Verfolgung – die im übrigen stark vom

Zufall abhängt – als vielmehr auf dem Wege regelmäßiger und massiver Besteuerungen erreicht werden.« Monsieur Pinot schlägt vor: keine Eros-Center, keine Sperrbezirke, sondern ... Bordelle, die dem Staat ihren Tribut zahlen.

Nach dem Aufstand von Saint-Nizier haben die sogenannten »Anführerinnen« Sonia, Ulla und Barbara es geschafft auszusteigen. Sie haben Arbeit gefunden. Aber die anderen, die nicht individuell sichtbar werden konnten, sind immer noch in dieser Hölle. Sie bekommen keine Möglichkeit, eine Wahl zu treffen.

Inzwischen steht es mir nicht mehr zu, für die Prostituierten zu kämpfen, ich meine, in ihrem Namen zu sprechen. Ich habe zuviel gesagt. Ich kann nichts tun für die anderen, die auch aussteigen wollen – ich repräsentiere auch nicht mehr die Prostituierten: die Frauen haben mir übelgenommen, daß ich so gut davongekommen bin, und außerdem kenne ich längst nicht alle Bereiche der Prostitution. Was zählen schon meine drei Jahre Arbeit auf dem Strich, verglichen mit den zehn, fünfzehn oder zwanzig Jahren, die andere Frauen anschaffen? Sie könnten erzählen, was wirklich los ist. Aber diese Frauen hat man zu tief reingerissen, sie meinen oft, daß für sie alles zu spät ist. Die Gesellschaft hat sie fertiggemacht, bloß um sich weiterhin ihr »notwendiges Übel« zu sichern.

Wenn die Prostituierten eines Tages den Kampf wieder aufnehmen werden, werde ich dabei sein, weil mir jede Unterdrückung verhaßt ist und weil ich eine von ihnen bin, aber ich werde nicht mehr das Wort ergreifen. Ich werde weiterhin tun, was in meiner Macht steht: die Öffentlichkeit informieren und versuchen, sie davon zu überzeugen, daß die Prostituierten Frauen wie alle anderen sind – auch wie die Ehefrauen.

Aber für mich ist Barbara gestorben. Heute heiße ich Mireille. Ich glaube noch immer nicht daran, daß ich es endgültig geschafft habe. Vielleicht werde ich eines Tages gezwungen sein, wieder anzuschaffen, aber ich werde bis zuletzt kämpfen, um das zu verhindern. Wenn ich auf den Strich zurückgehe, dann deshalb, weil die Gesellschaft mir die Möglichkeit verwehrt hat, anders zu leben.

Februar 1977

* * *

»Wir sind alle Prostituierte«, riefen einige Frauen, als sie vom Kampf der Prostituierten in Lyon hörten und ihn unterstützen wollten. Ich hoffe, daß dieses Buch den Worten ihre wahre Bedeutung zurückgegeben hat. Es ist sehr einfach zu sagen: »Wir sind alle Prostituierte«, solange man selber friedlich auf der Straße spazierengehen kann, solange man selber nicht ständig in der Furcht lebt, von einem Freier wiedererkannt zu werden, und solange man nicht einen Großteil der Nacht auf Polizeiwachen verbringt.

Es stimmt, daß in unserer Gesellschaft Frauen immer noch als Objekte behandelt werden. Aber es ist ein grundsätzlicher Unterschied, ob man seine intellektuelle, handwerkliche oder hauswirtschaftliche Arbeitskraft verkauft, oder ob man sich fünfzehnmal am Tag auf ein schäbiges

Bett legt, um sich für 50 Francs vergewaltigen zu lassen. Zwischen »normalen« Frauen und Prostituierten besteht ein unüberbrückbarer Abgrund. Die sogenannten »ehrbaren« Frauen werden nie auf die andere Seite überwechseln. Die Prostituierten ihrerseits werden nie den Mut aufbringen, diesen Graben zu überspringen, um Zugang zu einer Welt zu finden, die für sie unerreichbar scheint ... Es sei denn, man verschafft ihnen die Möglichkeit dazu.

Ich habe dieses Buch vor allem für Frauen geschrieben. Für Léni, Maryse, Danièle, Germaine, Marie-Thérèse und Betty, die ersten, die mich bei sich akzeptiert und nie im Stich gelassen haben.

Es ist all jenen Frauen gewidmet, die ich seit dem Streik von Saint-Nizier kennengelernt habe, sowie all denen, mit denen ich mich solidarisch fühle als Frau, Mutter, Freundin und Prostituierte.

Ich habe es auch für einige Männer und einige Paare geschrieben, die mir durch ihre Freundschaft gezeigt haben, daß nicht alle Männer »Schweine« sind und daß nicht alle verheirateten Frauen Angst vor »Nutten« haben. Für dich François, dich José, dich Jean und dich Bernard. Und auch für dich Louis, den Pfarrer, der nicht irgendein Pfarrer ist. Er hat die Prostituierten in ihrem Kampf unterstützt und keine Angst um seinen guten Ruf als Geistlicher gehabt, als er sich zu den »Verdammten dieser Erde« gesellte. Diese Freunde haben mir in den Monaten der Arbeitslosigkeit geholfen, meine Verzweiflung zu überwinden. Ohne diese Männer wäre ich immer dann wieder auf dem Strich gelandet, wenn ich einfach nicht mehr die Kraft zum Kämpfen gehabt hätte.

Dies ist der Bericht einer Frau, die die Prostitution kennengelernt, die tiefsten Tiefen im Leben einer Frau ausgelotet hat und die allmählich wieder Hoffnung schöpft, ein fast normales Leben führen zu können. Ich sage fast, denn vergessen können werde ich nicht. Jetzt, mit dreißig Jahren, kann ich immer noch nicht lachen wie die anderen Frauen und ich fange erst langsam an, mich nicht mehr allein zu fühlen und zu lieben.

Ich wünsche mir, daß dieses Buch dazu beiträgt, daß Prostituierte nicht mehr betrachtet werden wie exotische Tiere, die von Natur aus so sind, sondern daß sie endlich angesehen werden als Menschen, die ein Herz, einen Magen und eben nicht nur eine Vagina haben. Ich wünsche mir, daß die Leute endlich zugeben, daß eine Prostituierte eine Frau ist, manchmal auch eine Mutter, und daß sie auch einmal Kind war. Ein Kind, das einmal zu jemandem gehört hat, bevor es Nutte wurde.

Meine Geschichte ist kein Aufruf zum Mitleid. Ich stelle nur fest: Frauen werden in die Prostitution getrieben, weil das oft die letzte Möglichkeit zum Überleben ist. Aber sie bleiben immer Frauen, und sie sind bereit zu kämpfen.

BARBARA

BARBARA lebt zurückgezogen und unerkannt mit ihren beiden Kindern in einem kleinen französischen Dorf. Sie ist ausgestiegen und für niemanden mehr zu erreichen, der nur Barbara sucht.

* * *

CHRISTINE DE CONINCK, geboren 1945, Bildredakteurin eines Verlages und Gründerin der Gewerkschaft der Bildredakteure, eines fast ausschließlich weiblichen Berufs. Ist organisiert bei den »Répondeuses«, einer Frauengruppe, die einen telefonischen Ansagedienst betreut, in dem täglich drei Minuten Nachrichten aus der Frauenbewegung verbreitet werden.

Inhalt:

MOEWIG

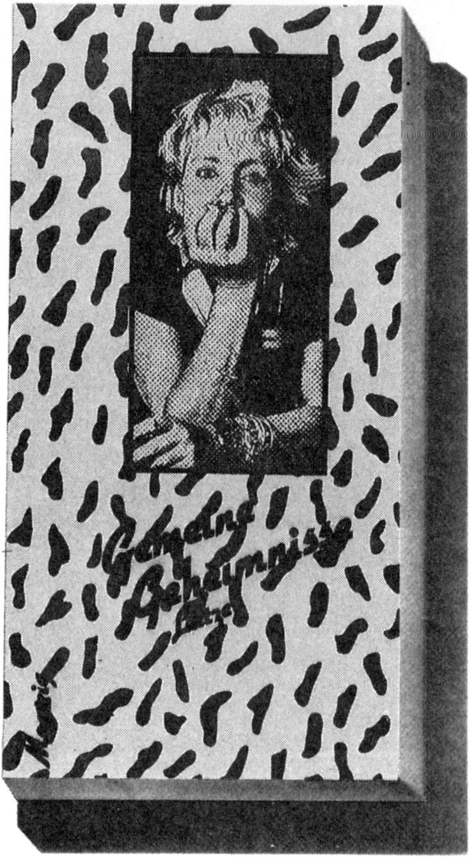

Lutze

Gemeine Geheimnisse

Langsam fing ich an, schneller zu gehen, überschneller, rasend, immer geradeaus bis zum Ende der Straße. Ohne Warnung sprang ich in die Luft und warf meine Arme weg.

2464-3 DM 12,80/öS 109,–

Erstmals als Taschenbuch